Bebras 试题助你 Hold 住计算思维

青少年
计算思维游戏
宝典 ·高中卷·

丛书主编　张进宝
丛书副主编　肖广德　魏雪峰　周　越　邢　洋
本书主编　王玉英
本书副主编　邢　洋　于晓雅　张　亮

电子工业出版社
Publishing House of Electronics Industry
北京·BEIJING

内容简介

本书选取近几年国际计算思维挑战赛高中组最为经典的题目,在呈现形式上,尤其在"解析"和"计算思维相关知识"模块,重点体现趣味性、直观性、简洁性,让更多的师生容易上手;内容上着重介绍专家解决问题的思路及思维方式、带来的启示等。

本套丛书共有五本,考虑不同年龄阶段读者的认知发展水平,对应不同的学段,分别为小学一二年级、小学三四年级、小学五六年级、初中年级和高中年级,读者可以根据自己的实际情况进行选择。所有试题归于五大类别:算法与编程,数据、数据结构与表征,计算机处理与硬件,通信与网络,交互系统与社会,这五大类别尽可能地涵盖了信息学和计算机领域的所有专题。作者们尽可能以图形化代替语言化,帮助读者更好地理解试题内容。读者可以在故事情境中学习与生活相关的计算思维概念和方法,如抽象、模式识别、优化策略等。

图书在版编目(CIP)数据

青少年计算思维游戏宝典. 高中卷 / 王玉英主编. —北京:电子工业出版社,2022.1

(Bebras 试题助你 Hold 住计算思维 / 张进宝主编)

ISBN 978-7-121-42625-4

Ⅰ . ①青… Ⅱ . ①王… Ⅲ . ①计算机课 – 高中 – 教学参考资料 Ⅳ . ① G634.673

中国版本图书馆 CIP 数据核字(2022)第 015245 号

责任编辑:刘 芳　　文字编辑:杨 晗
印　　刷:北京市大天乐投资管理有限公司
装　　订:北京市大天乐投资管理有限公司
出版发行:电子工业出版社
　　　　　北京市海淀区万寿路 173 信箱　邮编:100036
开　　本:720×1 000　1/16　印张:19.75　字数:345.4 千字
版　　次:2022 年 1 月第 1 版
印　　次:2022 年 1 月第 1 次印刷
定　　价:109.80 元

凡所购买电子工业出版社图书有缺损问题,请向购买书店调换。若书店售缺,请与本社发行部联系,联系及邮购电话:(010)88254888,88258888。

质量投诉请发邮件至 zlts@phei.com.cn,盗版侵权举报请发邮件至 dbqq@phei.com.cn。

本书咨询联系方式:liufang@phei.com.cn。

各界知名人士推荐语

在快速发展的信息社会，计算思维是重要的核心素养。计算思维的训练是人工智能科普活动的关键组成部分。帮助青少年提升逻辑思维能力，掌握解决问题的方法，培养创新创造的精神，这些都是未来科技创新人才不可或缺的要素。《青少年计算思维游戏宝典》系列图书通过一个个青少年喜闻乐见的趣味场景式问题，循序渐进地呈现计算思维教学资源库。参与"国际计算思维主题活动"的每一位成员既是资源的集成者和共享者，更是资源的贡献者，为新时代青少年科技教育活动的开展提供了全新的理念和方法。

——辛兵　中国科协青少年科技中心主任

通俗地说，学习计算思维就是学习如何像计算机一样解决问题，或者说学习如何教计算机解决问题。在这个过程中，青少年学会问题分解，学会抽象表达，学会通过分层分块的方式降低问题的复杂度，学会继承前人的通用解决方案（算法），领会算法与数学的关系、计算与生活的联系。这样的青少年长大后，将在信息社会如纵壑之鱼，游刃有余。《青少年计算思维游戏宝典》系列图书将全球计算思维社区的人才培养智慧引入中国，其本身又是计算思维中国社区合力的凝结，必将丰富国内计算思维教学活动，引领中国计算思维教育的发展与创新。

——汪琼　北京大学教授

信息素养和人文素养、科学素养一样，都是现代人必须具备的核心素养。信息意识、计算思维、数字化学习和创新，以及信息社会责任是信息素养的关键要素。《青少年计算思维游戏宝典》系列图书收录的试题，以信息科技基本概念与主要方法为核心，构建了利用计算思维解决问题的情景，符合基础信息科技教育发展的理念，必将成为广大教师案头的重要参考资料。广大教师可以以此为基础，拓展更多生动有趣的教育活动。

——熊璋　北京航空航天大学教授

学习编程是计算思维培养众多途径中的最基础的一种，却又难以有效组织。《青少年计算思维游戏宝典》系列图书以全新的视角带领你走入计算思维，覆盖不同学段的内容和挑战任务，通过图文结合、多学科融合的方式，将孩子们带入情境化、生活化、游戏化的问题情境之中，将学习编程变成一种有趣的、实用的和有效的学习体验。期待这套书的推广为我国青少年计算思维的培养做出积极的贡献。

——黄荣怀　北京师范大学教授

青少年计算思维的培养是一个多环境、多因素、多层次、多阶段的复杂发展过程，没有简单定式可循，更不可一蹴而就。作为解决问题的一种通用思维，计算思维并非只有技术一个维度，还有社会、心理和认知等方面的意识和方法。因此，通过精心设计的场景和问题，引导学生从各种不同的方面认识问题、剖析问题，并使用信息技术手段解决问题，是全面发展学生计算思维的一个有效途径，也可以很大程度上弥补课堂教学的若干短板。

我相信本书对于从事中小学信息技术教育相关的教师、家长和企业，以及乐于提升自己计算思维素养和解决问题技巧的人都有价值。

——樊磊　首都师范大学教授

《青少年计算思维游戏宝典》系列图书有四个亮点：一是通过不同学段、不同视角的样题，强调计算思维是人的思维这一核心本质；二是阐明了训练计算思维的目的，是培养人的计算机科学中的思维与创造力，而不是以培养"码农"为初衷；三是每个案例都力求贴近学习、生活的真实情境，符合当下我国中小学新课程中的建议；四是文字浅显易懂，样题解析逻辑严谨，很适合学生自学。有鉴于此，该书非常适合致力于培养高阶思维的学生。

——林众　人民教育出版社信息技术编辑室主任

《青少年计算思维游戏宝典》系列图书将计算思维专业性寓于生活化情境。对于学习者，这不仅是一套测量计算思维的工具书，更是一段寻找创新乐趣的旅程。

——田党瑞　《现代远程教育研究》杂志社主编

自 2017 年起，发展人工智能成为国家战略目标，"程序设计语言"成为中小学的热门课程，而作为程序设计基础和前提的计算思维，更值得教师、家长、学生的关注和学习。计算思维的过程比问题的答案更重要，特别适合家长与孩子一起沟通、共同学习。《青少年计算思维游戏宝典》系列图书是给中国中小学生学习计算思维和程序设计的工具书，也是指引思维发展的好书，值得推荐给全国的中小学生们，它能给你们带来快乐，助你们成长。

——李劭劫　安徽先进产业技术创新研究院研究员

今天，如果还有家长问：孩子为什么要学编程啊？那么我们就可以反问他，你怎么不问孩子为什么要学语文啊？语文是第一语言，数学是第二语言，程序是第三语言，依次递进，正好对应着人类文明的三个阶段。感谢《青少年计算思维游戏宝典》系列图书作者以生动有趣的实例引领孩子们进入第三语言的世界！

——余宙华　北京阿儿法营教育科技有限公司创始人

Bebras 国际计算思维活动自开展以来，全球近 100 个国家纷纷参与。该活动的目的在于让更多人通过参与活动，能更好地理解 ICT 思维方式，掌握计算思维能力，并将其应用在生活与工作之中。

《青少年计算思维游戏宝典》系列图书优选与萃取加拿大、荷兰、德国、西班牙等 40 多个国家的计算思维试题。这些试题跨学科涉及多个领域的知识维度与能力维度。将实际生活与工作中的问题运用场景化与游戏化的表述方式，让试题以最自然的方式呈现在教师与学生的面前，令人耳目一新。

——汤伟 EDDUUS Co.,Ltd . 中国区总经理原微软中国有限公司大中华区教育行业总监　原甲骨文中国软件系统有限公司大中华区公共事业行业总监

　　数百万年前，原始人类为了适应险恶的环境，捕获食物，保护自己和部落的安全，学会了创造和使用工具。世间变化日新月异，人类要想适应当下的环境，须不断学习，掌握不同的普适技能。在以信息化、后工业、知识经济为重要特征的时代背景下，人类所面临的外部环境愈加复杂。随着新一代信息技术的快速发展，计算机芯片处理技术、分析计算技术、量子计算技术获得重大突破，人工智能、云计算、物联网的新兴技术迅速发展，人类越来越重视计算的重要性。当人类开始突破机器可实现的计算模型，而向生物学、物理学和复杂科学寻求新的计算模式时，人类在模拟自然界和人类心智过程中所产生的各种突破，将引导我们走向更加壮丽的未来。例如，量子计算是一种遵循量子力学规律，调控量子信息单元进行计算的新型计算模式。利用量子计算机中某些已知的量子算法处理问题的速度要快于使用传统的通用计算机。又如生物计算，以生物大分子作为"数据"的计算模型，其巨大并行性所带来的惊人速度，使得密码系统对于这类计算机而言已经失去意义。如今，人工智能、大数据、区块链等技术的应用也已经在众多领域中发挥着令人瞩目的作用，人们日益关注计算的价值与威力。

　　与之相适应的人才培养体系，也因此聚焦于培养具有创造性思维、计算思维和系统思维，拥有高效学习能力，能够阅读、理解数据，拥有计算和数字分析能力等技能的综合性人才。计算思维被认为是计算机科学的核心思想，被当作一种新的视角和思维方式，引起了人们的关注与重视，越来越多的学者呼吁计算思维普适化，使计算思维成为人人具备的技能。计算思维在科学计算等领域不再是研究的辅助工具，已经化身为重要组成部分，发挥着关键作用。计算思维既是一种新的思想，也是一种新的视角。今后的科学研究与工程实践将普遍需要具备计算思维，能够理解、掌握和构造计算步骤，在计算机上执行并获得有用结果的工作者。世界各国都在积极推进计算思维教育，尤其是在基础教育阶段，一方面，在人才培养和课程体系中纳入计算思维，推进计算思维的全面普及；另一方面，在国家层面投入大量资金，支持计算思维教育的实践与研究。

　　秉持着教育要面向未来的基本逻辑，问题解决能力毫无疑问成了人们最为关注的、21 世纪青少年应该掌握的核心技能之一，也是发展思维技能最好的切入点。因此，面向思维能力发展的各项国际性赛事，如袋鼠数学竞赛（Math Kangaroo）、国际数学奥林匹克竞赛（IMO）、国际信息学奥林匹克竞赛（IOI）、Bebras 国际计算思维挑战赛等均受到了人们的广泛关注。

Bebras 国际计算思维挑战赛是信息学领域中推动计算思维教育的最具影响力的国际赛事，也是信息学教育领域内拥有最大用户群体的非学校活动。为培养学生的算法思想，提升其计算思维能力及创造性解决问题的能力，使其更好地应对新时代的各种挑战，Bebras 国际联盟于 2004 年在立陶宛举办了第一届 Bebras 国际计算思维挑战赛（简称挑战赛）。挑战赛的创始人与组织者 Valentina Dagiene 教授，旨在利用挑战赛向学校学生介绍信息学（在中国可以等同于计算机科学）。目前，这项挑战赛已经在 70 多个国家和地区举行，中国大陆于 2017 年正式加入。从一开始，挑战赛的目标就已经扩展到促进和发展计算思维，促进信息学、计算机科学和计算方法的发展。2019—2020 年，全球有近 300 万名学生参加挑战赛。

挑战赛以计算思维的概念和方法为核心，强调学习内容为实际应用服务。虽然国际信息学奥林匹克竞赛和 Bebras 国际计算思维挑战赛同为信息学领域的国际化赛事，但二者之间仍存在较大不同：前者要求参赛选手掌握系统性知识，并具备扎实的编程基础；而挑战赛因其旨在面向所有学生推广计算思维和信息学（计算机科学或计算），参赛者无须相关先验知识，只需要具备基本的逻辑思维能力即可，因此挑战赛面向所有学段的学生。

为了将历年来优秀的试题尽快引入国内，丛书编委会精心谋划，根据国内实情，精心挑选 2010—2018 年挑战赛评审通过的优秀试题。试题尽可能地囊括计算机科学的各分支领域，让读者在情境化的题目中，调用自己的逻辑思维，形成自我的计算思维，熟悉计算机科学的各个方面。其所面向的读者群体，不仅限于想要检验和提升计算思维能力以及探索计算机科学领域的学生，还可以是计算机科学领域的教师、学者、家长等。在计算思维培养的过程中，挑战赛试题集可作为辅助工具，用于测查学生对相关概念和方法的掌握情况，再根据测查结果，有针对性地进行知识弥补和概念框架完善。

本套丛书共有五本，考虑不同年龄阶段读者的认知发展水平，对应不同的学段，分别为小学一、二年级，小学三、四年级，小学五、六年级，初中年级和高中年级，读者可以根据自己的实际情况进行选择。每道试题包含试题难度级别、试题分类、关键词、题目、答案解析及计算思维相关知识。其中试题难度划分为三个等级：易、中、难。所有试题归于五大类别：算法与编程，数据、数据结构与表征，计算机处理与硬件，通信与网络，交互系统与社会，这五大类别尽可能地涵盖信息学和计算机领域的所有专题。关键词描述了该试题的具体知识模块所属的类别，如序列和二进制属于数据、数据结构与表征模块，让读者对题目中包含的知识点产生清晰的脉络和框架。在试题本土化的过程中，作者们尽可能以图形化代替语言化，帮助读者更好地理解试题内容。读者可以在故事情境中学习与生活相关的计算思维概念和方法，如抽象、模式识别、优化策略等。

当前，中国处于近代以来最好的发展时期，世界处于百年未有之大变局，两者同步交织、相互激荡，加之诸如新冠肺炎疫情的叠加冲击，导致全球政治、社会和经济发展面临的矛盾冲突加剧，风险隐患急剧上升，进而引发了国际政治格局的变化和调整，这些都在提醒中国教育工作者：个体发展应与国家发展保持一致。所有的教育工作者应当增强风险意识，对发展有清醒的判断，要有敢于担当的责任心与使命感，将人才培养工作当作长期事业，放弃急功近利的实用主义，直面中国教育中的短板和不足，以真干、实干的精神，充分利用各种可能的机会，为广大学生提供形式多样的计算思维培养。

本丛书所有参编者不辞辛劳，在试题本土化的过程中，克服种种意想不到的困难，对每一道题目都进行了精心的校对与审核。这是众人不懈努力的成果，希望拿到此书的学生、老师、家长和教育研究者能够有其独特的收获。全球对计算思维教育的探索方兴未艾，从理解内涵到转化为教育实践，尚需无数人不懈的努力。面向 21 世纪的教育应该是全面而有远见的教育，计算思维教育应该成为这其中的重点，并被广泛实践，而不能理解为仅限于计算机科学。故此，希望本丛书的出版能够给大家带来启发，希望我们都能因此而更加全面、深刻地理解与运用计算思维，开创新时代美好的生活！

张进宝

2020 年 12 月 7 日

于北京师范大学曦园

前言

国内计算思维教育发展情况

总体来讲，我国的计算思维教育还处于起步阶段。

一方面，计算思维在一线教学场景中尚处于普及认识阶段。学界对于计算思维的研究已逐渐成熟，而一线教师对其认知还较为有限。虽然大部分教师并不知晓"计算思维"一词的内涵，但他们一直在进行与计算思维教育相关的教育活动，包括信息技术教育、机器人教育、创客教育及STEM教育等。在我国的大部分学校，尤其是城市的小学，计算思维教育正得到大力推广普及。

另一方面，国内计算思维教育在地区间发展不均衡。计算思维教育在国内经济、教育发达地区已较为常见，而在欠发达地区，学生还缺少接触计算思维的机会，他们只能接受简单的以技能操作为主要内容的信息技术教育。究其原因，计算思维教育对于师资、装备等具有较高要求。

计算思维试题价值体现

《普通高中信息技术课程标准（2017年版）》将计算思维列为学生需要具备的四大核心素养之一。联合国教科文组织发布的《教育中的人工智能：可持续发展的挑战和机遇》报告中亦明确指出，要强化青少年计算思维的培养。计算思维被誉为21世纪的普适思维，对培养未来创新人才、提升国家未来竞争力具有重要意义。

本丛书内容来源于国际计算思维挑战赛中的优秀试题案例，集合了世界各国比较共性的场景问题，趣味横生，将需要培养的思维能力蕴含于各类实际场景问题中，引导学生运用计算思维来解决问题，培养其计算思维能力。同时，这些试题涵盖了计算思维相关的各类知识点，并针对不同学段的学生标识了相应的难度等级，有助于学生循序渐进地学习计算思维相关知识，由简入繁地运用计算思维解决各类实际问题。

计算思维试题如何运用

对学生而言，可以通过"一观二试三思"方法来使用计算思维试题。一观：

先观察、了解试题难度及本题要考查的知识点。二试：阅读题干，了解任务，尝试解答。三思：在问题解决后，阅读本题所涉及的计算思维相关知识，对本任务涉及的知识点进行进一步思考与理解，反思问题解决思路，并联系生活实践，尝试运用本题模式解决生活中其他类似的问题，达到融会贯通。

对教师而言，由于每一道计算思维试题都标识了难度等级与涉及的知识点，在计算思维相关知识点的教学过程中，教师可随时选取合适的试题案例、任务场景，呈现给学生，引导学生运用所学知识来解决场景中的问题，由浅入深，促进对当前所学知识的理解和吸收，也可用于检测学生对知识点的学习效果。另外，由于每道计算思维试题都有鲜活的任务场景，教师可以摈弃传统的知识教学，基于试题案例开展项目式教学，从一个需要解决的现实问题切入教学，激发学生的兴趣和求知欲。问题或项目是计算思维培养的开端，通过创设问题情境让学生寻求解决方案，也是促进学生对问题思考并进行分析、分解和抽象、逐步深入解决的过程。同时，教师可以鼓励学生或学习小组通过语言或思维导图表达问题解决的思路与过程，将思路与过程进行分享，引导学生通过形式化符号对问题进行提炼与表示，将问题抽象化理解，进而进行模式识别，锻炼学生的计算思维能力。

本书作者

《青少年计算思维游戏宝典》使用说明

以 2012-AT-01 为例

2012-AT-01 打乱的绘画说明卡

I: 难	II: 中	III: —	IV: —	V: —	VI: —
分类	算法与编程				
关键词	奇偶性，穷举搜索，置换				

- 标题名称

2012——题目年度；

AT——题目所属国家/地区（奥地利）的简称；

01——该题在该国/地区所出题目中的序号；

打乱的绘画说明卡——题目名称。

- 题目难度

I	II	III	IV	V	VI
一、二年级	三、四年级	五、六年级	七、八年级	九、十年级	十一、十二年级

6 个罗马数字对应 6 个不同的年龄层级。"难"表示题目对该年级的学生来说相对较难，"中"表示题目对该年级学生来说正适用，"易"表示题目对该年级学生来说较简单，"—"表示题目不适用于该阶段学生。

- 题目分类及关键词

算法与编程：计算思维知识五大领域之一；

奇偶性，穷举搜索，置换：此题目所考查的知识点。

- 计算思维知识对应的能力维度

知识维度	算法与编程	数据、数据结构与表征	计算机处理与硬件	通信与网络	交互系统与设计
能力维度	分解	抽象	评估	算法	概括

- 国家/地区对应简称列表

AT——奥地利

AU——澳大利亚

AZ——阿塞拜疆

BE——比利时

BG——保加利亚

CA——加拿大

CH——瑞士

CN——中国

CY——塞浦路斯

CZ——捷克

DE——德国

FI——芬兰

FR——法国

HR——克罗地亚

HU——匈牙利

ID——印度尼西亚

IL——以色列

IN——印度

IR——伊朗

IT——意大利

JP——日本

KR——韩国

LT——立陶宛

LV——拉脱维亚

MY——马来西亚

MK——马其顿

NLD——荷兰

PK——巴基斯坦

PL——波兰

RO——罗马尼亚

RS——塞尔维亚

RU——俄罗斯

SE——瑞典

SI——斯洛文尼亚

SK——斯洛伐克

SP——西班牙

TH——泰国

TR——土耳其

UA——乌克兰

UK——英国

US——美国

VN——越南

目录

一 . 算法与编程

二．数据、数据结构与表征

三．通信与网络

2010-NLD-10 随机函数

I: 一	II: 一	III: 中	IV: 中	V: 易	VI: 一
分类	算法与编程				
关键词	随机数，算术运算，取值范围				

　　海狸正在写一个小程序，他要用到介于 0.5 和 1 之间的随机数（包括 0.5 和 1）。在该程序使用的编程语言中，有一个 RND() 函数，使用该函数可以得到介于 0 和 1 之间（包括 0 和 1）的随机数，例如 0.526128222090 或 0.1478343894721。

 请问使用下面哪个表达式可以得到 0.5 到 1（包括 0.5 和 1）之间的随机数？（　　　）

A. 0.5*RND()　　B. 0.5+RND()　　C. 0.5+0.5*RND()　　D. 0.5–0.5*RND()

 **解析**

使用 RND() 函数得到的随机数最小为 0，最大为 1。

若使用表达式 A，得到 0 到 0.5 之间的随机数。

若使用表达式 B，得到 0.5 到 1.5 之间的随机数。

若使用表达式 D，得到 0 到 0.5 之间的随机数。所以，答案为 C 选项。

 **计算思维相关知识**

　　算术运算是加法、减法、乘法和除法四种运算的统称，如果运算中的数有一个取值范围，则可以代入最大值、最小值，计算出整个表达式的取值范围。

贡献者

[英译中] 丁慧清，huiqingding@sina.com　　[修改|完善] 张鹏飞，hs2zzpf@163.com

[审核|校对] 盛文盼，787004560@qq.com；林泽珊，1123447303@qq.com；
　　　　　　赵腾任，ZTR_CN@126.com；赵满明，swellfishming@163.com；
　　　　　　曹悦，caoyue@2dai.com

2016-AT-05 系鞋带

I: —	II: —	III: —	IV: 中	V: 易	VI: 易
分类	算法与编程				
关键词	解释器，循环，变量，指令，表达式				

　　海狸喜欢花式系鞋带，他想要一个机器人来帮助他："我怎么才能告诉机器人系鞋带的样式呢？我需要使用一些编程语言，那么语言应该怎么表述呢？"下图是传统的系鞋带方法。

　　假设从右边开始的鞋带总是橙色的，从左边开始的鞋带总是白色的。海狸用编程语言将这种系鞋带方法表述如下。

```
orange: up
white: up
{
        orange: +change up
        white: +change up
}
```

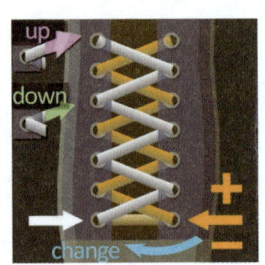

　　编程语言遵循以下规则。

{…}	括号中的内容将重复进行
3{…}	括号中的内容重复3次，重复的次数可以修改
orange:	冒号后的命令将只适用于橙色鞋带
white:	冒号后的命令将只适用于白色鞋带
up	在上图所示橙色或白色箭头起始的位置，以向上的方向使鞋带穿过系带孔
down	同上，但方向向下
+	将橙色或白色箭头向前移动一位（到下一个系带孔）
-	将橙色或白色箭头向后移动一位
change	让橙色或白色箭头从右转到左或从左转到右（左右取决于其当前位置）

请问，哪个鞋带图案是由以下程序创建的？（提示：可以只专注于一种颜色的鞋带。）（　　）

```
orange: up
white: up
2{
        orange: + change up
        white: + change up
}
orange: + down
white: + down
{
        orange: + change up
        white: + change up
}
```

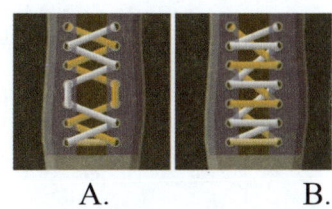

A.　　　　　　　B.

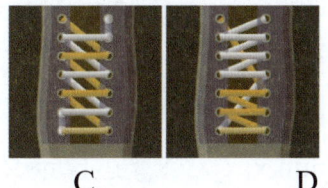

C.　　　　　　　D.

 解析

　　正确答案是 A 选项。按照题目描述的规则，首先，在程序的第1—6行代码中，橙色鞋带和白色鞋带交叉向前向上穿过两个系带孔；接着，执行第7—8行代码，橙色鞋带与白色鞋带各自向前移动到下一个同侧系带孔并向下穿过系带孔；最后执行第9—12行代码，橙色鞋带和白色鞋带交叉向前向上，重复进行。

计算思维相关知识

　　这种简单的编程语言包含了传统编程语言的一些元素，如指令和循环，以及内置变量（如箭头位置）。

　　解释器（Interpreter），又译为直译器，是一种计算机程序，能够把高级编程语言一行一行地直接转译运行。解释器不会一次性地把整个程序转译出来，而像一位"中间人"，每次运行程序时，都要先将程序转成另一种语言，再运行，因此应用解释器的程序运行速度比较缓慢。

 贡献者

[英译中] 于晓雅，Yxy_bjie@126.com　　　　[审　核] 李泽，lize512@126.com

[校　对] 尚菲，sf81076@163.com；魏拥军，113397988@qq.com；

　　　　　邢洋，xywzy468129@163.com

2016-CA-08b 映射化简

I: —	II: —	III: —	IV: —	V: —	VI: 易
分类	算法与编程				
关键词	函数式编程，嵌套运算，映射				

阿朗佐以一种特定的方式在计算机中处理信息，只用到了少量的运算定义。

$(\max x_1 x_2 \cdots x_n)$ 运算定义为选取 $x_1 x_2 \cdots x_n$ 中的最大值

$(\min x_1 x_2 \cdots x_n)$ 运算定义为选取 $x_1 x_2 \cdots x_n$ 中的最小值

$(+ x_1 x_2 \cdots x_n)$ 运算定义为将 $x_1 x_2 \cdots x_n$ 求和

$(\cdot x_1 x_2 \cdots x_n)$ 运算定义为将 $x_1 x_2 \cdots x_n$ 求积

这些运算定义也可以嵌套使用，例如，$(+(\cdot 2 3)(+ 1 2))$ 将得到 9。

下面表达式的值是多少？（　　　　）

$(+(\max(\min 3\,9\,2)(\cdot(\max 0\,4)(\min 0\,4)))(\min(\max 3\,6)(\max 5\,7\,2)))$

A. 5 　　　　 B. 8 　　　　 C. 13 　　　　 D. 0

解析

这一表达式的计算可以从内到外依次进行（每一行下画线标注部分的计算结果将在下一行中使用）。

$(+(\max\underline{(\min 3\,9\,2)}(\cdot\underline{(\max 0\,4)}\ \underline{(\min 0\,4)}))(\min\underline{(\max 3\,6)}\ \underline{(\max 5\,7\,2)}))$

$\Longrightarrow (+(\max 2\underline{(\cdot 4\,0)}))\underline{(\min 6\,7)})$

$\Longrightarrow (+\underline{(\max 2\,0)}6)$

$\Longrightarrow \underline{(+2\,6)}$

$\Longrightarrow 8$

因此，答案为 B 选项。

计算思维相关知识

　　嵌套思想在电子表格中普遍使用，如使用一个函数计算生成数据（比如将所有数字相加），而后基于这些数据使用另一个函数，计算生成另一些新数据（比如取这些和中的最大值）。

　　理论上讲，本题是前缀表达式的特殊形式，前缀表达式是将运算符置于操作对象之前的表达式。虽然在前缀表达式中，通常使用的是常用运算符，如"+""－""·"及"÷"，但也可使用像"max""min"等能够作用在一组数字上的运算符。与常规前缀表达式不同，使用这些运算符时需要添加圆括号。

 贡献者

[英译中] 周靓，mindzhou@163.com

[审　核] 赵满明，swellfishming@163.com

[校　对] 丁慧清，huiqingding@sina.com；盛文盼，787004560@qq.com；
　　　　　 张舒艺，syzhang_ecnu@163.com；辛丽蓉，xinlirong@qq.com

2016-CA-08a 映射化简

I: —	II: —	III: —	IV: 难	V: 中	VI: 易
分类	算法与编程				
关键词	嵌套，映射，简化				

小明在计算机中仅使用少量操作，以特定的方式处理信息。

运行 $(Rf(x_1,x_2,\cdots,x_n))$，将得出 $x_1fx_2f\cdots fx_n$（f 是一个运算符，而 x_i 是数字）。

输入 $(R+(1,2,3,4))$，将计算 $1+2+3+4$，并给出结果：10。

运行 $(Mf(x_1x_2...x_n))$，将得出 $(f(x_1), f(x_2),\cdots,f(x_n))$（f 是一个运算规则，而 x_i 是数字）。

定义 $q(x)=-x$，输入 $(Mq(1,2,3,4))$，将得出 $(-1,-2,-3,-4)$。

小明可以定义他想使用的任何运算。如定义 $t(x)=3x+2$，输入 $(Mt(1,2,3))$，将得出 $(5,8,11)$。

 假设定义 $t(x)=3x+2$ 和 $q(x)=-x$，计算机执行以下操作时得到的结果是哪个？（　　　）

$$(R+((R+(Mt(0,2,4))), (R+(Mq(Mt(3,5))))))$$

A. 7 　　　　　 B. 0 　　　　　 C. −7 　　　　　 D. −4

解析

从内到外依次计算表达式（将每行下画线部分的计算结果代入下一行计算）：

$(R+((R+(\underline{Mt(0,2,4)})), (R+(Mq(\underline{Mt(3,5)})))))$

$\Rightarrow (R+(R+(2,8,14)), (R+(Mq(11,17))))$

$\Rightarrow (R+(24,(R+(-11,-17))))$

$\Rightarrow (R+(24,-28))$

$\Rightarrow -4$

因此，答案为 D 选项。

计算思维相关知识

这个问题涉及将函数映射到一组值（映射），并减少一组值（简化）的思想。"映射"和"简化"两个概念在函数编程中非常有用，在函数中嵌套函数，可以快速生成所需的结果。在函数编程中，数据和操作通常用值和函数来表示。嵌套函数就是在一个函数里再嵌套一个或多个函数。

举例来说，如果要查找一个班一系列作业的最高分。可以减少每行的值（计算分数和），然后将最大值函数映射到所有这些和上。也就是说，我们应用两个函数（求和与求最大值）嵌套计算，以获得期望的值。

映射和递减的概念构成了许多"大数据"（对千兆级字节数据进行操作）算法的基础，如数据挖掘和分布式计算。

 贡献者

[英译中] 赵满明，swellfishming@163.com

[审　核] 周靓，mindzhou@163.com；辛丽蓉，xinlirong@qq.com

[校　对] 周靓，mindzhou@163.com；丁慧清，huiqingding@sina.com；
盛文盼，787004560@qq.com；辛丽蓉，xinlirong@qq.com；
王玉英，827691776@qq.com

2015-DE-01 关键片段

I: 一	II: 一	III: 一	IV: 一	V: 难	VI: 中
分类	算法与编程				
关键词	序列，字符串模式，字符串算法，计算生物学				

　　人类基因组中的信息基本上由四种碱基组成：胸腺嘧啶（T）、腺嘌呤（A）、胞嘧啶（C）和鸟嘌呤（G）。四种碱基可以排列成碱基序列，如 CAGGAGGAT。

　　这样的序列可能很长。研究人员正在寻找其关键片段（不包括单字母片段），这些关键片段必须至少在一个序列中出现 2 次。片段的关键性通过某一值来体现，该值计算方法为：**片段长度 + 在序列中出现的次数**。

　　序列中最关键的片段即为值最高的片段。如序列 CAGGAGGAT 的最关键片段是 AGGA，其值为 6：片段长度为 4，在序列中出现 2 次。

 请问在基因序列 CATTGTTGTTGCATT 中，最关键的片段是什么？（　　）

A. GTTG　　　　B. TTGT　　　　C. TTGTT　　　　D. TTG

 **解析**

　　片段 TTGTT 的值为 7（片段长度：5，出现次数：2），其他片段的值均小于 7。

　　以下片段的值都为 6：CATT、GTTG、TGTT、TTGT（片段长度：4，出现次数：2），TTG（片段长度：3，出现次数：3），TT（片段长度：2，出现次数：4）。

　　综上，正确答案为 C 选项。

📚 计算思维相关知识

遗传密码的发现是生物学领域的重大突破，它引发了人们观点的改变：生命被认为是由基因组序列中编码的信息所决定的。从这个角度来看，遗传学本质上是信息的编码和处理。从 20 世纪 90 年代开始，生物学和信息学领域的研究人员开始合作，使生物信息学领域开始发展。自那时起，形成了许多用计算机表示和处理生物信息的新方法。这对生物学、药学和医学都产生了重大影响。基因序列的分析仅仅是生物信息学研究的一个方面。

找到和证明解决方案的正确性的一个好方法是：寻找重复两次的最长子序列，这也是经典方法——区间求最值（Range Minimum-Maximum Query，RMQ）。然后很容易从获得的几个子序列中提取出最关键的子序列。

 贡献者

[**英译中**] 孙云舒，yunshu.sun@outlook.com

[**审　核**] 张春英，ft2zchy@126.com

[**校　对**] 王丹，yxll_84@163.com；林泽珊，1123447303@qq.com；
　　　　　　赵腾任，ZTR_2019@126.com

2017-PL-02 编辑距离

I: —	II: —	III: —	IV: 难	V: 难	VI: 中等
分类	算法与编程				
关键词	字符串，字符，字符串相似算法，动态规划				

我们可以定义一些基本操作，具体如下。

（1）在字符串中插入一个字符；

（2）从字符串中删除一个字符；

（3）将字符串中的一个字符转换为另一个字符。

将两个字符串之间的距离定义为基本操作的最小操作数，有助于我们将一个字符串转换为另一个字符串。例如，字符串"kitten"和"sitting"之间的距离为 3，相应的转换操作如下。

kitten → sitten（将字符 k 变为 s）；

sitten → sittin（将字符 e 变为 i）；

sittin → sitting（在末尾插入字符 g）。

 请问，字符串 length 和 french 之间的距离是多少？（　　　　）

 **解析**

其中一种解法如下。

1：length → fength（将字符 l 变为 f）；

2：fength → frength（插入字符 r）；

3：frength → frencth（将字符 g 变为 c）；

4：frencth → french（删除字符 t）。

综上，答案为 4。

计算思维相关知识

字符串的编辑距离，又称 Levenshtein 距离，由俄罗斯的数学家 Vladimir Levenshtein 在 1965 年提出。它是指利用字符操作，把字符串 A 转换成字符串 B 所需要的最少操作数。

一般来说，两个字符串的编辑距离越小，它们越相似。如果两个字符串相同，则它们的编辑距离为 0（不需要任何操作）。不难分析出，两个字符串的编辑距离肯定不超过它们的最大长度（可以先把短字符串的每一位都修改成长字符串对应位置的字符，然后插入缺少的字符）。假设 i 表示字符串 A 前 i 个字符的长度，j 表示字符串 B 前 j 个字符的长度，$f(i, j)$ 表示字符串 A 中前 i 个字符变为 B 中前 j 个字符的距离，则：

当 $i=0$ 且 $j=0$ 时，$f(i, j)=0$，表示此时两个字符串都为空字符串。

当 $i=0$，j 不为 0 时，则 $f(i, j)=j$。

当 $j=0$，i 不为 0 时，则 $f(i, j)=i$。

当 i 和 j 都大于 0 时：① 如果字符串 A 中第 i 个字符和字符串 B 中第 j 个字符相同，那么 $f(i, j)=f(i-1, j-1)$；② 如果把字符串 A 的第 i 个字符删除，那么 $f(i, j)=f(i-1, j)+1$；③ 如果在字符串 A 的末尾添加字符串 B 的第 j 个字符，那么 $f(i, j)=f(i, j-1)+1$；④ 如果将字符串 A 的第 i 个字符替换成字符串 B 的第 j 个字符，那么 $f(i, j)=f(i-1, j-1)+1$。

以上四种情况的最小值即为 $f(i, j)$ 的值。

 贡献者

[英译中] 张鹏飞，hs2zzpf@163.com

[审　核] 张思旭，2350975151@qq.com

[校　对] 丘运华，786848750@qq.com

2014-FR-04 基因序列

I: 一	II: 一	III: 一	IV: 一	V: 难	VI: 难
分类	算法与编程				
关键词	字符串查找，Boyer-Moore算法				

下面 30 张正面朝下的卡片中，每张都印有字母 "a" "c" "g" 或 "t"。这些字母代表了海狸 DNA 序列的一部分，其中隐藏了序列 gattaca。

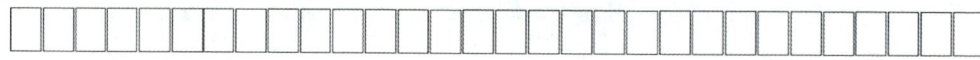

 通过翻转卡片，识别其正面字母，找到隐藏序列，至少需要翻转卡片几次？（　　）

A. 15 次　　　　B. 10 次　　　　C. 12 次　　　　D. 16 次

 **解析**

解决此问题的方法有几种，其中一种为：找到需要舍弃的字母序列，揭开这些字母序列中的部分字母，就能发现它们不可能包含序列 gattaca。

例如，我们翻转第 7 张卡片找到字母 c，继续翻转第 8 张卡片，找到字母 t，则可以得出结论：第 1—8 张卡片都不是序列的一部分，因为 ct 不在序列 gattaca 中；然后，翻转第 15 张卡片。以此类推，最终至少翻转 10 次，答案为 B 选项。

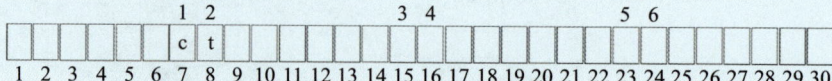

策略可以总结为：每一步都翻转可能会使前一张待定的卡片失效的最后一张卡片。

计算思维相关知识

该任务需要从一组字符串中搜索单词。解析中描述的算法类似于字符串搜索算法（Boyer-Moore，BM）。

在查找子字符串的算法中，BM 算法被认为是最高效的字符串搜索算法。

该算法的主要特征为：从右往左进行匹配。重点在于：BM 算法在字符不匹配时一次性跳过不止一个字符，不需要对整个字符串逐一进行比较。通常搜索关键词越长，算法速度越快。它的效率来自这样的规律：对于每一次失败的匹配尝试，算法都能够使用这些信息来排除尽可能多的无法匹配的位置，即它充分利用待搜索字符串的一些特征来加快搜索。

贡献者

[英译中] 王婧，3259424668@qq.com
[审 核] 李杨扬，124645455@qq.com；赵腾任，ZTR_2019@126.com
[校 对] 王婧，3259424668@qq.com；李杨扬，124645455@qq.com；
        林泽珊，1123447303@qq.com

2013-BE-02 海狸分组

I: —	II: —	III: 难	IV: 中	V: —	VI: —
分类	算法与编程				
关键词	逻辑门电路，布尔表达式，逻辑运算				

一群海狸想参加年度国际木刻活动。每只海狸都有一张包含以下属性的信息卡。

- C1：男性 / 女性。
- C2：年轻的 / 上了年纪的。
- C3：胖海狸 / 苗条海狸。

海狸们一起乘巴士去参加比赛，为了让他们在旅途中不感觉无聊，可以使用设置好规则的特殊读卡器对他们进行分组。

读卡器内置了能够同时检查两个属性的组件。一个组件读取两个属性的值（√或 ×），并根据图 1 所示的决策表产生一个值。

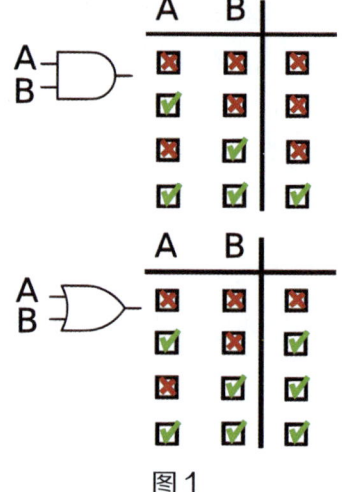

图 1

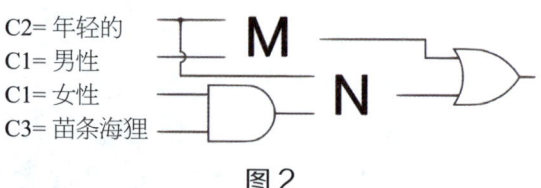

C2= 年轻的
C1= 男性
C1= 女性
C3= 苗条海狸

图 2

不幸的是，其中一个读卡器坏了，技术员在维修时丢失了两个组件。该读卡器用于判定将年轻的海狸、男性海狸和年轻的苗条女性海狸分在第一辆巴士（√）上，其他的海狸都分在另一辆巴士（×）上。

? 请问图 2 中丢失了哪两个组件？（　　　）

A. M=⊐⊃—　　N=⊐⊃—　　B. M=⊐⊃—　　N=⊐⊃—

C. M=⊐⊃—　　N=⊐⊃—　　D. M=⊐⊃—　　N=⊐⊃—

解 析

由图1可知，组件  相当于计算机逻辑运算中的"与"操作，由第一行中的"××|×"和第二行的"√×|×"可以知道，只有当两个条件同时都满足时，程序才执行。同理可知，组件 为"或"操作，即两个条件只要其中一个满足，程序就能够执行。

因此，根据题意可知，该读卡器用于判定将年轻的海狸、男性海狸和年轻的苗条女性海狸分在第一辆巴士（√），"√"表示程序能够执行，依次将各选项代入图2中验证，可知A选项为正确答案。

计算思维相关知识

逻辑运算通常用来测试真假值。"与"是两个逻辑变量间的一种运算，它满足：当且仅当两个变量的值都为真时，结果为真。

A 与 B 的真值表如右边上表。

"或"是两个逻辑变量间的一种运算，它满足：当且仅当两个变量的值都为假时，结果为假。

A 或 B 的真值表〔A 或 B 的真值表也写作 A∨B（逻辑学），A||B（计算机科学），或 A+B（电子学）〕如右边下表。

输入		输出
A	B	A∧B
真	真	真
真	假	假
假	真	假
假	假	假

输入		输出
A	B	A∨B
真	真	真
真	假	真
假	真	真
假	假	假

贡献者

[英译中] 林泽珊，1123447303@qq.com
[审　核] 丘运华，786848750@qq.com；
　　　　赵腾任，ZTR_2019@126.com；张鹏飞，hs2zzpf@163.com
[校　对] 赵满明，swellfishming@163.com；曹悦，caoyue@2dai.com

2010-NLD-15 IF 函数

I: 一	II: 难	III: 难	IV: 中	V: 易	VI: 易
分类	算法与编程				
关键词	选择结构				

小海狸学习了一种新的编程语言，他想知道程序是如何根据条件的真假来选择不同值的。在这种新语言中有一个 IF 函数，它的表达方式如下所示：

IF（条件；数值1；数值2）= 数值1（条件为真）
= 数值2（条件为假）

 假设 A=3，B=4，C=5。请问 IF（A>B；A；IF（B<C；C；B））的返回值是多少？（　　　）

A. 3　　　　　　B. 4　　　　　　C. 5　　　　　　D. 6

 解析

由题意可知，A>B 不成立，因此函数 IF（A>B；A；IF（B<C；C；B））的返回值是 IF（B<C；C；B）。

对于函数 IF（B<C；C；B），B<C 成立，所以其返回值为 C，即 5，答案为 C 选项。

计算思维相关知识

选择结构用于判断给定条件的真假，根据判断的结果来控制程序的流程。选择结构是算法中的三种基本逻辑结构之一。使用编程语言时，应了解应用该编程结构的场景，知道如何实现选择结构。

 **贡献者**

[**英译中**] 梁见斌，38836314@qq.com

[**审　核**] 孙丹，11803011@zju.edu.cn；林泽珊，1123447303@qq.com；
　　　　　赵腾任，ZTR_CN@126.com

[**校　对**] 赵满明，swellfishming@163.com；曹悦，caoyue@2dai.com；
　　　　　张春英，ft2zchy@126.com

2013-UA-01-4 电子锁

I: 一	II: 一	III: 一	IV: 难	V: 中	VI: 易
分类	算法与编程				
关键词	逻辑表达式，自动机理论，信息流				

为了房子的安全，海狸决定安装一把电子锁。锁外面有若干个按钮。要打开房门，必须同时按下几个特定的按钮。当按下按钮时，电子信号就会被传送出去。电子锁采用"与""或""非"三种元件，将输入信号转换成一个输出信号。

非 "NOT"	与 "AND"	或 "OR"
X ▷ Z=Not X	X Y □ Z=X*Y	X Y ◗ Z=X+Y

 如果没有接收到输入信号，元件非"NOT"输出信号。只有当所有信号被传输到输入端时，元件与"AND"才输出信号。只有当没有任何输入信号时，元件或"OR"才不会输出信号。我们需要按下哪些按钮才能打开右侧图片中的电子锁？

（　　　）

A. 只有 B

B. A、B、C

C. B、E

D. B、E、F

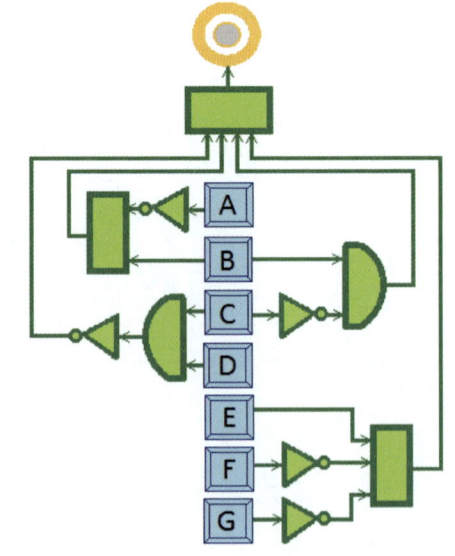

解析

该电路可写成下面的逻辑表达式：

（非（A）与 B）与（B 或非（C））与（非（C 或 D））与（E 与（非（F））与（非（G）））

若假设有输入信号为 1，无输入信号为 0。那么，当且仅当 4 组输入信号均为 1 时，最终的输出信号才为 1，即（非（A）与 B）=1，（B 或非（C））=1，（非（C 或 D））=1，（E 与（非（F））与（非（G）））=1；则（非（A））=1，B=1，（非（C））=1，（C 或 D）=0，E=1，（非（F））=1，（非（G））=1；即 A=0，B=1，C=0，D=0，E=1，F=0，G=0。

当且仅当 A=C=D=F=G=0（不按下），E=B=1（按下）时，最终才有输出信号，即答案为 C 选项。

计算思维相关知识

逻辑计算可用于自动化装置，指导人们构建将输入信息转化为输出信息的设备。

贡献者

[英译中] 张春英，ft2zchy@126.com
[审　核] 王婧，3259424668@qq.com；王丹，yxll_84@163.com
[校　对] 张春英，ft2zchy@126.com；王婧，3259424668@qq.com；
王丹，yxll_84@163.com；王宇，3297562896@qq.com

2014-CH-04 逻辑电路

I: 一	II: 一	III: 一	IV: 中	V: 易	VI: 一
分类	算法与编程				
关键词	逻辑门，布尔代数				

逻辑门的左边有一个或两个输入，右边有一个输出。根据不同的输入信号，可以接通或断开电路。

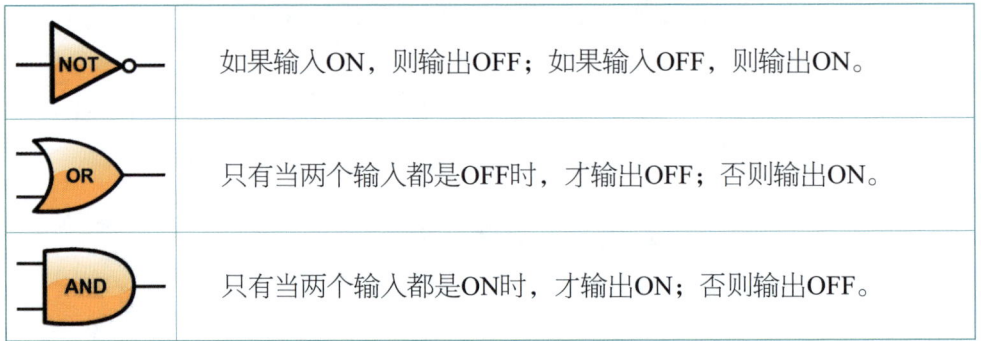

NOT	如果输入ON，则输出OFF；如果输入OFF，则输出ON。
OR	只有当两个输入都是OFF时，才输出OFF；否则输出ON。
AND	只有当两个输入都是ON时，才输出ON；否则输出OFF。

 如下图所示，如果输入 A 是 OFF，输入 B 和 C 都是 ON，那么输出 X 和 Y 分别是什么？（　　　）

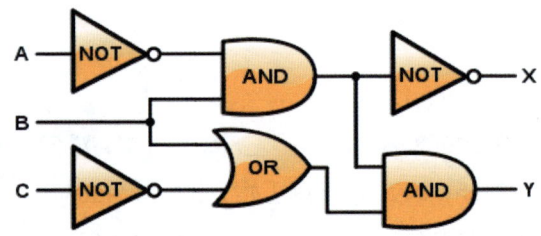

A. X 是 OFF，Y 是 OFF　　　　B. X 是 OFF，Y 是 ON

C. X 是 ON，Y 是 OFF　　　　D. X 是 ON，Y 是 ON

**解 析**

正确答案是 B 选项，分析过程如下图所示，OFF 用黑色线表示，ON 用黄色波浪线表示。

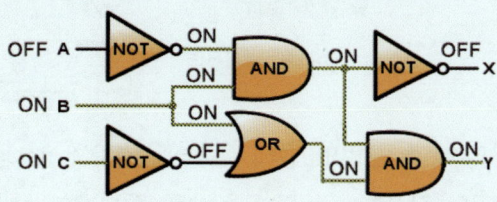

**计算思维相关知识**

逻辑门是数字电子的基本组成部分，就像计算机处理器一样。1 和 0 表示打开电路和关闭电路。处理器中有数十亿个这样的逻辑门被集成在一起，使得计算机能够工作。

贡献者

[英译中] 王玉英，827691776@qq.com
[审　核] 王玉英，827691776@qq.com
[校　对] 魏拥军，113397988@qq.com；邢洋，xywzy468129@163.com

2013-BE-03 面粉袋排序

I: —	II: —	III: 难	IV: 中	V: 易	VI: —
分类	算法与编程				
关键词	分类，排序，算法				

　　货架上有 7 袋重量不等的面粉，海狸想将它们由轻到重进行排序，但是她不能打开袋子来比较，只能通过称重比较。她有一杆类似天平的特殊的秤，秤没有刻度，不能显示 1 袋面粉的具体重量，但可以比较 2 袋面粉的重量。她已经对前 3 袋面粉进行了排序，剩余的 4 袋面粉，任意 1 袋面粉都要比前 3 袋重。

 请问，海狸至少需要称几次才能实现将所有面粉排序？（　　　）

A. 4 次　　　　　　B. 5 次　　　　　　C. 6 次　　　　　　D. 7 次

 解析

　　本题最佳解决方法是归并排序。将剩余 4 袋面粉分别设为 A，B，C，D，具体排序方法如下图所示。总共需要比较 5 次，答案为 B 选项。

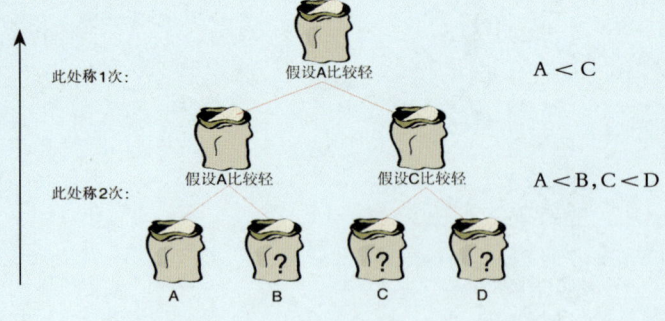

　　由 A＜C 且 A＜B 且 C＜D，可知 A＜C＜D。

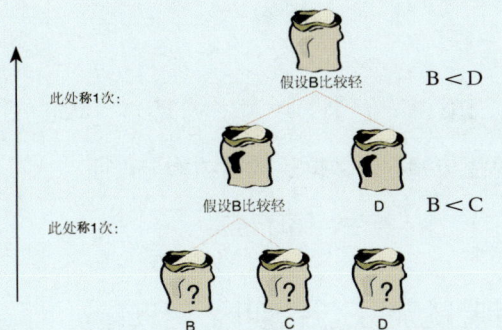

此处称1次：　假设B比较轻　　　　　B < D

此处称1次：　假设B比较轻　　　D　　B < C

B　　C　　D

由 B < C 且 B < D，综合前面的 A < B 且 A < C < D，可知 A < B < C < D。

使用效率较低的排序算法（如选择排序或插入排序）将需要比较 6 次，仅用 4 次比较不能实现排序。

📚 计算思维相关知识

排序在信息学中很重要。例如，当在数据库中搜索目标数据时，对表进行排序，可以更快地找到它。同样重要的是搜索的效率。

归并排序（Merge Sort），是创建在归并操作上的一种有效的排序算法，1945 年由约翰·冯·诺伊曼首次提出。该算法是采用分治法的一个非常典型的应用，且各层分治递归可以同时进行。

分治法，即将问题分解成一些小的问题，然后进行递归求解，而治（conquer）的阶段则是将分的阶段得到的答案"修补"在一起，即分而治之。分治法包括以下两个阶段：

- 分割：递归地把当前序列平均分割成两半。
- 集成：在保持元素顺序的同时，将上一步得到的子序列集成到一起（归并）。

👥 贡献者

[英译中] 林泽珊，1123447303@qq.com

[审　核] 丘运华，786848750@qq.com；赵腾任，ZTR_2019@126.com

[校　对] 赵满明，swellfishming@163.com；曹悦，caoyue@2dai.com；
　　　　　赵腾任，ZTR_2019@126.com

2017-RO-06 蛙跳

I: —	II: —	III: —	IV: 中	V: 易	VI: —
分类	算法与编程，数据、数据结构与表征				
关键词	算法，循环链表				

青蛙从一片莲叶跳至另一片莲叶。两只青蛙同时起跳，依照箭头的方向和长度跳跃。

 从图中所示的位置开始，两只青蛙首先会在哪片莲叶上相遇？

浅色青蛙按顺时针方向跳跃，跳跃长度为 2，跳跃顺序是：

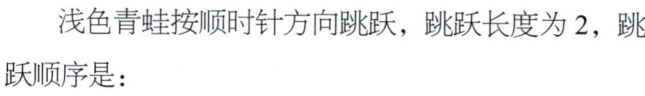

深色青蛙按逆时针方向跳跃，跳跃长度为 3，跳跃顺序是：

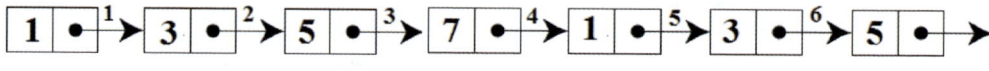

因此，两只青蛙将在 5 号莲叶上相遇。

 ## 计算思维相关知识

本题涉及循环链表。在计算机科学中，链表是称为结点的数据元素的线性集合，每个结点通过指针指向下一个结点。在最简单的形式下，每个结点由数据和到序列中下一个结点的引用（链接）组成。这种结构允许在迭代过程中有效地插入或删除序列中任何位置的元素。

贡献者

[英译中] 高新，1582869379@qq.com
[审　核] 张春英，ft2zchy@126.com
[校　对] 陈虹宇，hyinn@live.com；丘运华，786848750@qq.com

2010-AT-05 饥渴的海狸

I: 一	II: 一	III: 难	IV: 难	V: 中	VI: 一
分类	算法与编程				
关键词	状态转移，动态规划				

一只饥渴的海狸想喝水，他有三只碗，分别可装 10L、7L 和 3L 水。起初，最大的碗里装有 10L 水，但海狸只想喝 8L 水。于是他想找到一种方法来分水，使得最大的碗里最终刚好装 8L 水。

 海狸使用三只碗相互倒水，至少要倒多少次才能达到他的要求？（注意，倒水时不能把水洒出来。）（   ）

A. 5次   B. 6次   C. 7次   D. 8次

 **解析**

下表是次数最少的状态转移表，即每次倒水时各只碗的装水状态。

倒水次数	各只碗的装水状态		
	10L的碗	7L的碗	3L的碗
0	10L	0L	0L
1	7L	0L	3L
2	7L	3L	0L
3	4L	3L	3L
4	4L	6L	0L
5	1L	6L	3L
6	1L	7L	2L
7	8L	0L	2L

综上，海狸至少要倒 7 次水，答案为 C 选项。

计算思维相关知识

此题涉及计算机科学中一类常见的问题：最优化问题，在给定的约束条件下，选择最优的参数和方案，使得目标函数最大化／最小化。最优化问题往往面临一定的约束条件，如在旅游路线的选择上，总花费和出发、到达时间就构成了约束条件，我们选择的最优解也必须满足这些约束条件。本题要求在不浪费资源的情况下，找到最快的解决方法。该题也是经典的动态规划问题，可用动态规划方法编程实现。

贡献者

[英译中] 黎子靖，578426608@qq.com
[修改 | 完善] 张鹏飞，hs2zzpf@163.com
[审核 | 校对] 朱燕南，zhuyn890@qq.com；林泽珊，1123447303@qq.com；
　　　　　　　王娟，284311304@qq.com；赵腾任，ZTR_CN@126.com；
　　　　　　　赵满明，swellfishming@163.com；曹悦，caoyue@2dai.com

2017-IR-04b 蜂巢

I: 难	II: 难	III: 难	IV: 难	V: 中	VI: 易
分类	算法与编程				
关键词	推理，遍历				

　　灰灰是一头喜爱蜂蜜的熊，爷爷买了一个巨大的蜂巢，但只有当灰灰辨别出蜂巢中所有格子的状态（储有蜂蜜，未知，空）时，爷爷才会把蜂巢送给他。蜂巢的每个格子都标有数字，代表着与本格相邻且储有蜂蜜的格子数量。

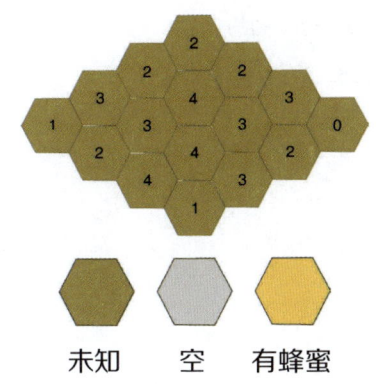

未知　　空　　有蜂蜜

 请帮助灰灰找出所有储有蜂蜜的格子，并确定蜂巢每个格子的状态。

解析

　　要解决该问题，可以从相邻格子状态已确定的格子开始分析。有两种情况的相邻格子的状态是可以确定的，见右图中圆圈标注的格子。

　　① 相邻的格子都是空的；

　　② 相邻的格子都储有蜂蜜。

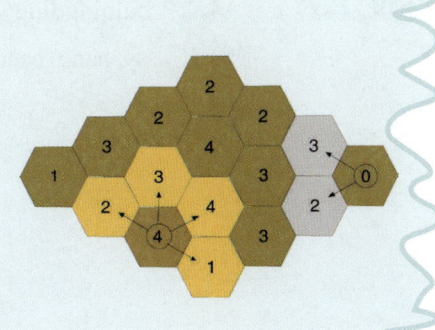

由此，我们可以轻松地判断其他相邻格子的状态。例如，右图中以圆圈标注的格子，只有 1 个相邻格子储有蜂蜜，只能是上方已经标记黄色的格子，所以其他相邻的格子都是空的。

然后，刚刚标记灰色并标有 3 的格子，一定有 3 个相邻格子储有蜂蜜。我们已经判断出左边两个格子的状态，右边的相邻格子又为空，所以只能是上方的格子储有蜂蜜。

我们可以以这种方法继续判断其他格子的状态，直至覆盖整个蜂巢。

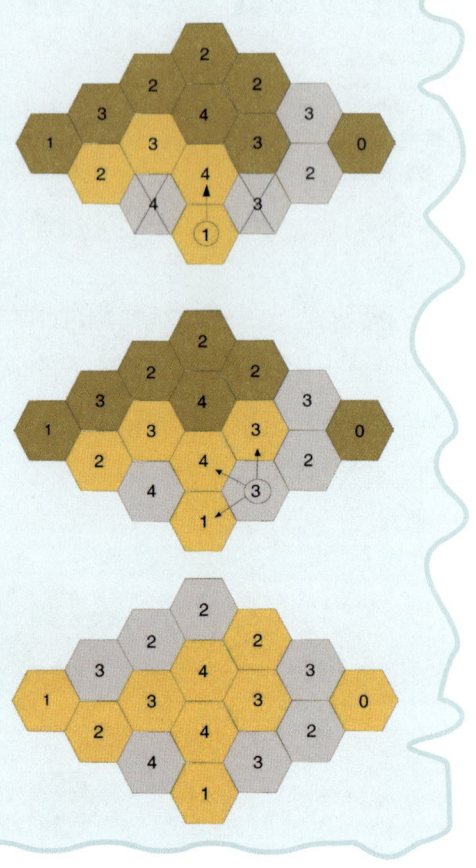

 **贡献者**

[英译中] 周靓，mindzhou@163.com

[修改|完善] 赵满明，swellfishming@163.com

[审核|校对] 丁慧清，huiqingding@sina.com；盛文盼，787004560@qq.com；
张舒艺，syzhang_ecnu@163.com；赵满明，swellfishming@163.com

2013-SI-07 测量

I: 一	II: 难	III: 中	IV: 中	V: 易	VI: 一
分类	算法与编程				
关键词	最短路径				

小海狸坐在湖边用两个水壶量水，小水壶和大水壶的容量分别是5升和8升。他可以执行以下步骤。

- 装满一壶水（到壶的顶部）。
- 把水壶里的水全部倒进湖里。
- 把水从一个水壶倒进另一个水壶，直到第二个水壶完全装满，或者第一个水壶空了。

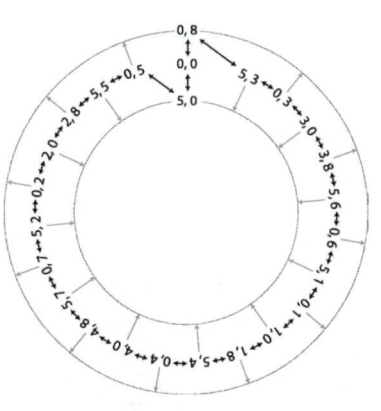

例如，在某个时候，小水壶装了4升水，大水壶装了2升水。如果把小水壶里的水全部倒进大水壶，大水壶里就有6升水。如果把大水壶里的水倒进小水壶，小水壶将被装满，大水壶还剩下1升水。

一只老海狸说他可以预测出测量一定量的水所需的最少步骤数。小海狸发现了下面的方案图，但不明白其中的意思。

最后，小海狸找到了一张小纸条，上面是老海狸的神秘手稿，聪明的小海狸找到了其中的规律。你是否也明白了呢？

 请问，若开始时，两个水壶都是空的，测量 7 升水最少需要几个步骤？（　　）

A. 12 个　　　　　B. 5 个　　　　　C. 10 个　　　　　D. 8 个

解析

　　每一对数字都表示一种可能的状态，如果可以通过一个步骤从一种状态转换到另一种状态，则两种状态是相连的。到状态（0,7）最少需要 8 个步骤，答案为 D 选项。

　　（5,0）→（0,5）→（5,5）→（2,8）→（2,0）→（0,2）→（5,2）→（0,7）

 **计算思维相关知识**

　　本题涉及计算机科学中的一些重要概念。程序员经常使用一种称为"有限状态自动机"的模型来描述一个系统，该系统可以有多种状态和动作，通过动作，可以从一种状态转换到另一种状态。题中的方案图可以看作解答该题的一种表示。

贡献者

[英译中] 王丹，yxll_84@163.com
[审　核] 王婧，3259424668@qq.com；张春英，ft2zchy@126.com
[校　对] 王丹，yxll_84@163.com；王婧，3259424668@qq.com；
　　　　　张春英，ft2zchy@126.com；王宇，3297562896@qq.com

2010-NLD-20 最短路径

I: 一	II: 中	III: 中	IV: 中	V: 易	VI: 易
分类	算法与编程				
关键词	最短路径算法				

右图是某城市的运河分布示意图，每2条河道十字交叉口之间的直线长度为4。内圆弧的长度为3，中圆弧的长度为6，外圆弧的长度为9。

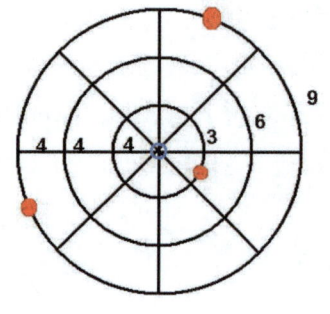

一艘小船从中间蓝点处开始航行，它将前往所有红色站点，并且只能在河道十字交叉口改变方向。最后，小船将回到蓝点处，结束整个行程。

 请问整个行程的最短距离是多少？（　　　）

A. 66　　　　　　B. 70　　　　　　C. 71　　　　　　D. 72

解析

最短距离的行程如下图蓝线所示，即最短距离为 4+3+3+4+4+9+9+9+9+4+4+4=66，答案为 A 选项。

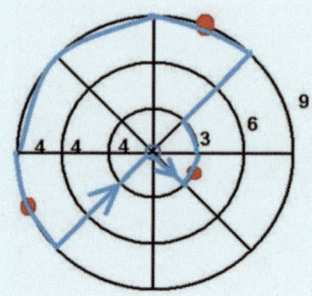

计算思维相关知识

　　该题主要涉及最短路径问题。生活中很多地方都需要用到寻找最短路径的方法，如汽车导航。

 ## 贡献者

[英译中] 孙丹，11803011@zju.edu.cn
[审　核] 梁见斌，38836314@qq.com；林泽珊，1123447303@qq.com
[校　对] 赵满明，swellfishming@163.com；曹悦，caoyue@2dai.com；
　　　　　赵腾任，ZTR_CN@126.com；张春英，ft2zchy@126.com

2014-AT-03 通往山顶的缆车

I: 一	II: 一	III: 难	IV: 中	V: 中	VI: 易
分类			算法与编程		
关键词			最短路径问题		

有多条到达山顶的路线，每条路线上都有多辆缆车，但都只有一辆播放着迪斯科音乐的缆车。

海狸需要从大本营站出发去往山顶站，他喜欢音乐，因此他只坐迪斯科缆车。各条路线都是逆时针运行的，它们的运行速度相同，新到站的缆车的到站时间也相同。海狸通过一条路线到达某个车站，如果此时他看到其他路线上刚好有一辆迪斯科缆车到站，他就可以换条路线前进。

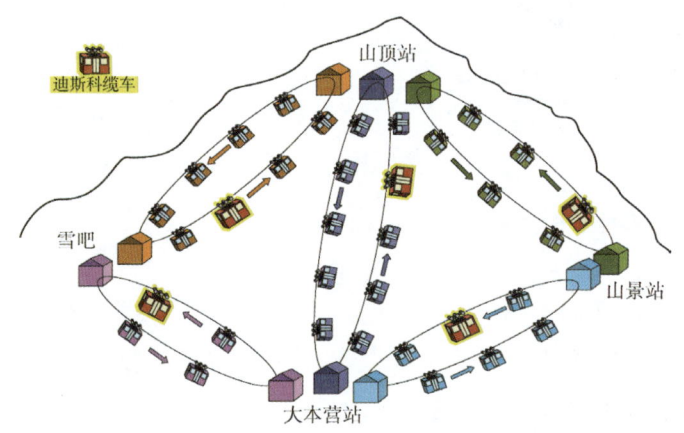

? 上图是海狸刚到达大本营站时的缆车系统状态图，请问下列哪条是海狸通往山顶站最快的路线？（   ）

A. 大本营站→雪吧→山顶站

B. 大本营站→雪吧→大本营站→山顶站

C. 大本营站→山顶站

D. 大本营站→山景站→山顶站

解析

　　选项 A 描述的路线到达【山顶站】共需 10 步：等待来自【雪吧】的迪斯科缆车到达【大本营站】需要 2 步，乘坐迪斯科缆车到达【雪吧】需要 2 步，此时等待来自【山顶站】的迪斯科缆车到达【雪吧】还需 2 步，再乘坐迪斯科缆车到达【山顶站】需 4 步。

　　选项 B 描述的路线到达【山顶站】共需 11 步：等待来自【雪吧】的迪斯科缆车到达【大本营站】需要 2 步，乘坐迪斯科缆车到达【雪吧】需要 2 步，再返回【大本营站】需 2 步，此时来自【山顶站】的迪斯科缆车刚好到达，乘坐该缆车到达【山顶站】还需 5 步。

　　选项 C 描述的路线到达【山顶站】共需 11 步：等待来自【山顶站】的迪斯科缆车需 6 步，再乘坐该迪斯科缆车到达【山顶站】需 5 步。

　　选项 D 描述的路线到达【山顶站】共需 8 步：等待来自【山景站】的迪斯科缆车需 1 步，然后乘坐该缆车到达【山景站】需 3 步，等待来自【山顶站】的迪斯科缆车到达【山景站】需 1 步，再乘坐该缆车到达【山顶站】需 3 步。

　　综上，答案为 D 选项。

计算思维相关知识

　　此问题主要涉及最短路径问题，指在结点网络中寻找两个结点之间的最短路径。路径的长度取决于各个结点上的权重，总权重最小的路径即最短路径。在本例中，每个结点的权重取决于系统的时间和状态。

贡献者

[英译中] 盛文盼，787004560@qq.com

[审　核] 曹悦，caoyue@2dai.com；赵满明，swellfishming@163.com

[校　对] 林泽珊，1123447303@qq.com；赵腾任，ZTR_2019@126.com

2016-LT-06 最短路线

I: —	II: —	III: —	IV: —	V: 难	VI: 中
分类	算法与编程				
关键词	最短路径，迪杰斯特拉（Dijkstra）算法，图				

　　一个骑自行车的人要找到从 A 到 Z 的最短路线。车道是单向的。她知道有一种方法（算法）能找到最短行驶路线。她将提示写在纸上，放在每个路口。

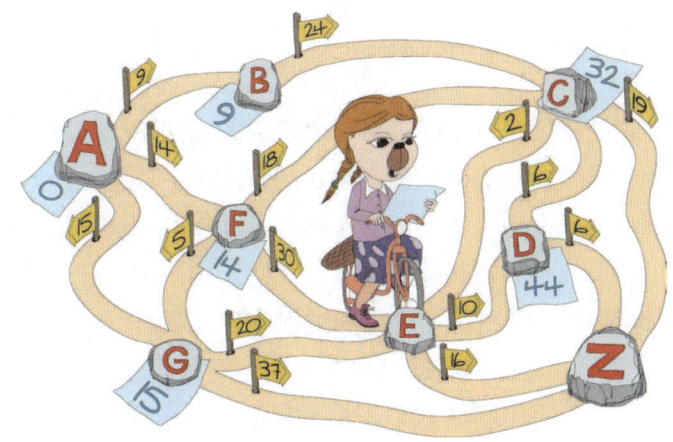

 请问她在 E 处写的是什么数字？（　　　）

A. 34　　　　　　　B. 35　　　　　　　C. 44　　　　　　　D. 32

 **解析**

　　纸上写的是到达 A 处最短路线的长度。根据下面的算法进行计算。

　　（1）给每个路口赋一个试验距离值：A（第一个路口）为 0。

　　（2）在当前路口，针对其周围没有走过的路口，计算试验距离。比较新计算的试验距离和当前设定的值的大小，将该路口设置为较小的那个值。

（3）计算完当前路口周围所有路口的试验距离之后，将当前路口标为"已走过"。"已走过"的路口不用再检查。

（4）选择设定试验距离值最小的未走过的路口，将其作为新的"当前路口"，重复步骤（2）。

（5）如果终点 Z 被标记，则停止。

所以 E 路口的距离值应当是：32+2，14+30 或 15+20，可以看出，第一个值最小，所以此处的数字应当是 34，答案为 A 选项。这便是迪杰斯特拉（Dijkstra）算法，使用该算法可在任何图中找到最短路径。

计算思维相关知识

迪杰斯特拉算法是用来寻找最短路径最著名的算法之一。具体来说，迪杰斯特拉算法主要用来寻找一个边的权值不为负的有向图中任意一点到其他任意结点（在两点相互联通的情况下）之间的最小路径。如果利用迪杰斯特拉算法找出从一点到图中其他所有点的最短路径，事实上我们就构造出了一个最短路径树。

使用迪杰斯特拉算法寻找最短路径的过程分为以下四个步骤。

（1）找出权值最小的结点，即可以在最短时间内到达的结点；

（2）检查该结点的邻居结点是否有前往它们的更短路径，如果有，更新路径；

（3）对每个结点重复步骤（2）；

（4）计算最终路径（找出每个结点的父结点）。

最短路径问题是日常应用中的基础计算（信息学）任务。迪杰斯特拉算法广泛用于寻找最短路径。最短路径算法可应用于自动在两个物理位置间找最优方向，如在 MapQuest 或谷歌地图等导航网站上提供驾驶方向。

贡献者

[英译中] 曾维义，zengonly@qq.com
[审　核] 孙云舒，yunshu.sun@outlook.com
[校　对] 魏拥军，113397988@qq.com

2015-DE-05 风铃

I: —	II: —	III: —	IV: 难	V: 中	VI: 中
分类	算法与编程				
关键词	递归				

风铃是一种精美的艺术品。我们小时候的卧室中可能也挂有一串风铃。

下面的风铃由木棍和玩偶组成。每根木棍都有一些结点，用于连接玩偶或其他木棍。此外，每根木棍还有一个悬挂点，可以连接到其上方的木棍（当然，如果是最上方的木棍，则直接悬挂在天花板上）。玩偶身上的数字代表其重量。

右图是一个简单的风铃样例，可以使用数字和括号来描述它：(−3(−11)(11))(23)。

 参考样例，如何采用数字和括号的方式来描述下面的风铃？（　　　）

A. (−3(−14)(2(−11)(11)))(2(−16)(23))

B. (4(11))(63)

C. ((((−14)−3((−11)2(11)))((−16)2(23)))

D. (−3(−14)(2(−11)(11)(2(−16)(23))

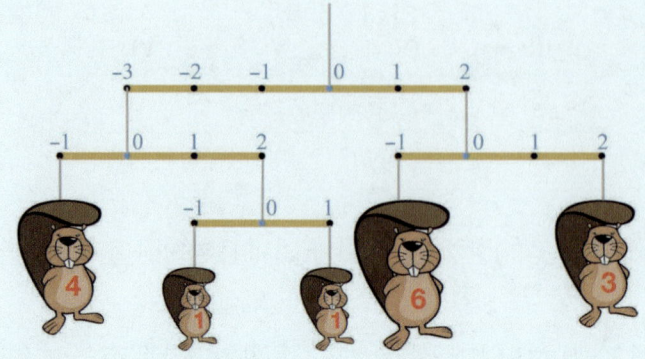

从样例中，我们可以总结出描述一串风铃的方法：

· 左括号；

· 结点的位置（木棍的悬挂点设为 0）；

· 其各部分的描述；

· 右括号。

通过描述悬挂在木棍（包括最上方那根）上的结构来描述这根木棍。

其中，成对的括号表示在同一分支上。玩偶则用其自身的重量数字来表示。

A 选项描述正确。

B 选项只描述了重量，没有描述位置。

C 选项错将结点的位置放于各部分的描述之间。

D 选项缺少右括号。

计算思维相关知识

风铃的结构具有一个有趣的特性：如果从风铃上拆下一根木棍（最上方那根除外），就可以成为一串新风铃，此时这根拆下来的木棍就变成了最上方的木棍，即风铃的局部构造与整体构造相同。

如果把一个单独的玩偶看作一个（基本的）风铃，或许可以给风铃下一个十分简单的定义：风铃是一个单独的玩偶，或是一根带有一个或多个风铃的木棍。也就是说，我们使用术语"风铃"本身来定义它。

在信息学中，这样的结构及其定义被称为"递归"。递归是设计算法的一种思想方法，是计算机科学中一个十分重要的概念，也是一种简化问题的思维方式。即把一个规模较大的复杂问题层层转化为若干个与原问题相似的、规模较小的问题，利用构建递归关系式，将解决小问题作为解决大问题的入口，由此，大问题也就"迎刃而解"。人们可以利用计算机程序收集和处理递归问题。

贡献者

[英译中] 孙云舒，yunshu.sun@outlook.com

[审　核] 张春英，ft2zchy@126.com

[校　对] 王丹，yxll_84@163.com；林泽珊，1123447303@qq.com；
　　　　　赵腾任，ZTR_2019@126.com

2016-AT-06 递归绘图

I: 一	II: 一	III: 一	IV: 难	V: 中	VI: 易
分类	算法与编程				
关键词	递归，终止条件				

　　海狸和他的朋友志愿帮助城市信息学博物馆进行扩建与翻新，他们将在展览室中喷涂 16m × 16m 的地板。

　　施工前，策划部门出具了平面设计图：图顶部有对应的编号，底部有相应的尺寸。喷涂地板设计图如右图所示，设计图中还将引用它本身（编号均为 1）。他的朋友认为不可能完成任务，海狸认为：可以做到！当喷涂部分边长为 0.5m 时就停止喷绘。

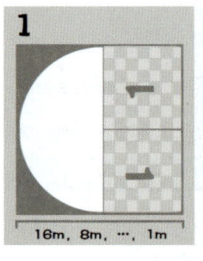

 请问地板的效果图是什么样的？（　　　）

A. 　B. 　C. 　D.

　　该设计图的左半部分是一个半圆，圆弧朝左。设计图的右半部分有两个编号相同但方向相反的 1，即引用这张设计图两次。因为终止条件是喷绘部分边长为 0.5m，即正方形边长的一半或半圆的半径长度，所以当半圆的半径为 0.5m 时就停止喷绘。

　　喷涂地板过程中，执行第 1 次时，半圆直径为 16m，半径为 8m，因为两个编号 1 方向相反，所以，上边半圆的圆弧朝下，下边

解析

半圆的圆弧朝上，两个圆弧彼此接触。执行第2次时，半圆半径为4m，以此类推。到第5次时，半圆半径为0.5m，停止执行，完成喷涂。因此，答案为B选项。

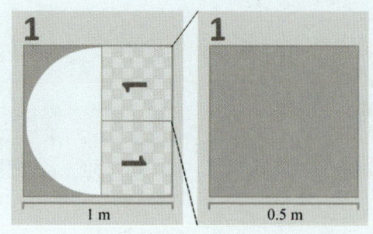

📖 计算思维相关知识

在数学与计算机科学中，递归是指函数在其定义或说明中直接或间接调用自身的一种方法，通常用于把一个大型复杂的问题转化为多个与原问题相似的规模较小的问题，只需少量的代码就可描述解题过程所需要的多次重复计算。一般来说，递归需要有边界条件（终止条件）、递归前进段和递归返回段。当边界条件不满足时，递归前进；当边界条件满足时，递归返回。如下图所示，汉诺塔问题是用递归方法求解的一个典型问题，操作规则是每次只能移动一个盘子，且大盘子不能放置在小盘子上面。假设柱子为A、B、C，共有 n 个盘子，解决问题的步骤：①将A柱上的 $n-1$ 个盘子移动到B柱上；②将A柱最大的盘子移动到C柱上；③将B柱上的盘子移动到C柱上。

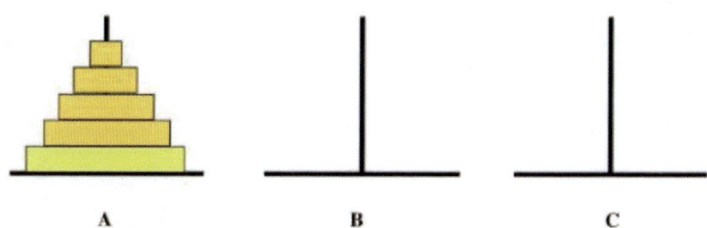

A　　　　　　B　　　　　　C

👥 贡献者

[英译中] 林泽珊，1123447303@qq.com

[审　核] 高翔，gaoxls888@163.com；赵腾任，ZTR_2019@126.com

[校　对] 魏拥军，113397988@qq.com；邢洋，xywzy468129@163.com；
　　　　　王丹，yxll_84@163.com

2016-AU-06 算法艺术

I: 一	II: 一	III: 一	IV: 一	V: 难	VI: 中
分类	算法与编程				
关键词	分形，递归，算法				

在数学与计算机科学中，递归是指在函数的定义中使用函数自身的方法。例如，两面相对放置的镜子，能够在一面镜子中看到另一面镜子的镜像，而且镜像逐步变小，这就是递归在生活中的现象。

下面是一个递归算法的示例。

在计算机中使用命令 DrawSquare（x，y，s）画一个边为 s 且中心点为（x，y）的正方形。

如果正方形的边超过 2 个像素，则执行

DrawSquare（$x+s/2$，y，$s/2$）（在右侧绘制一个较小的正方形）

DrawSquare（$x-s/2$，y，$s/2$）（在左侧绘制一个较小的正方形）

? 利用 DrawSquare 命令可以绘制以下哪种图形？（　　　）

A.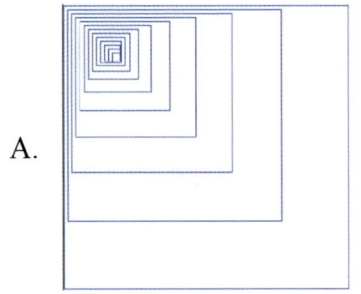

B.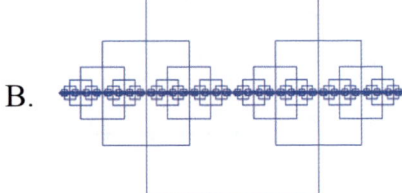

C.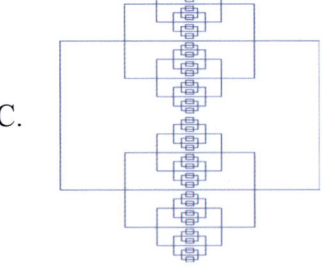

D.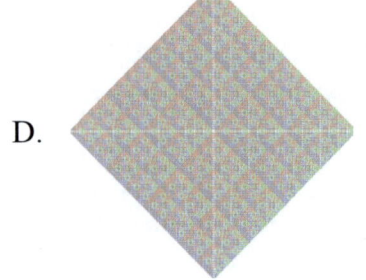

A		不正确。由算法命令可知，绘制的所有正方形中心点的 y 值一致，即所有的正方形的中心点应处于同一横线上。
B		正确。在每个正方形的左右两边各有一个小正方形图案。
C		不正确。由算法命令可知，绘制的所有正方形中心点的 y 值一致，即所有的正方形的中心点应处于同一横线上。
D		不正确。该图形为一个大正方形和两个小正方形图案的左右镜像以及上下镜像。

计算思维相关知识

　　大多数编程语言都支持递归，因此程序执行过程中可以自行调用程序本身以解决较小的子问题，尤其当处理复杂的数据结构（如嵌套列表）时很有帮助。

　　递归分形是计算思维的一种形式，可以通过几行代码创建复杂而有趣的图形。通过这种编程类型创建的某些图形称为算法艺术。使用递归分形创建的算法艺术的一些示例图形如下所示。

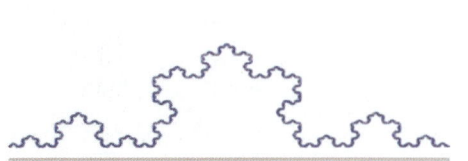
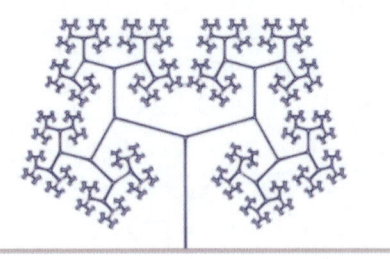

科赫曲线 分形树

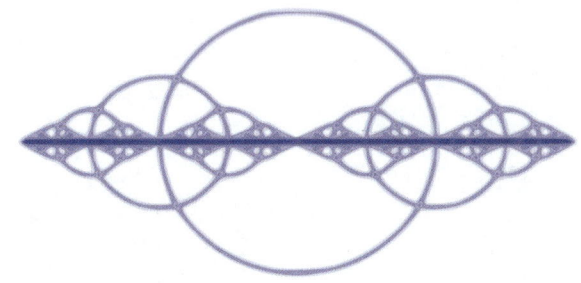

递归圆

可以使用算法艺术或分形几何来创建类似于自然图形的数字图形。与经典几何不同，使用分形几何创建的不规则图形类似于雪花、树木和树叶等自然图形。这可在计算机仿真中用于创建动态的、逼真的图形。

 贡献者

[英译中] 魏雪峰，xuefengwei99@163.com；王梦文，1297060489@qq.com

[审　核] 林泽珊，1123447303@qq.com

[校　对] 魏拥军，113397988@qq.com；邢洋，xywzy468129@163.com

2016-UA-03 海狸识别硬币

I: —	II: —	III: —	IV: 难	V: 中	VI: 易
分类	算法与编程					
关键词	分治策略，三分查找					

有十枚硬币，其中九枚是真的，一枚是假的，假硬币和真硬币的重量不同。

 请问，若要利用天平识别出假硬币，最多需要称重几次？（　　）

A. 1次   B. 2次   C. 3次   D. 4次

 **解析**

　　随机挑选九枚硬币，分为三组，每组三枚。

　　通过两次称重，可以确定假硬币在哪一组，并可以判断出假硬币是轻是重。在第三次称重时，我们从确定的组中就能找到假硬币。

　　如果在前两次称重中，天平两边都是平衡的，那么第十枚硬币就是假的。

　　因此，经过 3 次称重后，肯定能识别出假硬币，即答案为 C 选项。

计算思维相关知识

　　分治策略：当我们求解某些问题时，由于这些问题要处理的数据很多，或求解过程复杂，使得直接求解所需时间比较长，或者根本无法直接求出解。对于这类问题，我们往往先把它分解成若干个子问题，求出这几个子问题的解后，再找合适的方法，把它们组合成求整个问题的解。如果这些子问题规模还较大，难以解决，可以再把它们分成几个更小的子问题，以此类推，直至可以直接求出解为止。

三分查找：在二分查找的基础上，在右区间（或左区间）再进行一次二分查找，这样的查找算法称为三分查找，也就是三分法。三分查找通常用来迅速确定最值。

 贡献者

[英译中] 王娟，284311304@qq.com
[修改 | 完善] 朱燕南，3116465579@qq.com；黎子靖，578426608@qq.com
[审核 | 校对] 梁见斌，38836314@qq.com；王玉英，827691776@qq.com；
　　　　　　　林泽珊，1123447303@qq.com

2016-UA-01 修建桥梁

I: 一	II: 一	III: 一	IV: 一	V: 难	VI: 中
分类	算法与编程				
关键词	线性规划，二分搜索				

现有 8 间海狸小屋按照如下图所示的距离沿着河流排列。

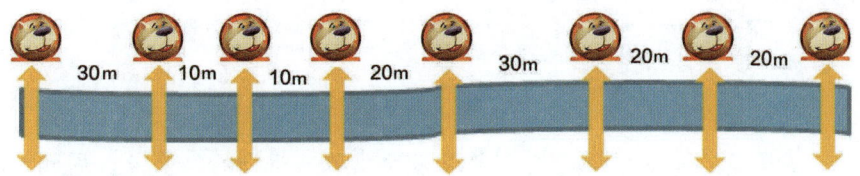

 海狸们准备在河上架起两座桥，为了实现所有小屋到最近的桥的距离总和最小，假设小屋从左到右依次编号为 1—8，请问这两座桥应该分别修建在哪两个编号的小屋前面？（　　　）

A. 1 号
B. 2 号
C. 3 号
D. 4 号
E. 5 号
F. 6 号
G. 7 号
H. 8 号

解析

在只修建一座桥的情况下，如果小屋的总数为奇数，那么应该在位于中间的房子前面修建桥；如果小屋的总数为偶数，则应该在中间两间小屋中的任意一间前面修建桥。

该题的答案是分别在第 3 间小屋和第 7 间小屋前面的位置修建桥，这样所有小屋到最近的桥的距离总和为：（40+10+0+10+30）+（20+0+20）=130。

可以使用二分搜索的方法来寻找建造两座桥的位置。

步骤一：我们把小屋分成两组，左右都是四间（4+4）。

然后分别在第 2 间小屋和第 6 间小屋前面修建一座桥。得到的距离总和为：（30+0+10+20）+（30+0+20+40）=150。

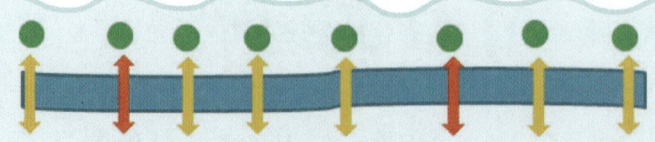

步骤二：如果我们将左半部分减少到 3 间小屋，即划分为（3+5），很显然，总距离会增加。

接下来，我们继续在右半部分进行二分搜索，把小屋划分为（6+2），就可以分别在第 3 间小屋和第 7 间小屋的前面建造桥，如下图所示。

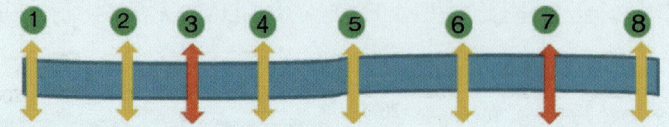

可以得到距离总和为：（40+10+0+10+30+60）+（0+20）=170。

步骤三：由于步骤二得到的结果比步骤一得到的结果差，因此，我们继续向左进行二分搜索。把小屋划分为（5+3），两座桥还是修建在原位置，二分搜索完成，我们得到最短距离为：（40+10+0+10+30）+（20+0+20）=130。综上，答案为 C 选项和 G 选项。

计算思维相关知识

这是一个经典的线性规划问题，即寻找变量的最优值，使得目标函数值最小。该题也可以变成一个通用的问题：桥的数量随机，以及桥之间有不同的距离。

二分搜索又称二分查找或折半查找（Binary Search），它是一种效率较高的查找方法。通常指在有序数组中查找某一特定元素的搜索算法。搜索过程从数组的中间元素开始，如果中间元素正好是要查找的元素，则搜索过程结束；如果某一特定元素大于或者小于中间元素，则在数组大于或小于中间元素的那一半中查找，而且继续从中间元素开始比较。如果在某一步时数组为空，则代表找不到该特定元素。使用这种搜索算法，每次比较都使搜索范围缩小一半。

贡献者

[英译中] 黎子靖，578426608@qq.com

[修改|完善] 朱燕南，3116465579@qq.com；王娟，284311304@qq.com

[审核|校对] 梁见斌，38836314@qq.com；王玉英，827691776@qq.com；
　　　　　　林泽珊，1123447303@qq.com

2017-RO-04 破碎的项链

I: 一	II: 一	III: 一	IV: 一	V: 中	VI: 中
分类	算法与编程，数据、数据结构与表征				
关键词	二分搜索				

小海狸有一条漂亮的项链，项链上的珠子是按如下顺序排列的：钻石形珠子、方形珠子、三角形珠子，然后继续是钻石形珠子、方形珠子、三角形珠子，以此类推。

这条项链上的珠子数目是奇数。

小海狸首先拿走了项链中间的一颗珠子，得到了两条新的项链，且项链的长度相等，并且珠子个数都是奇数。小海狸把左边的项链放到一边，然后对右边的项链又进行了三次同样的操作：每次从中间取走一颗珠子，得到两条长度相等并且珠子个数是奇数的项链，并把左边的项链放在一边。

 已知小海狸最后只剩一颗珠子，那么小海狸依次从项链上取走了哪些珠子？（　　　）

A. 　　　　B.
C.　　　　D.

 解析

首先要确定原项链一共有多少颗珠子。最后一次，小海狸只有 1 颗珠子，那么前一次项链上应该是 3 颗珠子（中间 1 颗，左边 1 颗，右边 1 颗），再前一次是 7 颗珠子（中间 1 颗，左边 3 颗，右边 3 颗），

以此类推，原项链中共有（（（（（0×2+1）×2+1）×2+1）×2+1）×2+1）=31颗珠子。在下面的图片中，小海狸去掉了第16颗，第24颗，第28颗和第30颗珠子。因此答案是B。

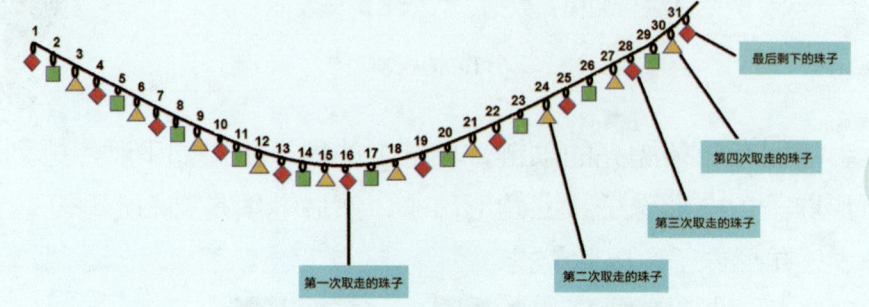

另一种解法：可以在不知道项链原长的情况下得到正确的答案。若以3颗珠子为一个循环单位，要满足去掉1颗珠子后，两边珠子的数量仍为奇数的条件，那么需要满足珠子的总数量为（3×偶数+1）颗，所以最后一颗是钻石形珠子。因此，它前面的珠子，同时也是最后去掉的珠子，是三角形的。因为项链的一半长度为1，所以左边的珠子是方形的。这时，我们可以确定倒数第二次取走的珠子是钻石形的，也就是方形珠子左边的珠子。由此继续推导，同样可以得出正确答案。

 计算思维相关知识

二分搜索是计算机科学中的基本算法之一。二分搜索最简单的形式是用于快速查找排序序列中的目标值。目标值所在的起始序列的连续子序列为搜索空间，搜索空间最初是整个序列。每一次搜索都将搜索空间中的中间值与目标值进行比较，因为序列是有序的，可以减少一半的搜索空间。通过重复操作，最终将留下一个由单个元素（目标值）组成的搜索空间。

贡献者

[英译中] 陈虹宇，hyinn@live.com
[审　核] 高新，1582869379@qq.com
[校　对] 张春英，ft2zchy@126.com；丘运华，786848750@qq.com

2017-BE-01 烧烤

I: —	II: —	III: —	IV: 难	V: 中	VI: 易
分类	算法与编程				
关键词	排序，贪心算法				

海狸学院的海狸们正在组织告别会，以庆祝学年结束。在 10:00—20:00 之间的每一刻钟（15 分钟为一刻钟），都需要一只海狸在入口处检查，海狸们给出了自己的空闲时间表。但是，下面的列表中仍然有一个时间段，所有海狸都没有空闲。

11:00—12:00	15:30—16:30	19:00—20:00
10:00—10:30	10:15—11:15	19:15—19:30
17:15—17:45	14:00—15:00	16:15—17:30
18:15—19:00	17:30—19:00	12:00—13:30
13:45—14:30	14:45—16:00	

 **请问哪个时间段海狸们都没有空闲？（　　　）**

A. 10:15—11:15　　　　　　　　B. 17:30—19:00

C. 12:00—13:30　　　　　　　　D. 13:30—13:45

解析

此任务是时间表、排序和贪心算法的经典示例。

步骤 1：我们通过增加开始时间来对给定的时间间隔进行排序。

10:00	10:15	10:30	11:00	11:15	12:00	13:30	13:45	14:00	14:30	14:45	15:00
15:30	16:00	16:15	16:30	17:15	17:30	17:45	18:15	19:00	19:15	19:30	20:00

步骤 2：我们按这个顺序扫描间隔，合并所有重叠的相邻时间段。以这样的方式，最后可以得到海狸们有空闲的两个时间段：10:00—13:30 和 13:45—20:00，所以 13:30—13:45 这个时间段海狸们没有空闲，即答案为 D 选项。

10:00	10:15	10:30	11:00	11:15	12:00	13:30	13:45	14:00	14:30	14:45	15:00
15:30	16:00	16:15	16:30	17:15	17:30	17:45	18:15	19:00	19:15	19:30	20:00

 计算思维相关知识

排序和贪心算法是计算机科学中任务求解的常用方法。

排序是将杂乱无章的数据元素，通过一定的方式按关键字顺序排列的过程。有很多经典的排序算法，如冒泡排序、选择排序、快速排序、希尔排序、桶排序等。

使用贪心算法在对问题求解时，总是做出在当前看来最好的选择。也就是说，不考虑整体最优，它所得到的仅仅是在某种意义上的局部最优解。贪心算法没有固定的算法框架，算法设计的关键是贪心策略的选择。必须注意的是，有的问题使用贪心算法并不能得到全局最优解，选择的贪心策略必须具备无后效性（某个状态以后的过程不会影响以前的状态，且只与当前状态有关）。

贡献者

[英译中] 高翔，gaoxls888@163.com

[修改 | 完善] 魏雪峰，xuefengwei99@163.com；王梦文，1297060489@qq.com

[审核 | 校对] 梁见斌，38836314@qq.com；张书剑，btzsj_ss@163.com；
林泽珊，1123447303@qq.com

2018-US-02 收集金币

I: 一	II: 一	III: 难	IV: 难	V: 中	VI: 中
分类	算法与编程				
关键词	贪心算法				

　　爱丽丝和朋友一起做游戏。她在树林里的每块石头上都放了一袋金币。袋子中的金币数量分别为 1—6。爱丽丝的朋友想收集尽可能多的金币，他从标有"S"的石头开始，途中经过每块石头的时候，都可以看到接下来两条路径上紧邻的石头上袋子中的金币数量。他总是选择金币更多的石头所在的那条路。爱丽丝提醒朋友，他的策略并不能确保最终获得的金币数量是最多的。

 下面是爱丽丝制作的路线图。请问如何在每块石头上摆放装有不同金币数量的袋子，可以使她的朋友不能获得最多的金币？（　　）

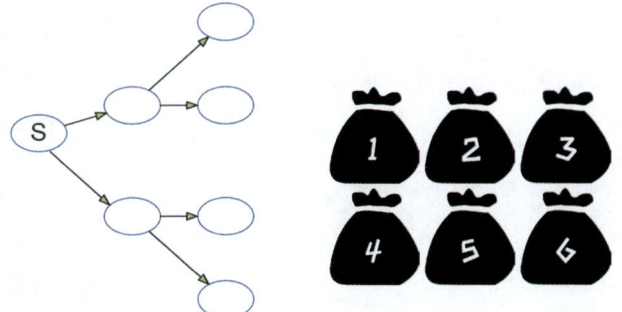

　　有许多解决此问题的好方法。其中一种方法是让她的朋友在最初就做出错误的选择。例如，第一步在"1"和"2"之间选择，朋友会因为他的贪心策略而选择"2"。因此，将所有带有编号数字大（金币较多）的袋子放在"1"的后面，

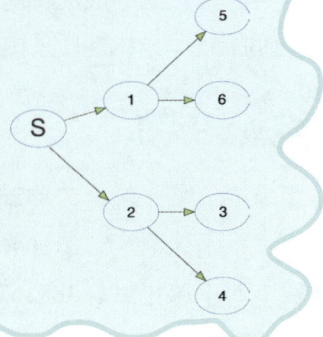

将所有编号数字小（金币较少）的袋子放在"2"的后面。这就是一个使贪心策略失效的例子。

计算思维相关知识

贪心算法是每次做选择时都做出"局部最优"选择的算法。这意味着做选择的过程中不会看全局，而只会看附近的信息。有时贪心算法效果很好，但是在某些情况下，贪心算法不起作用。在计算机科学中，为算法提供测试数据很重要。需要创建一些数据集，作为算法的输入，测试算法是否正确。制作好的测试数据是一项非常重要的技能。使用错误的测试数据，算法可能看起来是正确的，但其实仅适用于特定数据。注意"贪心算法"不是一种算法，它只是算法中使用的一种策略或技术。

贪心算法的基本要素：

1. 贪心选择性质

指所求问题的整体最优解可以通过一系列局部最优的选择，即贪心选择来达到。这是贪心算法可行的第一个基本要素，也是贪心算法与动态规划算法的主要区别。

动态规划算法通常以自底向上的方式解决子问题，而贪心算法则通常以自顶向下的方式进行，以迭代的方式做出相继的贪心选择，每做一次贪心选择，就将所求问题简化为规模更小的子问题。

对于一个具体问题，要判断它是否具有贪心选择性质，必须证明每一步所做的贪心选择都能有助于最终找到问题的整体最优解。

2. 最优子结构性质

当一个问题的最优解包含其子问题的最优解时，称此问题具有最优子结构性质。问题的最优子结构性质是该问题可用动态规划算法或贪心算法求解的关键特征。

贡献者

[英译中] 黎子靖，578426608@qq.com

[审 核] 朱燕南，3116465579@qq.com；王娟，284311304@qq.com

[校 对] 梁见斌，38836314@qq.com；张春英，ft2zchy@126.com

2017-KR-03 洗衣服

I: —	II: —	III: —	IV: —	V: 难	VI: 难
分类	算法与编程，数据、数据结构与表征				
关键词	优化，排序，贪心算法				

番茄狂欢节上海狸们互相扔番茄来娱乐，海狸爱丽所在班的同学穿的所有的衣服都需要用一台洗衣机洗涤。在每一轮洗涤中，洗衣机最多可以同时洗三件衣服。

已知：

洗衣机单独洗一件衣服所花的时间和衣服上的番茄污渍的数量相同，即该件衣服上有几个污渍就需要几个单位的时间来洗涤。

洗衣机同时洗两件衣服所花的时间与较脏的那件衣服上的番茄污渍的数量相同。

洗衣机同时洗三件衣服所花的时间与三件中第二脏的衣服上的番茄污渍的数量相同。例如，三件衣服上分别有 2 个、3 个、3 个污渍，则第二脏的衣服是有 3 个污渍的衣服。

下表中的衣服都需要 3 个单位的洗涤时间。

1件衣服	2件衣服	2件衣服	3件衣服	3件衣服

 以最快的速度洗完下图所示的 14 件衣服需要多少单位的时间？

    (　　)

A. 13 个　　　　B. 14 个

C. 15 个　　　　D. 16 个

解析

　　该问题要求计算在一台洗衣机中清洗14件衣服所需的最短时间，解决的重点是将每次要洗的衣服数量确定下来。一共有14件衣服，洗衣机每轮至多洗3件衣服，而14不能被3整除，所以可能的一种洗涤方案是：每轮洗3件×4轮＋每轮洗2件×1轮＝14件，所以洗涤不可能少于5轮。如果洗涤6轮，是否能使总时间比5轮更少呢？我们来分析一下：在某个5轮洗涤中（不一定是最优的洗涤方式），选其中包含3件衣服的一轮（称为M轮），衣服上分别有a个、b个、c个污渍，其中$a \leq b \leq c$。该轮所需洗涤时间为b。

　　（1）如果从此轮中抽取出有a个污渍的那件衣服放至第6轮，则M轮的洗涤时间从b变为c（$b \leq c$），M轮的时间增加了。

　　（2）如果从M轮中抽取出有b个污渍的那件衣服放至第6轮，则M轮的洗涤时间从b变为c（$b \leq c$），M轮的时间增加了。

　　（3）如果从此轮中抽取出有c个污渍的那件衣服放至第6轮，则M轮的洗涤时间仍然是b。

　　而第6轮的洗涤时间必然>0，因此，第6轮洗涤的总时间会比5轮洗涤的总时间长。

　　那么，这5轮应该如何安排呢？

　　当某轮洗涤3件衣服时，洗涤时间取决于污渍第二多的衣服上的污渍数（简称为第二多污渍数），所以应该尽量让每轮第二多污渍数尽量小，而它又不少于该轮最少的污渍数。

　　对各件衣服上的污渍数量进行排序：1，1，2，2，3，3，3，4，4，4，4，5，6，9，根据污渍数量将各件衣服分组（轮）（1，1，？）（2，2，？）（3，3，？）（3，4，？）。

　　当第5轮洗涤2件衣服时，洗涤时间取决于污渍较多的衣服上的污渍数。此时可选的污渍数有：4，4，4，5，6，9，要使时间尽可能少，应该选（4，4）。而剩余的4，5，6，9则随意填入四组中的问号处，它们不会影响洗涤时间。例如可以这样分配：（1，1，4）＋（2，2，5）＋（3，3，6）＋（3，4，9）＋（4，4）＝1＋2＋3＋4＋4＝14。所以答案是B选项。

计算思维相关知识

优化问题的重点是找出所有解决方案中的最佳解决方案。在该问题中，为了找到最佳解决方案，第一步需根据番茄污渍的数量对衣服进行排序，第二步需对衣服进行优化分组，以减少洗涤总时间。这样就保证了优化过程中选择的解始终是最佳解。

求最优解的最著名的算法之一是贪心算法。该算法通过逐步建立局部最优解来建立全局较优解甚至最优解。贪心算法一般适用于序列的查找、图中最短路径的查找等。

贡献者

[英译中] 张亮，10722919@qq.com

[审 核] 刘敏娜，22540148@qq.com

[校 对] 王婧，3259424668@qq.com；王梦瑶，wangmy306@163.com；
吕章雯，1102710292@qq.com；尚菲，sf81076@163.com

2016-FR-07 冒险

I: 一	II: 一	III: 一	IV: 中	V: 易	VI: 易
分类	算法与编程				
关键词	计算机指令，调试，条件语句				

　　如图所示，一个小孩儿正在冒险，他沿着下面的路线前进，他将根据指令进行操作，可以添加或移除物品，当最后一个指令执行结束后，请检查小孩儿所拥有的物品。

　　（1）如果你戴着帽子，请走 A 路线，否则请走 B 路线；

　　（2）A 路线：戴上帽子，

　　　　　 B 路线：摘一朵花；

　　（3）如果你手里面有一朵花，请走 C 路线，否则请走 D 路线；

　　（4）D 路线：戴上眼镜；

　　（5）如果你不戴眼镜，那就挂一根手杖；

　　（6）如果你有手杖，请走 E 路线，否则请走 F 路线；

　　（7）F 路线：穿上一双鞋；

　　（8）如果你戴着帽子同时也有手杖，请扔掉手杖。

❓ 假设这个小孩儿在一开始时没有帽子，没有眼镜，没有手杖，没有花，没有鞋子。请问，当最后一个指令执行结束后，他拥有哪些物品？（　　　）

A. 有帽子，有眼镜，有手杖，有花，没有鞋子

B. 没有帽子，没有眼镜，有手杖，有花，没有鞋子

C. 没有帽子，没有眼镜，有手杖，没有花，有鞋子

D. 没有帽子，没有眼镜，没有手杖，没有花，没有鞋子

解析

由于小孩儿一开始没有帽子，他将沿着 B 路线前进，并摘一朵花；因为他有一朵花，所以沿 C 路线前进；因为他没有戴眼镜，所以他挂一根手杖；因为他有手杖，所以他沿着 E 路线前进；因为他始终没有戴帽子，所以他不会扔掉手杖。因此，最后他拿着一朵花和一根手杖，但没有其他物品。正确答案为 B 选项。

计算思维相关知识

计算机程序是指一组指示计算机或其他具有消息处理能力的设备执行动作的指令，通常用某种程序设计语言编写，运行于某种目标体系结构上。本题要求用一种易于理解的编程语言编写计算机程序。这种编程语言仅包含四个可能的命令："戴上某物""摘得某物""扔掉某物"，以及条件语句"如果某条件为真，则遵循一条路径，否则遵循另一条路径"。此外，顺序组合（意味着依次执行命令）和条件判断是许多现代编程语言的两个最重要的特征。

本题还引入了"调试"，这是计算机编程中非常重要的步骤。当指令一个接一个地按顺序执行时，需要跟踪字符状态的变化情况，以发现和减少计算机程序或电子仪器设备中的错误。

贡献者

[英译中] 齐晴，lifetimeqi@163.com
[审　核] 张鹏飞，hs2zzpf@163.com
[校　对] 林泽珊，1123447303@qq.com；魏拥军，113397988@qq.com；
　　　　李泽，lize512@126.com

2010-DE-06 OX 程序

I: 一	II: 一	III: 一	IV: 一	V: 中	VI: 易
分类	算法与编程				
关键词	自然语言				

下列文字行中只包含若干空格（用"_"表示）和一个 X，光标（用"|"表示）在行首的位置。

|_____X_____

注意：

（1）在非空位置输入字符，将替换原来的字符，并且光标会移动到输出字符的右边。

（2）按以下规则执行命令。

①当光标所在位置不是 X 时，输出"O"。

②当光标不在行首时，输出"X"，光标左移两个位置。

下列哪个选项是上述文字行的执行结果？（　　　）

A. XXXXXXXXXXXXXXXXOOOOOO|

B. OOOOOOOOOOOOOOOXXXXXX|

C. |_OOOOOOOOOOOOOO_____

D. |OXXXXXXXXXXXXX_____

解析

本题的基本思路：当满足什么条件时，重复执行什么命令；当不满足什么条件时，重复执行什么命令。本题中先执行命令①当光标所在位置不是 X 时，输出"O"。

执行完这组命令后的文字行如下所示：

〇〇〇〇〇〇〇〇〇〇〇〇〇〇〇〇| X _____

接下来执行命令②当光标不在行首时，输出"X"，光标左移两个位置。

执行完上述命令中的输出"X"后，文字行如下所示：

〇〇〇〇〇〇〇〇〇〇〇〇〇〇〇〇X | _____

此时光标位置在 X 后面，接下来光标左移两个位置，文字行如下所示：

〇〇〇〇〇〇〇〇〇〇〇〇〇〇〇 | 〇X _____

此时，光标后的字符是"〇"，且光标不在行首，因此要输出"X"，然后光标左移两个位置，如下所示：

〇〇〇〇〇〇〇〇〇〇〇〇〇〇 | 〇XX _____

此时，光标后的字符是"〇"，且光标不在行首，因此输出"X"，然后光标左移两个位置……一直重复这样的过程，当光标移动到行首时，如下所示，正确答案就是 D 选项。

| 〇XXXXXXXXXXXX _____

计算思维相关知识

描述算法指将解决问题的步骤，用一种可理解的形式表示出来，常用的描述算法的方法有自然语言、伪代码和流程图等。

本题使用的就是自然语言描述方法，自然语言指人们日常所用的语言。用自然语言描述算法就是使用人们能读懂的简短语句对算法的步骤进行描述。

贡献者

[英译中] 高新，1582869379@qq.com

[审　核] 曾维义，zengonly@qq.com

[校　对] 张春英，ft2zchy@126.com；郭浩，836415338@qq.com；
　　　　　王玉英，827691776@qq.com

2014-CH-07 机器人绘图

I: 一	II: 一	III: 一	IV: 难	V: 中	VI: 易
分类	算法与编程				
关键词	算法				

有一个专门画矩形的小型机器人，以下是它能执行的一些指令。

橙色	画一条长度为1个单位的橙色线条
黑色	画一条长度为1个单位的黑色线条
转弯	向右转90°

下表中是机器人可以遵循的规则。

A，B	先A后B
n×B	将B重复n次
n×（…）	执行括号内的指令n次

 机器人想用橙色线条和黑色线条画出下图所示的图形，下面哪条指令不能画出该图形？（   ）

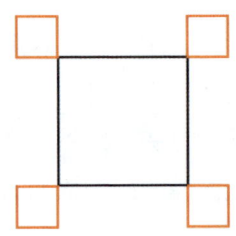

A. 4×（2×（橙色，转弯），橙色，3× 黑色，橙色，转弯）

B. 4×（3× 黑色，3×（橙色，转弯），橙色）

C. 4×（2×（橙色，转弯），3× 黑色，2×（橙色，转弯））

D. 4×（黑色，3×（橙色，转弯），橙色，2× 黑色）

使用 C 选项的指令绘制的图形如下图所示，很显然 C 选项是错误的。

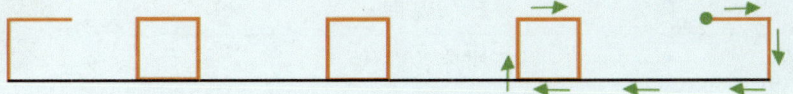

机器人能够根据 A、B 和 D 选项的指令绘制所需的图形，只是起点的位置不同。

A 选项   B 选项   D 选项

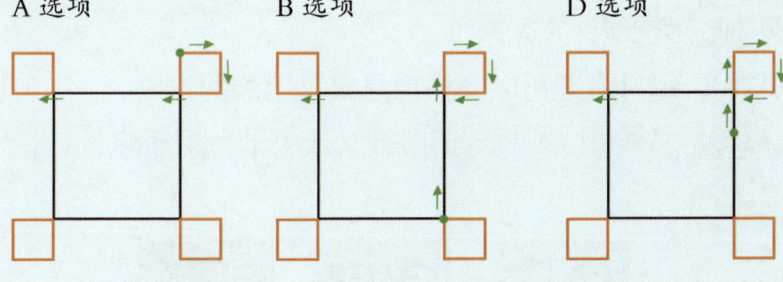

 **计算思维相关知识**

机器人的一系列指令组成了程序，能够实现一定的算法。它描述了如何将问题（如此题中的绘图问题）分解为许多单独的小步骤来解决问题。

这些单独的小步骤在需要时重复执行（如用"3× 黑色"指令绘制长黑线）。

把这些指令按正确的方式组合在一起，就能解决整个问题。

贡献者

[英译中] 王玉英，827691776@qq.com

[审　核] 赵满明，swellfishming@163.com；曹悦，caoyue@2dai.com

[校　对] 林泽珊，1123447303@qq.com；赵腾任，ZTR_2019@126.com

2018-CN-02 书本排序

I: 一	II: 一	III: 一	IV: 难	V: 中	VI: 易
分类	算法与编程				
关键词	并行排序，迭代				

　　三只海狸各有自己的桌子，每张桌子上有两本书。如下图所示，桌子上的书没有按顺序摆放，因此海狸们希望通过交换来解决问题。每轮有两种交换方式：

　　方式Ⓐ，每只海狸可以交换自己桌子上的两本书。

　　方式Ⓑ，海狸可以和相邻的海狸交换桌子上相邻的书。

　　若要将上图中的书按 1、2、3、4、5、6 的顺序排列，最少需要几轮交换？（　　　）

A. 3 轮　　　　　B. 4 轮　　　　　C. 5 轮　　　　　D. 6 轮

 **解析**

　　此问题采用并行排序的思想。

　　第一轮，海狸按照方式 A 交换各自桌子上的书，此时可利用贪心策略决定是否交换。

　　第二轮，根据方式 B，所有海狸与相邻的海狸交换相邻桌子上的书。

　　第三轮，海狸们再根据方式 A 交换自己桌子上的两本书，以此类推。

　　此题中使用的贪心策略是非常直观的，实际上也是最优的。下图从排序网络的角度展示了贪心策略的工作方式。

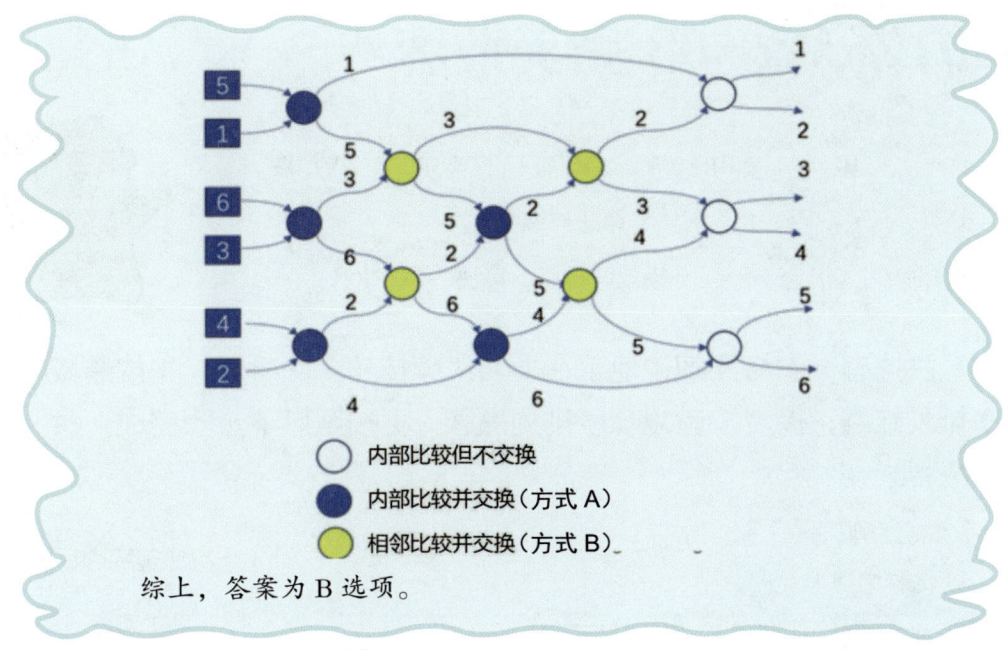

○ 内部比较但不交换

● 内部比较并交换（方式 A）

● 相邻比较并交换（方式 B）

综上，答案为 B 选项。

计算思维相关知识

排序网络由两个元素组成：比较器和导线。导线被认为是从左向右延伸的，其值（每根导线上一个值）以相同的速度遍历网络。每个比较器都连接两根导线。当一对值穿过导线，遇到比较器时，当且仅当顶线上的值大于底线上的值，比较器交换这对值。

这样可以将所有输入的值按升序排序，由导线和比较器构成的网络称为排序网络。

简单的排序网络如下图所示，可以看出为什么能够使用这样的网络正确排序。请注意，前四个比较器会将最大值"下沉"到底部，将最小值"浮动"到顶部。比较器只是将中间的两根导线分开。

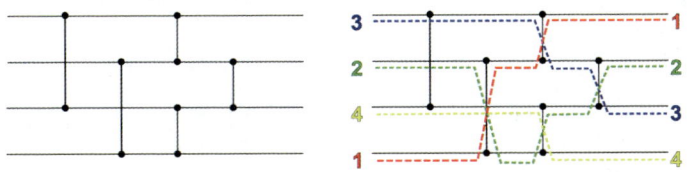

贡献者

[英译中] 张舒艺，syzhang_ecnu@163.com [审 核] 丁慧清，huiqingding@sina.com

[校 对] 王婧，3259424668@qq.com；王娟，284311304@qq.com

2017-MY-03 完美洗牌

I: 一	II: 一	III: 一	IV: 难	V: 中	VI: 易
分类	算法与编程				
关键词	模式，排序，算法				

法拉有一副海狸牌，他正在学习洗牌技巧。洗牌时，先按递减顺序排列红牌，接着按递减顺序排列黑牌。再按照以下步骤完成一次完美洗牌。

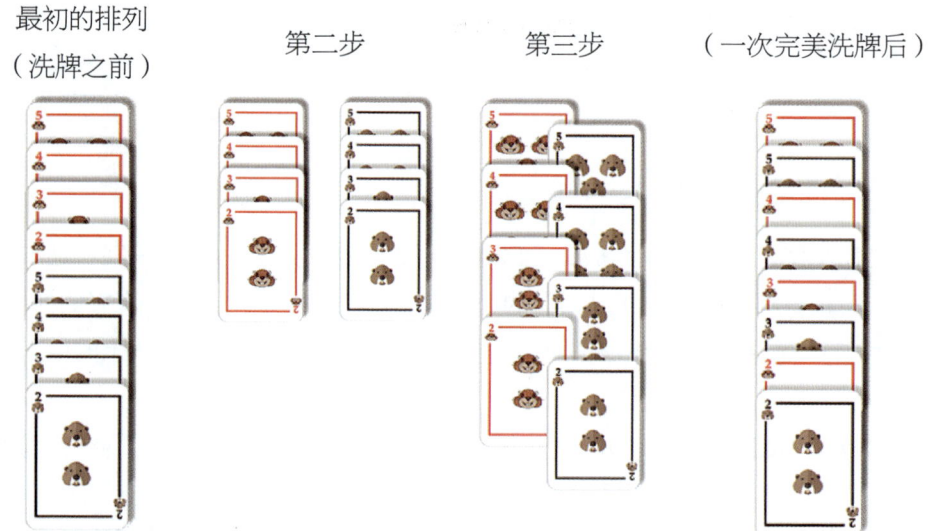

最初的排列（洗牌之前）　　第二步　　第三步　　（一次完美洗牌后）

❓ 重复几次完美洗牌后，法拉注意到，这些牌最终会按照最初的顺序排列。请问法拉必须进行多少次完美洗牌，才能将牌恢复到最初的排列顺序？（　　　）

A. 2次　　　　B. 3次　　　　C. 4次　　　　D. 5次

解析

经过 3 次完美洗牌后，牌恢复到最初的排列顺序。

第一次完美洗牌后的排列顺序：如题目中最后一图所示。

第二次完美洗牌后的排列顺序：5 红，3 红，5 黑，3 黑，4 红，2 红，4 黑，2 黑。

第三次完美洗牌后的排列顺序：5 红，4 红，3 红，2 红，5 黑，4 黑，3 黑，2 黑。

综上，答案为 B 选项。

计算思维相关知识

完美洗牌，魔术圈中也称为法鲁洗牌，是魔术师和纸牌玩家使用的一个著名的洗牌技巧。这项任务描述了完美洗牌的洗牌步骤，与计算机处理信息时类似，必须正确执行每一个步骤，才能得到正确的结果。与计算机科学领域的网络通信、密码学和并行计算等问题类似。

贡献者

[英译中] 丘运华，786848750@qq.com

[修改|完善] 林泽珊，1123447303@qq.com

[校　对] 王玉英，827691776@qq.com；丘运华，786848750@qq.com

2013-SE-09 整数排序

I: 一	II: 一	III: 一	IV: 难	V: 难	VI: 中
分类		算法与编程			
关键词		排序，效率			

小皮正试着按升序排列下面一长串数字：

1，11，5，15，4，17，7，2，10，16，13，6，3，12，9，14，8。

他每次只能交换两个相邻的数字。请问要对该序列进行升序排序，最少要做多少次交换？（　　　）

A. 40 次　　　　　B. 50 次　　　　　C. 60 次　　　　　D. 70 次

 解析

如果按照从小到大的顺序对这些数字进行排序，当右边的整数小于左边的整数时，就要将这两个数交换位置。按照这种方式，每个整数交换的次数等于它前面比它大的需要移动到它后面的整数的个数，所以只需要考虑以下整数 5、4、7、2、10、16、13、6、3、12、9、14、8 的交换次数即可。

方法一：

1，11，5，15，4，17，7，2，10，16，13，6，3，12，9，14，8

1，5，11，15，4，17，7，2，10，16，13，6，3，12，9，14，8（5，1 次）

1，4，5，11，15，17，7，2，10，16，13，6，3，12，9，14，8（4，3 次）

1，4，5，7，11，15，17，2，10，16，13，6，3，12，9，14，8（7，3 次）

1，2，4，5，7，11，15，17，10，16，13，6，3，12，9，14，8（2，6 次）

1，2，4，5，7，10，11，15，17，16，13，6，3，12，9，14，8（10，3 次）

1，2，4，5，7，10，11，15，16，17，13，6，3，12，9，14，8（16，1 次）

1, 2, 4, 5, 7, 10, 11, 13, 15, 16, 17, 6, 3, 12, 9, 14, 8（13，3次）

1, 2, 4, 5, 6, 7, 10, 11, 13, 15, 16, 17, 3, 12, 9, 14, 8（6，7次）

1, 2, 3, 4, 5, 6, 7, 10, 11, 13, 15, 16, 17, 12, 9, 14, 8（3，10次）

1, 2, 3, 4, 5, 6, 7, 10, 11, 12, 13, 15, 16, 17, 9, 14, 8（12，4次）

1, 2, 3, 4, 5, 6, 7, 9, 10, 11, 12, 13, 15, 16, 17, 14, 8（9，7次）

1, 2, 3, 4, 5, 6, 7, 9, 10, 11, 12, 13, 14, 15, 16, 17, 8（14，3次）

1, 2, 3, 4, 5, 6, 7, 8, 9, 10, 11, 12, 13, 14, 15, 16, 17（8，9次）

1+3+3+6+3+1+3+7+10+4+7+3+9=60

方法二：

1, 11, 5, 15, 4, 17, 7, 2, 10, 16, 13, 6, 3, 12, 9, 14, 8

1, 5, 11, 4, 15, 7, 2, 10, 16, 13, 6, 3, 12, 9, 14, 8, 17（1+1+11=13）

1, 5, 4, 11, 7, 2, 10, 15, 13, 6, 3, 12, 9, 14, 8, 16, 17（1+2+8=11）

1, 4, 5, 7, 2, 10, 11, 13, 6, 3, 12, 9, 14, 8, 15, 16, 17（1+3+7=11）

1, 4, 5, 2, 7, 10, 11, 6, 3, 12, 9, 13, 8, 14, 15, 16, 17（1+4+1=6）

1, 4, 2, 5, 7, 10, 6, 3, 11, 9, 12, 8, 13, 14, 15, 16, 17（1+2+1+1=5）

1, 2, 4, 5, 7, 6, 3, 10, 9, 11, 8, 12, 13, 14, 15, 16, 17（1+2+1+1=5）

1, 2, 4, 5, 6, 3, 7, 9, 10, 8, 11, 12, 13, 14, 15, 16, 17（2+1+1=4）

1, 2, 4, 5, 3, 6, 7, 9, 8, 10, 11, 12, 13, 14, 15, 16, 17（1+1=2）

1, 2, 4, 3, 5, 6, 7, 8, 9, 10, 11, 12, 13, 14, 15, 16, 17（2）

1, 2, 3, 4, 5, 6, 7, 8, 9, 10, 11, 12, 13, 14, 15, 16, 17（1）

13+11+11+6+5+5+4+2+2+1=60

综上，答案为 C 选项。

📘 计算思维相关知识

　　排序算法是一种将序列中的元素按一定顺序排列的算法。高效排序对于优化使用其他算法非常重要，对于数据规范化和人类可读输出的生成也很有用。

　　冒泡排序是一种简单的排序算法。它重复地走访要排序的数列，一次比较两个元素，如果它们的顺序错误，就把它们交换过来。走访数列的工作是重复进行的，直到没有再需要交换的元素为止，也就是说，该数列已经排序完成。这个算法的名字由来：越小的元素会经由交换慢慢"浮"到数列的顶端。

选择排序（Selection-Sort）是一种简单直观的排序算法。它的工作原理为：首先在未排序序列中找到最小（大）元素，存放到排序序列的起始位置，然后从剩余未排序元素中继续寻找最小（大）元素，放到已排序序列的末尾。以此类推，直到所有元素均排序完毕。

插入排序（Insertion-Sort）是一种简单直观的排序算法。它的工作原理是通过构建有序序列，对于未排序数据，在已排序序列中从后向前扫描，找到相应位置并插入。

 贡献者

[英译中] 王丹，yxll_84@163.com
[审　核] 王婧，3259424668@qq.com；张春英，ft2zchy@126.com
[校　对] 王丹，yxll_84@163.com；王婧，3259424668@qq.com；
　　　　 张春英，ft2zchy@126.com；王玉英，827691776@qq.com

2014-FI-02 旅馆房间钥匙

I: —	II: —	III: —	IV: 难	V: 难	VI: 中
分类	算法与编程				
关键词	排序，基数排序				

某旅馆的房间用两位数编号，第一位数字表示房间所在楼层，第二位数字表示电梯到房间的距离。

一位顾客来订房间，但他不想走太多路。因此，对他来说，步行较少的房间比步行较多的房间好；如果有多个房间的步行距离相同，则他更喜欢较低的楼层。

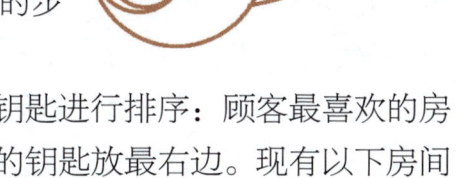

根据顾客的喜好，对可用房间的钥匙进行排序：顾客最喜欢的房间的钥匙放最左边，最不喜欢的房间的钥匙放最右边。现有以下房间钥匙编号：12、25、11、43、22、15、18、31、44、52。

下面关于房间钥匙的排序哪个是正确的？（　　　）

A. 18、15、12、11、25、22、31、44、43、52
B. 52、43、44、31、22、25、11、12、15、18
C. 11、31、12、22、52、43、44、15、25、18
D. 11、12、15、18、22、25、31、43、44、52

解析

　　C 选项是正确答案。本题中的规则为：按从左到右的顺序读取编号的数字，优先考虑第二位数字，若第二位数字相同，再考虑第一位数字，C 选项中的编号是按该规则排列的。

A 选项是错误的。因为前两个编号（18 和 15）没有按照前面提到的规则排序。

B 选项是错误的。因为第 3 个编号和第 4 个编号（44 和 31）的顺序不正确。

D 选项是错误的。因为该选项的编号只按楼层排序，并没有考虑房间到电梯的距离。

 计算思维相关知识

在计算机科学中，基数排序是一种非比较型整数排序的算法，其原理是将整数按位切割成不同的数字，然后对每个位上的数字分别比较。由于整数也可以表示字符串（如名字或日期）和特定格式的浮点数，所以基数排序也可处理非整数排序。它先按照低位排序，然后收集；再按照高位排序，然后再收集；以此类推，直到最高位。

贡献者

[英译中] 张春英，ft2zchy@126.com

[审　核] 王婧，3259424668@qq.com；王丹，yxll_84@163.com

[校　对] 张春英，ft2zchy@126.com；王婧，3259424668@qq.com；
王丹，yxll_84@163.com；赵腾任，ZTR_2019@126.com

2015-SI-05 赛马

I: —	II: —	III: —	IV: —	V: 难	VI: 难
分类	算法与编程，数据、数据结构与表征				
关键词	排序，程序设计				

小明有 25 匹马，他想确定哪三匹马是最快的。由于他没有手表，所以他不得不利用一条一次只能跑五匹马的赛道来赛马。假设同一匹马总是用相同的时间完成比赛。

 为了选出这些马中的第一名、第二名和第三名，最少需要多少场比赛？（　　）

A. 6 场　　　　B. 7 场　　　　C. 8 场　　　　D. 18 场

 解析

　　如果把 25 匹马平均分成 5 组，先组织 5 场小组比赛，接着组织每组的第一名进行一场比赛，选出总的第一名；然后以同样的方法从剩下的 24 匹马中选第二名；再以同样的方法组织 6 场比赛，决出第三名，会得到选项 D。这是可行的方案，但不是最优的。

　　如果先组织 5 场小组比赛，然后组织 3 场比赛，分别从各组的第一名、第二名及第三名中评出最终的第一名、第二名和第三名，会得到选项 C，但这是行不通的，因为有可能最快的三匹马分别在各组产生的第一名中。

　　一个常见的错误方法是组织 5 场小组比赛，然后从各组的第一名中选出最终的第一、第二和第三名，会得到选项 A，这种方法是行不通的，例如，三匹跑得最快的马碰巧在一个小组（如 A1、A2 和 A3），A2 和 A3 则没有机会跟其他组的马进行比较。

　　最佳的做法为，首先，把马分成 5 组，组织 5 场小组比赛。若将第一组中的 5 匹马按比赛的成绩顺序（A1、A2、A3、A4、A5）排列。同样，第二组的马排序为 B1、B2、B3、B4、B5，以此类推。

完成 5 场小组比赛后，进行第 6 场比赛：从每小组最快的马（A1、B1、C1、D1、E1）中选出最快的马。

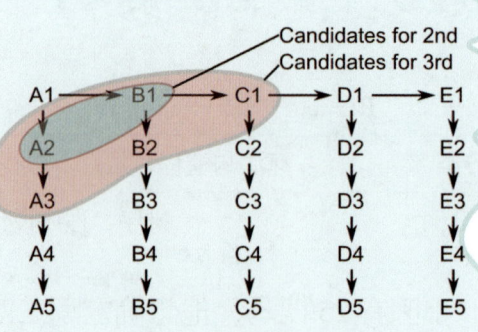

假设 A1 是最快的，E1 是最慢的。（注意，若为其他情况，此解决方案仍然有效。）

那么哪匹马是第二名呢？是 B1 还是 A2，它们还没有比过。

哪匹马会是第三名？如果 B1 是第二名，则 A2、C1、B2 都有可能是第三名；如果 A2 是第二名，A3 也有可能是第三名。

于是，可以组织 A2、A3、B1、B2 和 C1 进行第 7 场比赛，确定第二名和第三名，即答案为 B 选项。

计算思维相关知识

排序网络算法是基于比较网络模型提出来的，可以同时执行多个比较操作。

排序网络是一种将对象快速排序的方法，它使用大量的"比较器"单元来完成两个对象的比较。

本题的排序网络不同，因为同时需要比较 5 个对象（马），而且最终目标不是对所有的对象进行排序，只要求找到最快的 3 个。

排序网络在半个世纪前就被发明了，由于运用大规模并行硬件进行运算成为可行方案，排序网络变得越来越有趣——比如计算机中的显卡，可以并行地处理很多任务。

贡献者

[英译中] 蔡华高，191638186@qq.com　[审　核] 赵腾任，ZTR_2019@126.com
[校　对] 王丹，yxll_84@163.com；崔长华，cuichanghua@163.com；
　　　　　赵腾任，ZTR_2019@126.com

2013-SK-08 排序

I: 中	II: 易	III: 易	IV: 易	V: 易	VI: 易
分类	算法与编程，数据、数据结构与表征				
关键词	表格，排序，标准				

一家网店展示了 **3D** 拼图库存情况的表格。该表格根据两个条件进行了排序。

库存数量	3D拼图名称	拼图片数（片）	高度（cm）	价格（元）
547	川崎忍者	313	15.4	14.54
121	福特野马1965	364	9.3	21.34
120	巡洋舰1963	274	9	21.71
118	卡玛洛1969	282	9	21.71
123	福特伍迪1949	350	11.2	21.71
555	埃菲尔铁塔	300	66	34.29
556	巴黎圣母院	366	24	34.29
554	大本钟	373	70	34.29
351	帝国大厦	468	77	50.49
409	加拿大国家电视塔	761	152.4	51.85
408	克莱斯勒大厦	763	86	51.85
414	卡米洛特城堡	608	25.5	54.11
411	科隆大教堂	704	49.5	54.11
415	国会大厦	764	31	54.11
130	双子塔	912	78.4	60.01

请问，该表格是按什么条件进行排序的？（　　　）

A. 价格；若价格相同，按拼图片数

B. 价格；若价格相同，按名称

C. 价格；若价格相同，按数量

D. 价格；若价格相同，按高度

解析

A 选项正确。因为对于价格相同的拼图，其拼图片数是有序的。

B 选项错误。当价格均为 21.71 元或 34.29 元或 54.11 元时，并未按名称排序。

C 选项错误。当价格均为 21.71 元或 34.29 元或 54.11 元时，并未按数量排序。

D 选项错误。当价格均为 34.29 元或 54.11 元时，并未按高度排序。

 **计算思维相关知识**

此任务与数据处理有关（将数据放入表格中，对数据进行排序，不同数据的表示）。

贡献者

[英译中] 王婧，3259424668@qq.com

[审 核] 王丹，yxll_84@163.com；张春英，ft2zchy@126.com

[校 对] 张春英，ft2zchy@126.com；王丹，yxll_84@163.com；
王婧，3259424668@qq.com；王宇，3297562896@qq.com

2013-SE-06 校验位

I: 一	II: 难	III: 难	IV: 中	V: 中	VI: 中
分类	算法与编程				
关键词	错误检测，奇偶校验位，校验位				

账号 79927398713 由实际账户号和最后一位特殊的数字——校验位（x）组成，该校验位通过下面的算法获得。

（1）从最右边开始将偶数位置上的数字都翻一倍：

$1×2=2$，$8×2=16$，$3×2=6$，

$2×2=4$，$9×2=18$。

（2）将各位上的数字相加（括号中的数字是第1步的乘积）：

x(校验位)+(2)+7+(1+6)+9+(6)+7+(4)+9+(1+8)+7=x+67。

（3）只有总和是10的倍数，账号才是有效的。在本例中，x 必须是3，才能得到10的倍数(70)。

 根据上面描述的算法，以下哪个账户是有效的？（　　　）

A. 77927398716　　　　　B. 79947398729

C. 79927398712　　　　　D. 79927398788

解析

A选项：将偶数位的数字都乘以2：$1×2=2$，$8×2=16$，$3×2=6$，$2×2=4$，$7×2=14$，将各位上的数字相加得 6+(2)+7+(1+6)+9+(6)+7+(4)+9+(1+4)+7=69。

B选项：将偶数位的数字都乘以2：$2×2=4$，$8×2=16$，$3×2=6$，$4×2=8$，$9×2=18$，将各位上的数字相加得 9+(4)+7+(1+6)+9+(6)+7+(8)+9+(1+8)+7=82。

C 选项：将偶数位的数字都乘以 2：1×2=2，8×2=16，3×2=6，2×2=4，9×2=18，将各位上的数字相加得 2+(2)+7+(1+6)+9+(6)+7+(4)+9+(1+8)+7=69。

D 选项：将偶数位的数字都乘以 2：8×2=16，8×2=16，3×2=6，2×2=4，9×2=18，将各位上的数字相加得 8+(1+6)+7+(1+6)+9+(6)+7+(4)+9+(1+8)+7=80。

根据以上算法，四个选项的计算结果分别是 69、82、69 和 80。只有 80 符合"是 10 的倍数"的要求，因此 D 选项正确。

 计算思维相关知识

基于算法的错误检测是社会和银行业务的一部分。如果要讨论个人号码和账户号码的基本安全原则，理解这一点非常重要。

贡献者

[英译中] 王婧，3259424668@qq.com
[审　核] 王丹，yxll_84@163.com；张春英，ft2zchy@126.com
[校　对] 张春英，ft2zchy@126.com；王丹，yxll_84@163.com；
　　　　　王婧，3259424668@qq.com；王玉英，827691776@qq.com

2013-BE-11 信号波动

I: —	II: —	III: —	IV: 难	V: 中	VI: 中
分类	算法与编程				
关键词	优化，网络，图形				

海狸乘汽车去拜访朋友。在乘车过程中，他用无线电话给朋友打电话，告诉朋友他会迟一点到。但是海狸不喜欢打电话时产生信号波动（当无线电话从一个基站的覆盖区域转向下一个基站的覆盖区域时，会产生信号波动，致使通话不清）。该区域由八个不同的无线电话基站覆盖。

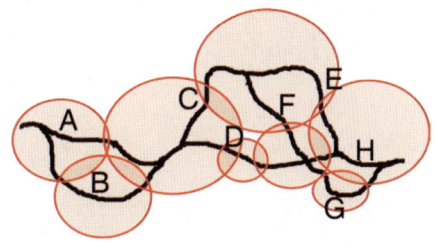

 请问，海狸应该采取以下哪条路线，才能最大限度地减少信号波动次数？（   ）

A. A→C→F→G B. A→C→E→H

C. B→D→H D. B→C→E→H

 解析

A 选项的路线会产生 5 次信号波动；

B 选项的路线会产生 3 次信号波动；

C 选项的路线会产生 5 次信号波动；

D 选项的路线会产生 4 次信号波动。

所以选择 B 选项。

计算思维相关知识

这是一个优化问题，旨在找到图中使某个功能最小化的路径，在这里，功能指信号波动的次数。

贡献者

[英译中] 魏雪峰，xuefengwei99@163.com

[审　核] 曹悦，caoyue@2dai.com；赵满明，swellfishming@163.com

[校　对] 林泽珊，11234473303@qq.com；赵腾任，ZTR_2019@126.com

2017-CA-07 饮料专柜

I: 一	II: 一	III: 一	IV: 难	V: 中	VI: 中
分类	算法与编程				
关键词	优化匹配				

安娜、伯纳德、克里斯汀和丹尼尔四人结伴旅行，途中经过饮料专卖店，便停下来喝饮料，他们对四种饮料的喜好程度（爱心数量代表喜好程度）如下表所示。

	❤❤❤❤	❤❤❤	❤❤	❤
安娜	可乐	柠檬汁	咖啡	牛奶
伯纳德	可乐	咖啡	柠檬汁	牛奶
克里斯汀	可乐	咖啡	柠檬汁	牛奶
丹尼尔	牛奶	可乐	咖啡	柠檬汁

现在遇到一个问题：饮料快被卖光了，每种饮料只剩下一份，但必须保证每人都能得到一种饮料。请问四人总共最多可以获得多少颗爱心？（　　）

A. 12 颗　　　　B. 13 颗　　　　C. 14 颗　　　　D. 15 颗

由表可知，安娜、伯纳德、克里斯汀三人都把🍼列为第四喜好的

饮料，而丹尼尔把🍼列为首选饮料，为了使分配最优，应该把🍼分配

给丹尼尔。前三人都首选🥤，安娜将🧃列为第二喜好的饮料，其

他两人具有相同的第三爱好的饮料。因此，把🧃分配给安娜，伯纳

德、克里斯汀可以选择🥤和☕，因此，可以得到的爱心数量最多

为 3+4+3+4=14，分配方案如下，故选 C 选项。

安娜	伯纳德	克里斯汀	丹尼尔
🧃	🥤	☕	🍼

计算思维相关知识

优化是计算机科学中非常重要的一部分，是按照特定的目标，在一定的约束条件下，以科学、技术或实践经验为基础，对方案、规划、布局、结构、资源、流程、算法、措施等方面进行选择、设计或调整，从而提高效率、效益、稳定性等，最终达到理想的效果。

例如，医院将等待器官移植的患者列入清单，但是并非所有人都能匹配到器官，患者必须与捐献者的血型匹配，才能获得手术的机会，这也是一种匹配问题。

贡献者

[英译中] 林泽珊，1123447303@qq.com

[审　核] 高翔，gaoxls888@163.com

[校　对] 张书剑，btzsj_ss@163.com；林泽珊 1123447303@qq.com

2017-RS-01 海狸宾馆

I: 一	II: 一	III: 一	IV: 难	V: 中	VI: 中
分类	算法与编程				
关键词	循环结构，编程语言，命令				

海狸宾馆共有 5 层，每层 8 个房间。清洁房间的机器人遵循以下规则。

字母 C：找一个不干净的房间，把它打扫干净。

字母 U：上一层楼。

字母 D：下一层楼。

数字 n 后跟圆括号 ( )，意味着机器人重复括号内的所有指令 n 次。

例如，如果希望机器人清洁同一楼层两个未清洁的房间，应输入 2（C）。如果想让机器人清扫后下楼，应输入 2（C）D。

为了清洁所有的房间，机器人要从底层开始，完成后必须返回底层。

以下哪一条是清洁所有房间的正确指令，在工作期间不离开上述五层楼？（   ）

A. 4（8（C）U）8（C）4（D）　　B. 4（8（C）U）8（CD）

C. 5（8（C）U）4（D）　　　　　D. 5（C）U4（D）

解析

为了清洁同一层的 8 个房间，并进入上一层，输入 8（C）U。所有这些操作都应重复 4 次，即 4（8（C）U），机器人将到达第 5 层。我们不能直接让机器人重复 5 次，因为最后一个 U 会指示它再上一层楼。

到达 5 楼后，还需要打扫 8 个房间，指令为 8（C）。所有的房间都清洁干净后，机器人需要返回到一楼，指令为 4（D）。

综上所述，完成任务的指令为 4（8（C）U）8（C）4（D）。所以，A 选项正确。

B 选项不正确，该指令会使机器人将一些房间清理 2 次，然后去地下一层。

C 选项不正确，该指令会使机器人爬上屋顶。

D 选项不正确，该指令会使机器人清理一层的 5 个房间，最后进入地下一层。

 计算思维相关知识

循环结构是指在程序中需要反复执行某个功能而设置的一种程序结构。它可以根据需要循环一定的次数，也可以在满足某一条件的情况进行循环。循环结构结合选择结构可以实现很多功能。

贡献者

[英译中] 张春英，ft2zchy@126.com

[审　核] 郭浩，836415338@qq.com

[校　对] 王梦瑶，wangmy306@163.com；王玉英，827691776@qq.com

2017-RS-05b Shaker 函数

I: 一	II: 一	III: 一	IV: 难	V: 中	VI: 中
分类	算法与编程				
关键词	数据检索				

在计算机课上，学生写函数来处理序列。一组序列包含以某种顺序排列的 5 个字母，如 [a,b,c,d,e]。每个函数经调用会输出同样的一组五个字母的序列，但有可能字母顺序不同。

输入安娜写的函数 anna（[a,b,c,d,e]），输出 [e,b,c,d,a]

输入鲍勃写的函数 bob（[a,b,c,d,e]），输出 [e,d,c,b,a]

老师经检查发现他们写的函数都能够正常运行。现在她写了一个新的函数 shaker（[a,b,c,d,e]），输入 anna（bob（anna（[a,b,c,d,e]））），输出 [e,d,c,b,a]。

她向全班展示了如何应用函数 shaker。

anna（bob（anna（[a,b,c,d,e]）））　　　首先应用括号内的函数 anna

⇒anna（bob（[e,b,c,d,a]））　　　然后应用括号内的函数 bob

⇒anna（[a,d,c,b,e]）　　　最后应用括号外的函数 anna

⇒[e,d,c,b,a]

现在老师写了另一个函数 test（[a,b,c,d,e]），输入 bob（shaker（anna（[a,b,c,d,e]）））。

？ 请问输入这个函数，会输出什么序列？（　　　）

A. [a,b,c,d,e]　　　B. [e,b,c,d,a]

C. [e,d,c,b,a]　　　D. [a,d,c,b,e]

解析

我们发现函数 shaker 的输出结果和函数 bob 一样，shaker（bob（ ））中两个函数的作用互相抵消，因此函数 test 的输出结果与函数 anna 一样，答案为 B 选项。

计算思维相关知识

程序中的函数是预先定义好的一段逻辑相对独立、功能相对单一的代码块。在编写程序的过程中，可以根据需要直接调用函数，而不必重复编写代码，这样提高了代码的可读性和可用性。

本题中学生设计的函数使用数组来表示程序的命令，数组是指包含元素（值或变量）集合的数据结构，每个元素可以用至少一个数字索引或键来识别。第一个函数将数组的第一个元素和最后一个元素交换，第二个函数倒置所有元素的顺序。

贡献者

[英译中] 曾维义，zengonly@qq.com
[审　核] 孙云舒，yunshu.sun@outlook.com
[校　对] 王梦瑶，wangmy306@163.com

2013-SE-04 酒店清扫

I: 一	II: 一	III: 难	IV: 难	V: 中	VI: 中
分类	算法与编程				
关键词	并行处理，多任务处理，算法				

海狸三兄弟的工作是在酒店清扫房间，这些房间两两相对，分布在一条长长的走廊里，每个房间都标有门牌号，如右图所示。

每个房间必须由兄弟中的一个来清扫，而且清扫每个房间所需的时间相同。因此，他们三个将同时完成当前房间的清扫工作，然后清扫另一个房间。由于海狸兄弟之间感情深厚，他们想要一直待在一起（在两扇门左右）。

从工作日开始，第一只海狸清扫 1A，第二只海狸清扫 1B，第三只海狸清扫 2A。海狸们很有条理，因此他们希望有一个固定的算法（对他们三个都一样）来决定他们应该在清扫完一个给定的房间后接着清扫哪个房间。例如，算法可以是这样的：

nA → $(n+1)$B　当完成房间 (n)A，去房间 $(n+1)$B；

nB → nA　当完成房间 (n)B，去房间 (n)A；

如果只有一只海狸从 1B 房间开始，按照这个算法，它将按照以下顺序清扫房间：

1B → 1A → 2B → 2A → 3B → 3A → 4B……

对于一只海狸来说，这种算法是适用的，但显然不适用于三只海狸组成的小组。

 请问，下面哪种算法能确保每个房间只清扫一次，且海狸兄弟在工作期间一直靠得很近？（　　　）

A. nA → $(n+1)$B，nB → $(n+1)$A

B. nA → nB，nB → $(n+3)$A

C. nA → $(n+1)$B，nB → $(n+2)$A

D. nA → $(n+2)$A，nB → $(n+1)$B

解析

　　右图为 C 选项中算法的路径，每只海狸的路线用一种颜色表示。这很容易验证路径是否遵循该算法，每个房间是否只清扫一次，以及三只海狸工作期间是否总是靠得很近。

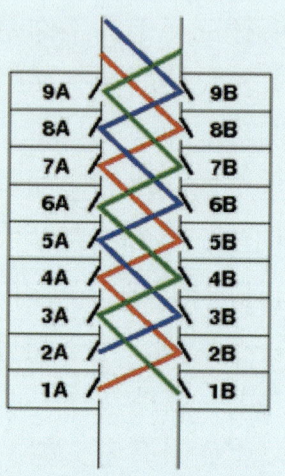

　　A 选项：nA → $(n+1)$B，nB → $(n+1)$A

　　如果只有两只海狸，分别从 1A 和 1B 房间开始清扫，则此算法是可行的。但当第三只海狸到 2A 房间开始清扫时，就会有冲突，因为清扫完 1B 房间的海狸要去 2A 房间清扫时，2A 已经被清扫过了。

　　B 选项：nA → nB，nB → $(n+3)$A

　　假如海狸们从 1A、2A 和 3A 房间开始清扫，这个算法是可行的。假如分别从 1A、1B、2A 房间开始清扫，三只海狸清扫的房间分别为：1A → 1B → 4A → 4B → 7A → 7B，1B → 4A → 4B → 7A → 7B，2A → 2B → 5A → 5B → 8A → 8B，可以发现，有 5 间房被前两只海狸重复清扫。

　　D 选项：nA → $(n+2)$A，nB → $(n+1)$B

　　与其他算法相比，这个算法的不同之处在于，它让每只海狸一直在走廊的一侧，在 A 侧的海狸每次向前移动两步（两只海狸），而在 B 侧的海狸每次向前移动一步。A 侧海狸前进的速度是 B 侧海狸的两倍，因此他们很快就会分开。

　　综上，答案为 C 选项。

计算思维相关知识

这是一个涉及并行处理的任务，即通过使用多个处理器，使计算机程序的运行速度更快。这和海狸的酒店清扫工作是相同的：工作的各部分被分配到不同的处理进程中，每个进程的任务都用一个简单算法来描述，并且每一个进程都不优先于其他，这意味着在某种程度上，它们必须等待其他进程的结果。

贡献者

[英译中] 王丹，yxll_84@163.com
[审　核] 王婧，3259424668@qq.com；张春英，ft2zchy@126.com
[校　对] 王丹，yxll_84@163.com；王婧，3259424668@qq.com；
　　　　 张春英，ft2zchy@126.com；王玉英，827691776@qq.com

2013-BE-05 森林超市促销

I: 一	II: 一	III: 一	IV: 难	V: 难	VI: 中
分类	算法与编程				
关键词	优化组合，背包问题				

　　森林超市正在进行促销活动，超市内销售的所有商品都有相应的优惠折扣。海狸打算买些东西装饰家，但他的背包不能携带超过 15kg 的物品。下面是所有促销商品的重量和优惠金额列表。

商品名称	重量（kg）	优惠金额（$）
木雕	10	11
花瓶	8	10
树苗	3	3

 请问，海狸购买哪些商品，才能获得最大折扣（优惠金额最大）？
　　（　　）

A. 3 棵树苗和 1 个花瓶　　　　　B. 5 棵树苗

C. 1 个花瓶和 2 棵树苗　　　　　D. 1 个木雕和 2 棵树苗

 解析

　　下图列出了所有可能的情况以及获得的优惠金额（黄色圆圈表示可承载的重量）。只有 B 选项和 C 选项在重量方面是符合题意的，都不超过 15Kg。B 选项的 5 棵树苗共能优惠 $15，而 C 选项的 1 个花瓶和 2 棵树苗共能优惠 $16，因此，C 选项可以得到更多的优惠金额。

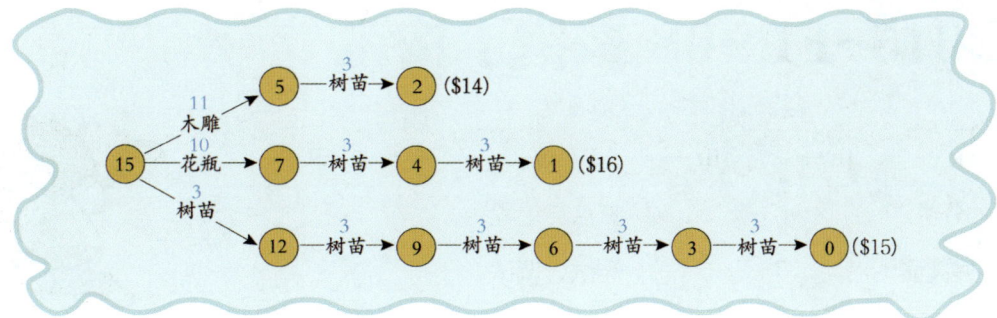

计算思维相关知识

背包问题是组合优化问题。背包问题可以描述为：给定一组物品，每种物品都有自己的重量和价格，在限定的总重量内，选择总价格最高的物品。与背包问题类似的问题经常出现在商业、组合数学、计算复杂性理论、密码学和应用数学等领域。

贡献者

[英译中] 丘运华，786848750@qq.com

[审　核] 林泽珊，1123447303@qq.com；赵腾任，ZTR_2019@126.com

[校　对] 赵满明，swellfishming@163.com；曹悦，caoyue@2dai.com；
　　　　　赵腾任，ZTR_2019@126.com

2015-FR-08 按错了按钮

I: 一	II: 一	III: 一	IV: 难	V: 难	VI: 中
分类			算法与编程		
关键词			测试，调试		

下表是控制机器人的三种按钮。

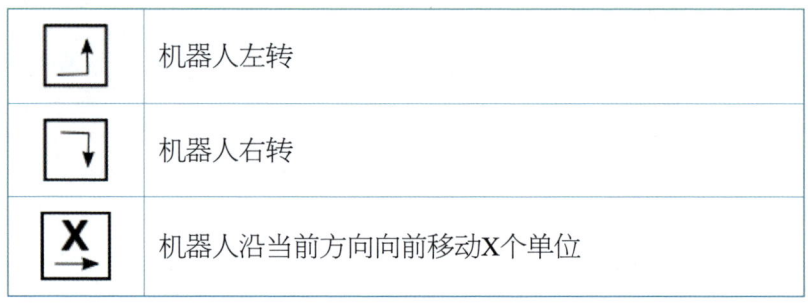

↰	机器人左转
↳	机器人右转
X→	机器人沿当前方向向前移动X个单位

机器人以蓝星位置为起点，面朝东。小宇从左到右依次按下了如图所示的 7 个按钮，尝试控制机器人移至红色菱形位置。但是他多按了两个按钮，致使机器人无法从蓝星移至红色菱形位置。

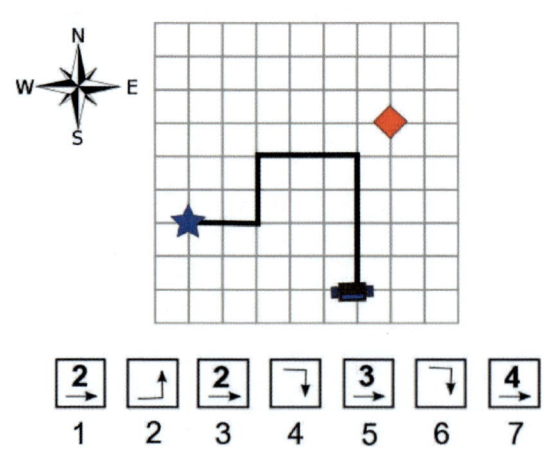

请问在以上 7 个按钮中，小宇多按了哪两个按钮？（ ）

A. 第 1 个和第 2 个

B. 第 1 个和第 4 个

C. 第 3 个和第 4 个

D. 第 2 个和第 6 个

 **解析**

利用排除法，我们可以发现，当把第 3 个和第 4 个按钮去掉时，即依次按下按钮 1、2、5、6 和 7 时，能够将机器人从蓝星位置移到红色菱形位置。因此，小宇多按了第 3 个和第 4 个按钮，答案为 C 选项。而去掉选项 A、B、D 中的按钮，均无法实现将机器人从蓝星位置移到红色菱形位置。

计算思维相关知识

计算机的编程类似于机器人的控制，但它有着一套更大、更复杂的指令。这意味着，即使是最熟练的计算机程序员也可能会犯错。因此，知道如何查错和改错非常重要。

计算机程序中的错误称为 bug，而查找和修复这些 bug 的过程称为调试（debug）。

很多 bug 会引起软件崩溃，不仅使人沮丧，而且可能产生严重的后果。例如，用于管理医院患者药物的软件，以及将火箭发射到太空的软件，在此类情况中，调试和测试尤为重要。

贡献者

[英译中] 孙云舒，yunshu.sun@outlook.com

[审　核] 张春英，ft2zchy@126.com

[校　对] 王丹，yxll_84@163.com；林泽珊，1123447303@qq.com；
　　　　　赵腾任，ZTR_2019@126.com

2010-DE-17 概率相等函数

I: —	II: —	III: —	IV: —	V: 难	VI: 中
分类	算法与编程				
关键词	随机数，概率				

假设在你的计算机上有一个名为"R7"的函数，它能得到一个介于 1~7 的随机整数值，7 个数值产生的概率是相等的。

 小华想要一个能得到"YES"或"NO"的概率相等的函数。她决定使用现有的"R7"函数来实现这一功能。她制作了"R2"函数，以下哪个是不正确的？（　　）

```
A.  functionR2(){
        while（true）{tmp:=R7();
          if（tmp<=3）return"YES";
          if（5<=tmp）return"NO";
      }
    }
```

```
B.  functionR2(){
        while（true）{tmp:=R7();
          if（3<=tmp）and（tmp<=5）return"YES";
          if（tmp==1）or（tmp==2）or（tmp==7）return"NO";
      }
    }
```

```
C.  functionR2(){
        while（true）{tmp:=R7();
          if（4<=tmp）return"YES";
          else return"NO";
      }
    }
```

```
D.  functionR2(){
        while（true）{tmp：=R7();
          if（tmp==6）return"YES";
          if（tmp==7）return"NO";
      }
    }
```

解析

　　C选项是正确答案，因为产生"YES"的概率是4/7（tmp=4，5，6或7），而产生"NO"的概率是3/7（tmp=1，2或3）。

　　A选项中，tmp为1，2，3的概率为3/7，此时将返回"YES"；tmp为5，6，7的概率为3/7，此时将返回"NO"，所以产生"YES"和"NO"的概率相等。

　　B选项中，tmp为3，4，5的概率为3/7，此时将返回"YES"；tmp为1，2，7的概率为3/7，此时将返回"NO"，所以产生"YES"和"NO"的概率相等。

　　D选项中，tmp为6的概率为1/7，此时将返回"YES"；tmp为7的概率为1/7，此时将返回"NO"，所以产生"YES"和"NO"的概率相等。

计算思维相关知识

　　随机数最重要的特性是后面产生的数与前面的数毫无关系。可以使用随机数生成器产生随机数。

　　根据密码学原理，随机数的随机性检验有三个标准。

　　① 统计学伪随机性。满足这类要求的数字，人们"乍一眼看上去"以为是随机的。

　　② 密码学安全伪随机性。其定义为：给定随机样本的一部分和随机算法，不能有效地演算出随机样本的剩余部分。

　　③ 真随机性。其定义为：随机样本不可重现。实际上只要给定边界条件，真随机数就不存在，但如果产生一个真随机数样本的边界条件十分复杂且难以捕捉（比如计算当地的本底辐射波动值），可以认为用这个方法演算出了真随机数。

　　相应的，随机数也分为三类。

　　① 伪随机数：满足第一个标准的随机数。

　　② 密码学安全伪随机数：同时满足前两个标准的随机数。可以通过密码学安全伪随机数生成器计算得出。

　　③ 真随机数：同时满足三个标准的随机数。

真正的随机数是通过物理现象产生的，如掷钱币、掷骰子、转轮、使用电子元件的噪音、核裂变等，这样的随机数生成器叫作物理性随机数生成器，其缺点是技术要求比较高。

在实际应用中往往使用伪随机数就足够了。这些数列"似乎"是随机的数，实际上它们是通过一个固定的、可以重复的计算方法产生的。计算机或计算器产生的随机数有很长的周期性。它们不是真正的随机数，因为它们实际上是可以计算出来的，但是它们具有类似于随机数的统计特征。这样的生成器叫作伪随机数生成器。

在真正关键性的应用中，比如在密码学中，人们一般使用真正的随机数。

概率是度量偶然事件发生的可能性的数值。假如经过多次重复试验（用 X 代表），偶然事件（用 A 代表）出现了若干次（用 Y 代表）。以 X 作分母，Y 作分子，形成了数值（用 P 代表）。在多次试验中，P 相对稳定在某一数值上，P 就称为 A 出现的概率。如偶然事件的概率是通过长期观察或大量重复试验确定的，则这种概率称为统计概率或经验概率。

 贡献者

[英译中] 张亮，10722919@qq.com

[审　核] 刘敏娜，22540148@qq.com；王婧，3259424668@qq.com

[校　对] 刘敏娜，22540148@qq.com；王婧，3259424668@qq.com；
　　　　王倩昀，94451987@qq.com；明纪英，309134133@qq.com；
　　　　王玉英，827691776@qq.com

2016-SP-03 松鼠树洞

I: 一	II: 一	III: 一	IV: 难	V: 难	VI: 中
分类	算法与编程				
关键词	集群智能，蚁群算法				

有 16 只自私的松鼠住在一棵大树的树洞里，这棵树从上到下依次有五个树洞。

松鼠不喜欢待在同伴多的地方，他们每天早上都会检查哪个相邻的树洞里的同伴最少：是自己住的树洞吗？还是楼上或楼下的树洞？到了晚上，每只松鼠都会偷偷地跑到同伴最少的树洞里。如果同伴数量相等，则松鼠更喜欢原地不动；相对于下楼，松鼠更喜欢上楼。

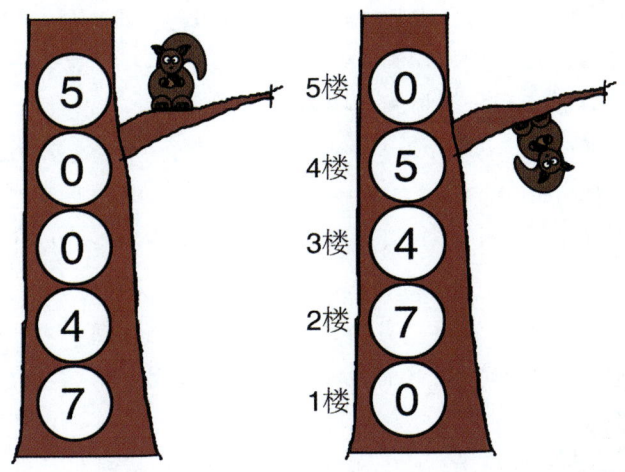

如上图所示，如果早上五个树洞从上到下依次有 5，0，0，4，7 只松鼠，那么到了晚上，5 楼的 5 只松鼠都会跑到 4 楼的树洞（0 个同伴好于 4 个）。同理，1 楼的 7 只松鼠会爬到 2 楼，而原来 2 楼的 4 只松鼠会爬到 3 楼。

在大多数情况下，松鼠们最终会跑到同一个树洞里，但只要事先安排妥当，就能避免这种"灾难"发生。

下列各选项中的数字序列表示第一天早上五个树洞中从上到下依次住着的松鼠数量，哪种情况能避免松鼠最终汇集到同一个树洞里？（   ）

A. 5，0，6，0，5   B. 5，0，6，5，0

C. 5，5，6，0，0   D. 0，5，6，5，0

解 析

　　若不想让松鼠最终都挤在同一个树洞里，就必须在聚集之前重复出现相同的分布状态。根据松鼠的移动规律，四个选项的松鼠分布状态分别如下。

　　A选项（5，0，6，0，5）⇒（0，11，0，5，0）⇒（11，0，5，0，0）⇒（0，16，0，0，0）

　　B选项（5，0，6，5，0）⇒（0，11，0，0，5）⇒（11，0，0，5，0）⇒（0，11，5，0，0）⇒（11，0，0，5，0），出现了重复状态，松鼠们永远不可能挤在同一个树洞，即为正确答案。

　　C选项（5，5，6，0，0）⇒（5，5，0，6，0）⇒（5，0，11，0，0）⇒（0，16，0，0，0）

　　D选项（0，5，6，5，0）⇒（5，0，6，0，5）⇒（0，11，0，5，0）⇒（11，0，5，0，0）⇒（0，16，0，0，0）

　　进一步研究可以发现，当松鼠们集中到2个树洞以后，如果二者的距离是偶数，则松鼠最终将聚集在一起，否则会来回重复移动，而无法聚集到同一个树洞里。

　　例如，若初始状态为（0，0，8，0，8），因为两个树洞相距为2（偶数），则最终松鼠们将会聚集。具体移动过程为：（0，0，8，0，8）⇒（0，8，0，8，0）⇒（8，0，8，0，0）⇒（0，16，0，0，0）。

　　若初始状态为（0，8，0，0，8），因为两个树洞相距为3（奇数），则最终松鼠们无法聚集到同一个树洞里。具体移动过程为：（0，8，0，0，8）⇒（8，0，0，8，0）⇒（0，8，8，0，0）⇒（8，0，0，8，0），出现了循环。

计算思维相关知识

集群智能（Swarm Intelligence），是指在某群体中，众多无智能的个体通过相互之间的简单合作所表现出来的智能行为，集群机器人便具有集群智能。它由 GerardoBeni 和 JingWang 于 1989 年在细胞机器人系统的背景下引入。

算法类型：搜索／路径寻找；

生物启发：蚁群／鱼群／鸟群；

例如，蚂蚁的行为基于简单的规则，它们彼此独立。但是如果有很多蚂蚁，它们就能够做一些复杂的事情，比如建筑蚁丘。我们可以利用蚁群算法在图中寻找最优路径，解决推销员问题，甚至实现剪枝操作等。集群智能源于自然界中的群集行为，后来与冶金、商业、社会学、管理学、计算机科学等都发生了联系，应用范围非常广泛，如机器人、视频游戏、AI、制造业、路径规划等都有体现。

贡献者

[英译中] 梁见斌，38836314@qq.com

[修改 | 完善] 孙丹，11803011@zju.edu.cn

[审核 | 校对] 朱燕南，3116465579@qq.com；黎子靖，578426608@qq.com；
梁志红，353541272@qq.com；林泽珊，1123447303@qq.com

2016-UA-04 棋盘游戏

I: —	II: —	III: —	IV: 难	V: 难	VI: 中
分类	算法与编程				
关键词	棋盘游戏，人工智能，博弈搜索				

　　龅牙和长尾是海狸海盗，他们在玩棋盘游戏。棋盘是一块被分成11个格的长木板，棋子是一些小木块，有3种类型，长度分别为1、2和4，分别可以占据1个、2个和4个格子。

　　龅牙先下，他在棋盘的左侧放一个棋子；然后长尾在棋盘的右侧放一个棋子。两只海狸轮流落子，直到把棋盘填满，放最后一个棋子的海狸获胜。

 如果要你帮龅牙赢得比赛，第一步该放长度为多少的棋子？（　　　）

A. 1 　　　　　　 B. 2 　　　　　　 C. 4

解析

　　龅牙落子后，如果棋盘上留有9个、6个或3个空格，则他可以赢得比赛。这些都是先下必赢的局面。

局面一：假如棋盘上最后剩 3 个空格，若长尾放长度为 1 的棋子，则剩下 2 个空格，龅牙可以放长度为 2 的棋子；若长尾放长度为 2 的棋子，则剩下 1 个空格，龅牙可以放长度为 1 的棋子。

局面二：当棋盘上有 6 个空格时，因为 6=4+2=3+3，即若长尾下长度为 4 的棋子，龅牙就可以下长度为 2 的棋子；若长尾下长度为 1 或 2 的棋子，龅牙就可以下 2 或 1 的棋子，给长尾留下 3 个空格，变成局面一，还是先下必赢的局面。

局面三：同样的，9=4+2+3=3+6，即若长尾下长度为 4 的棋子，龅牙就可以下长度为 2 的棋子，给长尾留下 3 个空格，变成局面一；若长尾下长度为 1 或 2 的棋子，龅牙就可以下长度为 2 或 1 的棋子，给长尾留下 6 个空格，变成局面二，还是先下必赢的局面。

如果棋盘上留有 8，7，5，4，2，1 个空格，则是先下必输的局面。

因此，龅牙应该先放一个长度为 2 的棋子，留下 9 个空格，他就一定会赢得比赛。答案为 B 选项。

计算思维相关知识

本题是对抗性博弈策略的一个实例，它是算法理论和应用程序设计的重要组成部分。博弈的本意是下棋，其引申义是在一定条件下，遵守一定的规则，一个或几个拥有绝对理性思维的人或团队，从各自允许的行为或策略中进行选择并加以实施，并从中取得相应结果或收益的过程。博弈有时候也用作动词，特指对选择的行为或策略加以实施的过程。

一个完整的博弈应当包括五个方面的内容：第一，博弈参加者，即博弈过程中独立决策、独立承担后果的个人或组织；第二，博弈信息，即博弈者所掌握的对选择策略有帮助的情报资料；第三，博弈方可选择的全部行为或策略的集合；第四，博弈的次序，即博弈参加者做出策略选择的先后；第五，博弈方的收益，即各博弈方做出决策选择后的所得和所失。

与此类游戏相关的计算机算法是人工智能（AI）的一部分。人工智能是计算机科学的一个重要领域，自从人工智能出现以后，人类专家与计算机的竞赛一直是人们关注的焦点，"深蓝"是 IBM 开发的一款下棋软件，在 1997 年击败了国际象棋冠军；谷歌的"AlphaGo"在 2016 年击败了围棋世界冠军。

　　人工智能正以前所未有的速度发展，未来一定会对我们的生活带来深远的影响。

 ## 贡献者

[**英译中**] 梁见斌，38836314@qq.com；孙丹，11803011@zju.edu.cn

[**修改 | 完善**] 孙丹，11803011@zju.edu.cn；梁见斌，38836314@qq.com

[**审核 | 校对**] 朱燕南，3116465579@qq.com；黎子靖，578426608@qq.com；
　　　　　　　王玉英，827691776@qq.com；林泽珊，1123447303@qq.com；
　　　　　　　梁见斌，38836314@qq.com

2016-CZ-08 返回

I: —	II: —	III: —	IV: —	V: 难	VI: 中
分类	算法与编程，数据、数据结构与表征				
关键词	机器人编程，最终状态查找，循环，优化				

机器蜜蜂背上有四个箭头按钮。依次按下以下按钮，可以确定一组行动指令序列，控制机器蜜蜂在方形地板块上移动。

⬆ 向前移动到下一个地板块

↺ 在同一地板块上向左转 90°

↻ 在同一地板块上向右转 90°

⬇ 后退到后面的地板块上（不调头）

GO 开始执行输入的序列

机器蜜蜂会记住输入的指令序列，所以，再次按下 GO 按钮，机器蜜蜂会执行同样的指令序列。

如果输入一个指令序列，在按下 GO 按钮若干次后，机器蜜蜂将回到初始的位置和方向，我们就把这个数字叫作"蜂鸣数字"。不同指令序列所对应的"蜂鸣数字"可能不同。

 最大的可能的"蜂鸣数字"是多少？（　　　）

A. 2　　 B. 4　　 C. 8　　 D. 没有最大的可能的"蜂鸣数字"

 解析

　　题目已经设定：按下若干次 GO 按钮后，机器蜜蜂能回到原点，因此确定"蜂鸣数字"的程序与移动的总距离无关（回到原点时距离的矢量和为 0），关键是方向，而方向只与转弯指令有关。

　　根据机器蜜蜂方向的改变，我们可以将机器蜜蜂所有可能的指令序列分为以下三种不同的情况。

（1）执行一次指令序列，不改变机器蜜蜂的方向。例如，（原地）左转之后（原地）右转，只需要执行一次指令序列（按1次GO按钮），就能够回到原点，即"蜂鸣数字"是1。

（2）执行一次指令序列，方向改变了180°（它使机器蜜蜂向后转），如两次左转。程序的下一次执行将使机器蜜蜂转向最初的方向（按2次GO按钮），回到原点，即"蜂鸣数字"是2。

（3）执行一次指令序列，方向向左或向右转90°。再按3次GO按钮，机器蜜蜂就会转向初始方向，这样它将移动到起始位置。在这种情况下，按4次GO按钮，"蜂鸣数字"是4。

因为指令转向的最小角度是90°，以上这三种情况涵盖了所有可能的情况，所以最大的"蜂鸣数字"是4，答案为B选项。

计算思维相关知识

在这道题目中，机器蜜蜂代表计算机，序列本身代表计算机运行的程序。GO按钮类似于编程语言中的循环结构。

这里的"蜂鸣数字"是优化的对象。很多时候，在计算机科学中，我们需要寻找一个问题最好的或最坏的解。这里我们要找的是最大的"蜂鸣数字"，也就是按下GO按钮，让机器蜜蜂回到初始位置和方向的最坏情况。我们给出了一个快速的算法来确定机器蜜蜂是否会回到它原来的状态。本例中，最多按4次GO按钮就能观察机器蜜蜂是否会回到它原来的状态。

机器蜜蜂的两个属性（方向和位置）由一个状态来模拟，给定这两个属性，就可以准确地确定机器蜜蜂在平面上的位置。

贡献者

[英译中] 张亮，10722919@qq.com

[审　核] 刘敏娜，22540148@qq.com

[校　对] 王婧，3259424668@qq.com；王梦瑶，wangmy306@163.com；
　　　　 宋碧蓉，158143129@qq.com；丁慧清，huiqingding@sina.com

2016-MY-01 电子邮件

I: —	II: —	III: —	IV: —	V: 难	VI: 中

分类	算法与编程
关键词	流程和状态

现有 T 和 B 两种电子邮件类型。

当转发电子邮件给他人时，若使用 T 类型，则会在现有邮件的顶部添加新邮件内容；而若使用 B 类型，则会在底部添加新邮件内容。

有 4 位朋友，他们之间彼此发送电子邮件。Anna 和 Bella 只使用 T 类型。Chole 和 Diane 有时用 T 类型，有时用 B 类型。

假设 Anna 是第一个给 Chole 发送电子邮件的人。

然后，Chole 用 B 类型转发给了 Bella。

接着，Bella 把电子邮件转发给了 Diane。

最后的电子邮件格式如右图所示。

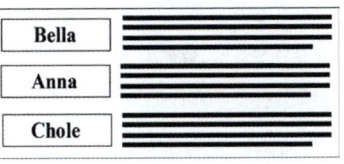

下图为另一封电子邮件的转发过程。尚不清楚是谁发送了第一封电子邮件。下边的表格显示了每人使用的电子邮件类型。

使用者	电子邮件类型
Anna	T
Bella	T
Chole	T，B
Diane	T，B

 谁不可能是第一个发送者？（　　　）

A. Anna　　　B. Bella　　　C. Chole　　　D. 所有人

解析

Anna 不可能是第一个发送者。如果 Anna 是第一个发送者，那么 Bella 的电子邮件就不应该出现在 Anna 的电子邮件下面。

如果 Bella 是第一个发送者，那么来自 Anna 或 Bella 的转发邮件就会出现在第一封邮件的上方，Chole 或 Diane 转发的邮件可能在前一封邮件的上方或下方。如果 Chole 或 Diane 是第一个发送者，情况类似。

因此，其他三人中的每一个都可能是第一个发送者，答案为 A 选项。

计算思维相关知识

通过了解流程的最终状态和控制流程的规则集，可以使用逻辑推理反向推断初始状态。本题中，可以找出第一封电子邮件的可能发件人，并确定每人实际使用的电子邮件类型。

论坛采用两种发帖方式：顶部发帖和底部发帖。电子邮件软件通常有一个默认的发布风格，它可以由用户更改。在论坛中，虽然两种方式都被使用，但每个在线社区使用哪种方式更合适或更易接受是有所不同的。

贡献者

[英译中] 郭浩，836415338@qq.com
[审　核] 张春英，ft2zchy@126.com
[校　对] 魏拥军，113397988@qq.com

2017-CA-12 收集糖果

I: —	II: —	III: —	IV: —	V: 难	VI: 中
分类	算法与编程				
关键词	动态规划，记忆化搜索				

糖果机器人的目的是收集尽可能多的糖果。它在穿过网格时可以收集糖果。右边网格（1）中的每个单元格都有 0、1、2 或 3 颗糖果。

糖果机器人从左下角的 S 单元格开始，到右上角的 F 单元格结束。糖果机器人只能向右或向上移动。

2	0	1	1	F
1	2	0	23	3
2	2	0	2	1
3	1	0	2	0
S	0	1	3	0

网格（1）

？ 机器人在这个网格中最多可以收集多少颗糖果？（　　　）

A. 10 颗　　　　B. 12 颗　　　　C. 14 颗　　　　D. 16 颗

 **解析**

方法之一是在这张表格中填上"最佳"糖果数量，这些糖果可以通过"对角线扫描"来收集，最初，我们有 0 颗糖果，网格（2）表示当前情况。

从左下角单元格出发，向上将获得 3 颗糖果，而向右将获得 0 颗糖果，因此我们可以将网格（2）更新，得到网格（3）所示的情况。

2	0	1	1	F
1	2	0	23	3
2	2	0	2	1
3	1	0	2	0
0	0	1	3	0

网格（2）

2	0	1	1	F
1	2	0	2	3
2	2	0	2	1
3	1	0	2	0
0	0	1	3	0

网格（3）

请注意，题目要求最后能够收集到最多糖果，那么在收集了 3 颗（而不是 0 颗）糖果之后，进入上方的单元格，即总共收集了 5 颗糖果，见网格（4）。

2	0	1	1	F
1	2	0	2	3
5	2	0	2	1
3	1	0	2	0
0	0	1	3	0

网格（4）

以这种方式继续移动，我们可以在一个单元格中收集到的最大糖果数量是该单元格中的糖果数量加上左侧或下方单元格中的数量较多的糖果数。用表达式表示如下：

$v(i, 0) = 0$

$v(0, j) = 0$

$v(i, j) = c(i, j) + \max\{v(i-1, j), v(i, j-1)\}$

其中 $v(i, j)$ 是可以在单元格 (i, j) 上收集到的最大糖果数，而 $c(i, j)$ 是最初单元格 (i, j) 上的糖果数。

由于我们习惯从左侧和底部看，所以需要在网格的左侧添加一列，在网格的底部添加一行，且均标记数字 0。按此规律，我们可以填写表的其余部分，如网格（5）所示。

0	8	9	10	12	14
0	6	9	9	11	14
0	5	7	7	9	0
0	3	4	4	6	6
0	0	0	1	4	4
0	0	0	0	0	0

网格（5）

我们沿着标粗的绿色路径可以收集最大数量的糖果，即最多可在 F 单元格收集到 14 颗糖果，答案为 C 选项。

计算思维相关知识

在有多个可能的解决方案中确定"最佳"解决方案是非常有实际价值的。要解决此类问题，可以尝试所有可能的情况，这就是暴力搜索方法，但是在数据量大的情况下使用这种方法会占用特别多的时间，效率较低。本题存在 70 种不同的路径，这也是练习杨辉三角的一个好例子。

但是在本题的特殊情况下，我们可以尝试找到一些"有价值的"路径，并尝试从中找到最佳解决方案。因为单元格数量相对较少，所以可以推断出所有其他可能的情况都不能得到更多数量的糖果。

更有效的解决方法是记忆化搜索，可以根据所走的路径填写表格，一旦我们根据左边的单元格或下面的单元格得出了当前单元格的"最佳"解决方案的公式／关系，就可以通过一系列计算，找出最优解。记忆化搜索＝搜索的形式＋动态规划的思想，使用记忆化搜索方法求解时，还是按自顶向下的顺序，但是每求解一个状态，就将它的解保存下来，以后再遇到这个状态时，就不必重新求解了。这种方法综合了搜索和动态规划两方面的优点，非常有实用价值。

贡献者

[英译中] 魏雪峰，xuefengwen99@163.com；王梦文，1297060489@qq.com

[审 核] 林泽珊，1123447303@qq.com

[校 对] 王玉英，827691776@qq.com；林泽珊，1123447303@qq.com

2018-HU-07 箭头

I: 一	II: 一	III: 一	IV: 一	V: 难	VI: 中
分类	算法与编程				
关键词	回溯法				

在左下图中，黑色箭头 A 指向一个黑色箭头 B 和一个未被染色的箭头 C。未被染色的箭头 C 指向两个未被染色的箭头 E 和 G。

如右下图所示，请你给图片的箭头染色，使未被染色的箭头指向一个未被染色的箭头，黑色箭头指向两个黑色箭头。

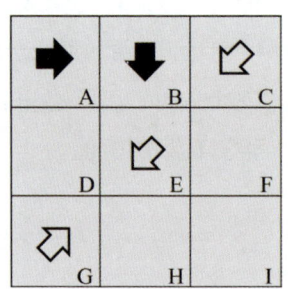

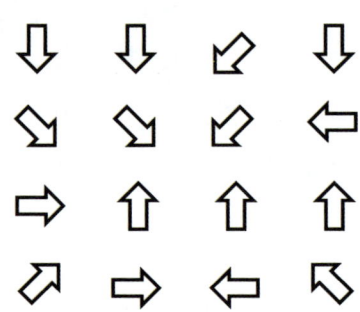

? 下面哪个选项符合题意？（　　　　）

A.
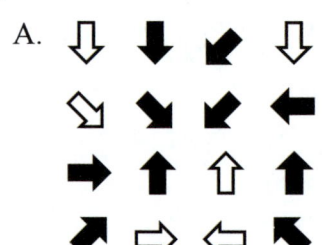

B.
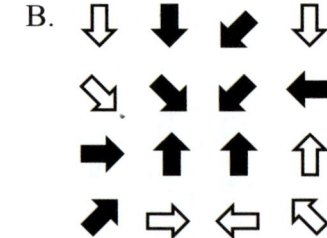

C.
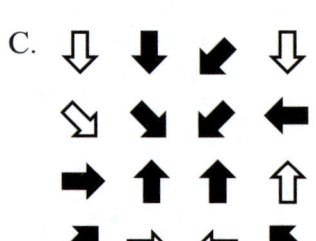

D.

解 析

按照题目要求，可以先确定一个位置，按照未染色和已染色的箭头进行搜索，确定后续箭头的染色状态。全部满足要求的才是正确选项，只要有一个不符合要求，就是错误的。

答案为 C 选项。

计算思维相关知识

回溯法实际上是一个类似枚举的搜索尝试过程，要在搜索尝试过程中寻找问题的解，当发现不满足求解条件时，就"回溯"返回，尝试别的路径。回溯法是一种选优搜索法，按选优条件向前搜索，以达到目标，但当探索到某一步时，发现原先的选择并不优或达不到目标时，就退回一步，重新选择。这种走不通就退回重走的方法称为"回溯法"，而满足回溯条件的某个状态的点称为"回溯点"。许多复杂的、规模较大的问题都可以使用回溯法，回溯法有"通用解题方法"的美称。

贡献者

[英译中] 张鹏飞，hs2zzpf@163.com

[审 核] 张思旭，2350975151@qq.com

[校 对] 王婧，3259424668@qq.com；丘运华，786848750@qq.com；
王娟，284311304@qq.com

2016-CA-09 规则应用

I: 一	II: 一	III: 一	IV: 一	V: 一	VI: 中
分类	算法与编程				
关键词	语法，句法分析，模式识别				

爱丽丝和约翰玩一个卡片替换的游戏，她有一些几何形状的卡片，卡片替换规则为：□ ⇒ △△ 和 △ ⇒ □ △ □

即替换规则为：

（1）一张正方形卡片可以替换两张三角形卡片。

（2）一张三角形卡片可以替换一张正方形卡片、一张三角形卡片和另一张正方形卡片。

按照替换规则，从正方形卡片开始，经过 3 轮替换，最终获得的卡片如下图所示。

□ ⇒ △△ ⇒ □ △ □ △ □ ⇒

△ △ □ △ □ △ △ △ △ △ □ △ □ △

请问按照下面哪组规则可以产生如下顺序的卡片？（　　　）

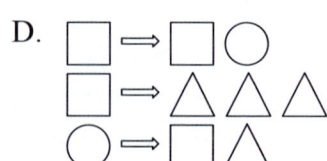

A.
□ ⇒ △ □ □
△ ⇒ ○
○ ⇒ △ △

B.
□ ⇒ □ ○ ○
△ ⇒ △ □
○ ⇒ □ △

C.
△ ⇒ △ □
□ ⇒ ○ ○
○ ⇒ △ □ △

D.
□ ⇒ □ ○
△ ⇒ △ △
○ ⇒ □ △

解析

按照 B 选项的规则，我们从三角形开始，可以有如下替换：

△ → △□ → △□□○○ → △□□○○□○□○□
△□△

按 A 选项的规则，如果从三角形或圆形卡片开始，则永远得不到正方形卡片。如果从正方形卡片开始，按如下步骤：□ → △□□ →
○△□△□□△□□ → △△○△□△□△□○△□□
△□□ 第 3 步完成后，产生的卡片数多于要求的卡片数，不能得到题目要求的卡片序列。

按 C 选项的规则，如果从三角形卡片开始，只能得到三角形卡片的序列。

如果从正方形卡片开始，可以得到□ → ○○ → △□△△□
△ → △△○○△△△△△△○△△ → △△△△ →…
前 4 张三角形卡片永远产生不了 △□□。

如果从圆形卡片开始，则得到○ → △□△ → △△△○○△
△ → △△△△△ →…和前面一样，前 4 张三角形卡片永远产生不了
△□□。

按 D 选项的规则，也得不到题中要求的卡片序列，因此，答案为
B 选项。

计算思维相关知识

本题描述了一系列重写规则，重写规则可以用于上下文无关语法或其他语法系统。这些语法系统可以描述：

（1）自然现象，如植物生长；（2）自然语言，如构成句子的语法规则；（3）形式语言，如编程语言的结构。

可以使用不同的规则对给定单词进行派生或解析。语法解析是将程序从"人类可读"的单词翻译成"计算机可读"的二进制数。

贡献者

[英译中] 赵满明，swellfishming@163.com

[审 核] 周靓，mindzhou@163.com；丁慧清，huiqingding@sina.com；
盛文盼，787004560@qq.com

[校 对] 辛丽蓉，xinlirong@qq.com；丁慧清，huiqingding@sina.com

2014-DE-03 运动检测

I: 一	II: 一	III: 一	IV: 一	V: 一	VI: 中
分类	算法与编程				
关键词	状态转换				

有一个与计算机相连的摄像头。当观察区域发生某些变化时，计算机就会响起铃声。计算机每秒对实时图像进行评估，评估是通过比较当前图像与前一秒的图像进行的。

计算机可以处于三种不同的状态，并按照下面的状态转换图工作。箭头和注释描述了计算机从一种状态转换为另一种状态的情况。一开始计算机处于状态 0。当计算机从状态 2 回到状态 0 时，它就会响铃。

L 表示图像的左半部分发生了变化。R 表示图像的右半部分发生了变化。

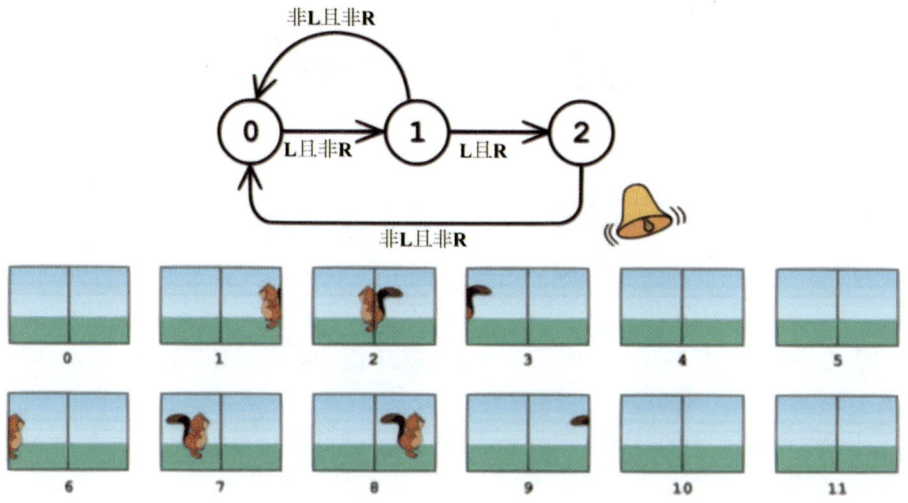

在开始时，计算机处于状态 0。那么从上边所展示的 12 幅记录图像来看，计算机什么时候响铃？（　　　）

A. 图像 10 到图像 11 之间　　B. 图像 9 到图像 10 之间

C. 图像 2 到图像 3 之间　　D. 图像 3 到图像 4 之间

解析

根据计算机系统状态的转换规律可以得出，当一个物体从左边进入观察区域，并在右边离开时，计算机就会响铃。在本题的一系列图像中，计算机对应的状态如下所示。

图像	0	1	2	3	4	5	6	7	8	9	10	11
状态	0	0	0	0	1	0	1	1	2	2	2	0响铃

综上，答案为 A 选项。

计算思维相关知识

在安防区域（如机场）一般设有监测摄像头。这些摄像头采集的实时图像由计算机进行评估，以便计算进入一个区域的人数，或检测危险情况。评估程序的工作基于状态转换图进行，就像本题一样。

贡献者

[英译中] 王婧，3259424668@qq.com
[审　核] 李杨扬，124645455@qq.com
[校　对] 王婧，3259424668@qq.com；李杨扬，124645455@qq.com；
　　　　　邢洋，xywzy468129@163.com；赵腾任，ZTR_2019@126.com

2016-CH-23 火柴游戏

I: 一	II: 一	III: 一	IV: 一	V: 一	VI: 中
分类	算法与编程				
关键词	取模，求补数				

小明和朋友玩一款火柴游戏。游戏规则如下：有 13 根火柴，玩家 1 先开始，可以拿走 1 根、2 根或 3 根火柴，然后轮到玩家 2，也可以拿走 1 根、2 根或 3 根火柴，接着又轮到玩家 1，玩家 2，以此类推。最后拿走火柴的玩家赢得比赛。

 小明先开始，第一步他需要拿走多少根火柴才能保证自己赢得这场比赛？（提示：某一轮轮到小明拿火柴时，如果这时剩下 4 根火柴，小明将不能赢得比赛。他需要避免这种情况！）（   ）

A. 1 根火柴
B. 2 根火柴
C. 3 根火柴
D. 多少根都可以

解析

根据提示，小明应以一种能够保证剩下的火柴数是 4 的倍数的方式进行下一步操作，才能赢得比赛。因为采用这样的方法，他的朋友最终将面临剩下 4 根火柴的情况，小明就可以赢得比赛。小明在第一轮中拿走 1 根火柴，则剩 12 根火柴，12 是 4 的倍数，因此第一步拿走 1 根就可以保证赢得比赛；如果拿走 2 根火柴，则剩 11 根火柴，11 不是 4 的倍数；若拿走 3 根火柴，则剩 10 根火柴，10 也不是 4 的倍数。

综上，答案为 A 选项。

计算思维相关知识

这是一款经典的两个玩家交替操作的策略游戏。每一轮之后，分析下一步最佳的操作方式，以此类推，以赢得游戏。这个游戏应用了取模和求补数的原理。例如，时钟满 12 归零，时钟顺时针走 1，等价于逆时针走 11，1+11=12，则把12 称为模，11 称为 1 的补数。要赢得比赛，应该将剩下 4 根火柴的情况留给对方。所以以 4 为模，在拿走 1 根、2 根或 3 根火柴的情况下，均能得到以 4 为模的对应 3、2 和 1 的补数，谁拿到最后这个以 4 为模的补数的机会，谁就能赢得比赛。

贡献者

[英译中] 刘敏娜，22540148@qq.com

[审　核] 张亮，10722919@qq.com；明纪英，309134133@qq.com；
王倩昀，594451987@qq.com

[校　对] 辛丽蓉，xinlirong@qq.com；丁慧清，huiqingding@sina.com

2017-SK-12 机器人

I: —	II: —	III: —	IV: —	V: 难	VI: 中
分类	算法与编程					
关键词	机器人，图灵机，计算模型					

米兰制造了一个机器人，它能识别彩色方块，改变方块的颜色，并沿着箭头方向向左或向右移动。机器人的活动规则如下：

如果机器人看到一个红色的方块，则将它的颜色改为绿色，并向右移动一个位置。

如果机器人看到一个红色的方块，则将它的颜色改为绿色，并向左移动一个位置。

一开始，机器人站在最左边的方块上。它检测方块的颜色，找到以这个颜色开始的规则，根据规则改变方块的颜色，并根据规则移动。然后，以此类推，机器人重复这个过程。如果机器人没有找到合适的规则，或者它走到了方块外面，就会停下来。

假设赋予机器人的初始方块序列如下：

活动规则为：
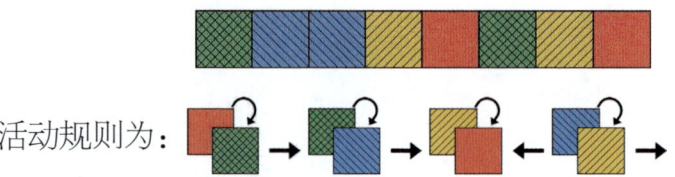

请问当机器人停下时，方块序列会是下面的哪个？（　　　）

A.

B.

C.

D.

118

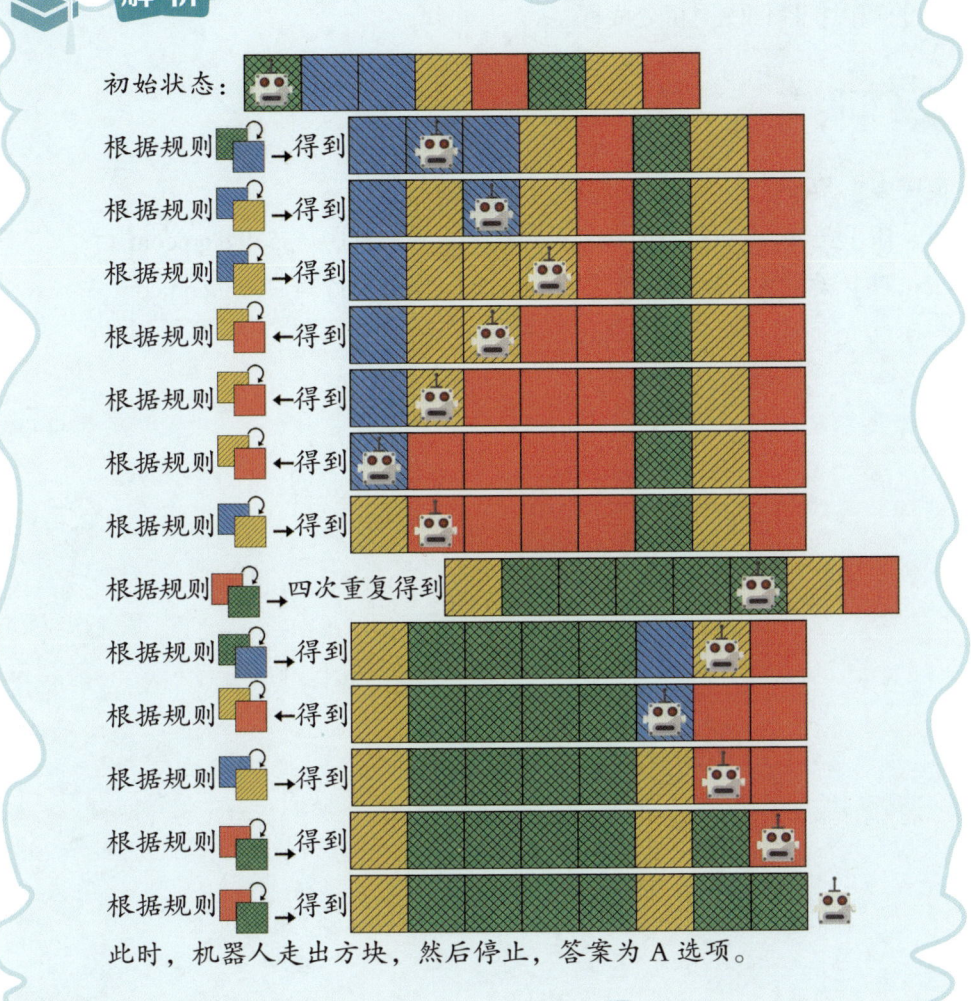

初始状态：

根据规则 →得到

根据规则 →得到

根据规则 →得到

根据规则 ←得到

根据规则 ←得到

根据规则 ←得到

根据规则 →得到

根据规则 →四次重复得到

根据规则 →得到

根据规则 ←得到

根据规则 →得到

根据规则 →得到

根据规则 →得到

此时，机器人走出方块，然后停止，答案为 A 选项。

计算思维相关知识

在计算机科学中，计算模型的定义是很重要的。计算模型就是一组要遵循的规则和结构。例如，当我们在编写软件时，计算模型就是我们使用的编程语言。

这个问题定义了一个类似于图灵机的模型。图灵机，又称图灵计算或图灵计算机，是由数学家阿兰·麦席森·图灵提出的一种抽象计算模型，即将人们使用纸笔进行数学运算的过程进行抽象，由一个虚拟的机器替代人们进行数学运算。对于计算机科学家来说，图灵机是一个非常有用的计算模型，尽管它非常简单，但它等价于大多数编程语言，这意味着我们可以把任何软件程序变成图灵机，反过来也可以把任何图灵机变成程序。

 **贡献者**

[**英译中**] 黎子靖，578426608@qq.com

[**审　核**] 王娟，284311304@qq.com；朱燕南，3116465579@qq.com

[**校　对**] 梁见斌，38836314@qq.com；王梦瑶，1173417998@qq.com；
　　　　　王娟，284311304@qq.com

2017-MY-05 移动骰子

I: 一	II: 一	III: 一	IV: 难	V: 难	VI: 中
分类	算法与编程				
关键词	逻辑问题解决，分解，计算机内存				

　　海狸杰克沿着方块的路径移动骰子，骰子每次都从一个方块滚动一面，到下一个方块。杰克移动了 7 次，直到骰子落在绿色方块上。请注意，骰子相对的两个面上的点数和始终为 7（点数 1 对 6，点数 2 对 5，点数 3 对 4）。最初，点数 1（与点数 6 相对）的面位于底部，如图所示。骰子移动到第二个方块后，点数 2（与点数 5 相对）的面将位于底部。

 请问骰子到达绿色方块时，底面的点数是几？（　　　　）

A. 2　　　　　B. 3　　　　　C. 4　　　　　D. 5

解析

　　一种做法是随着骰子的移动，跟踪六个面的位置，另外三个面可以很容易地通过相对关系确定，但是，我们可以通过只跟踪其中三个面来降低复杂性。例如，我们首先注意到，点数为 3、5、6 的面分别位于右面、前面和上面位置，逐步滚动骰子，直到骰子到达绿色方块。

步数	移动方向	3点所在位置	5点所在位置	6点所在位置
初始状态		右面	前面	上面
1	↑	右面	上面	后面
2	↑	右面	后面	底面
3	↑	右面	底面	前面
4	→	底面	左面	前面
5	→	左面	上面	前面
6	↓	左面	前面	底面
7	→	上面	前面	左面

因为点数 3 位于上面，则与点数 3 相对的点数 4 位于底面。综上，答案为 C 选项。

计算思维相关知识

该问题的解决方法有两种：一种是通过跟踪每个阶段的某些信息来解决问题，另一种是跟踪每个步骤完成后底面的点数来达到目的。相比之下，第一种方法则简单得多，可以减少复杂度和内存使用量。使用计算机编程时，往往要考虑时间和空间的复杂度，为了达到目的而寻找最优解决方案。

贡献者

[英译中] 丘运华，786848750@qq.com
[修改|完善] 林泽珊，1123447303@qq.com
[校 对] 王玉英，827691776@qq.com；丘运华，786848750@qq.com

2013-SP-05 剪纸

I: 一	II: 一	III: 一	IV: 难	V: 难	VI: 难
分类	算法与编程				
关键词	指令，程序				

小海狸正在玩一张正方形的纸，他将纸对折了几次，具体如下图所示。

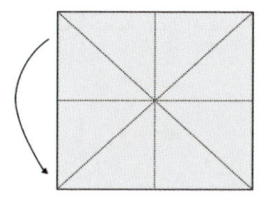 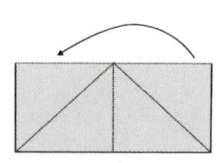 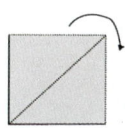

最后这张纸变成了一个三角形，小海狸用剪刀先剪下了三角形的一角，然后沿这个角的对边又剪下来一块，如下图所示。

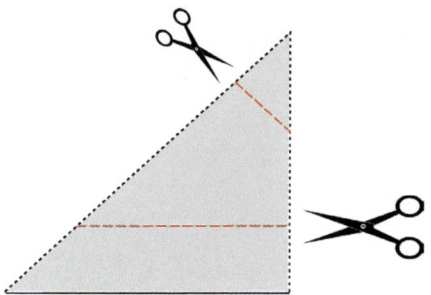

❓ 请问以下四个选项中哪个是纸展开的形状？（ ）

 A.   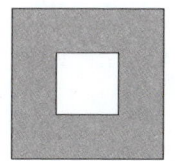 B.    C.   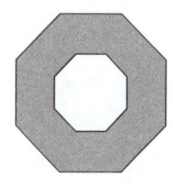 D.

解析

　　正确答案是 A 选项。可以发现，角上的切口与三角形的斜边（正方形的对角线）垂直，另一个切口与底边（正方形的边）平行。

计算思维相关知识

　　程序是为执行指定任务而编写的指令序列。程序的执行是按照程序所包含的指令进行的一系列操作。每条指令都会根据其预定的含义改变环境（物理系统）状态。

贡献者

[英译中] 王婧，3259424668@qq.com

[审　核] 王丹，yxll_84@163.com；张春英，ft2zchy@126.com

[校　对] 张春英，ft2zchy@126.com；王丹，yxll_84@163.com；
　　　　　王婧，3259424668@qq.com；王宇，3297562896@qq.com

2013-BE-05 过河

I: —	II: —	III: —	IV: 难	V: 难	VI: 难
分类	算法与编程				
关键词	背包问题，组合优化				

海狸想过河并尽可能带过去更多的物品。

他有 2 艘小船，每艘最大载重为 10 千克。每个物品都有其质量和带给海狸的幸福指数（幸福指数越大，带给海狸的幸福感就越强烈！）

以下是海狸携带的物品列表。

物品名称	质量	幸福指数
木头	10千克	5
计算机	5千克	7
电视	4千克	3
电话	3千克	4
锤子	8千克	6

 请问，海狸携带哪些物品过河，将使自己获得的幸福感最强烈？
（　　）

A. 计算机＋电视＋电话＋锤子　　B. 木头＋计算机＋电视

C. 计算机＋电话＋锤子　　D. 计算机＋电视＋锤子

 解析

首先应考虑选项中的物品质量是否符合要求。A 选项不符合每艘船的载重都不超过 10 千克的条件，因此，排除 A 选项。B、C、D 选项符合过河的条件，经过比较，携带 C 选项的物品可获得最大的幸福指数：17，即答案为 C 选项。

计算思维相关知识

上述问题涉及背包问题，背包问题可以描述为：给定一组物品，每种物品都有自己的重量和价格，在限定的总重量内，选择总价格最高的物品。背包问题的名称来源于如何选择最合适的物品，放置于给定的背包中。类似的问题经常出现在商业、密码学和应用数学等领域中。

 **贡献者**

[**英译中**] 丘运华，786848750@qq.com

[**审　核**] 林泽珊，1123447303@qq.com；赵腾任，ZTR_2019@126.com

[**校　对**] 赵满明，swellfishming@163.com；曹悦，caoyue@2dai.com；
　　　　　赵腾任，ZTR_2019@126.com

2013-UA-06 游戏

I: —	II: —	III: —	IV: —	V: 难	VI: 难
分类	算法与编程				
关键词	极小极大算法，算法博弈论				

为了让小海狸参与编程，海狸爸爸设计了这样的游戏。

首先由小海狸删除下列一组数字中的一半：1、2、3、4、5、6、7、8、9、10、11、12、13、14、15、16、17、18、19、20；然后计算机删除剩下数字的一半。小海狸想要尽量保证在最终剩下的数字里，最大和最小的数字之间的差值最大，但是计算机想让差值最小。

如果双方都很擅长这个游戏，最终得到的差值是多少？（　　　）

A. 6　　　　　　　B. 7　　　　　　　C. 8　　　　　　　D. 9

解析

小海狸第一次删除后，留下以下数字，留下的数字是非常重要的。

1、2、3、4、10、11、17、18、19、20

计算机再删除5个数字，无论删除哪些数字，最大数字和最小数字之间的差必定大于等于9。那么在保证差值最小的条件下，最终差值为9。

若移走1、2、3、4、20，剩下10、11、17、18、19，那么差值等于9。

若移走前5个数字，剩下11、17、18、19、20，那么差值等于9。

若移走后5个数字，剩下1、2、3、4、10，那么差值等于9。

而若移走1、2、3、19、20，剩下4、10、11、17、18，则差值等于14；同样考虑其他几种情况。

综上，答案为D选项。

计算思维相关知识

极小极大算法是一类已知的递归算法，可用于两人博弈中对下一步行动的决策。

127

适用范围：极小极大算法常用于零和博弈游戏中，零和博弈指参与博弈的各方，在严格竞争下，一方收益必然意味着另一方损失，博弈各方的收益和损失相加总和永远为"零"，双方不存在合作的可能。博弈游戏，目的是寻找最优的方案使得自己的利益最大化。

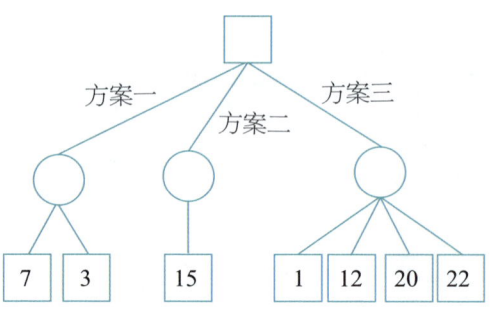

基本思想：假设自己足够聪明，总是选择最利于自己的方案，而对手同样聪明，总是选择最不利于对方的方案。

举例：

设：圆代表自己（A），正方形代表对手（B），每个子结点都代表一个候选方案。

上图呈现了所有候选方案，根结点为当前局面，某一结点的子结点为下一步可能的局面。图中的数字是 A 的利益值，可以由估值函数得出，数字越大越有利于 A。

（1）假设 A 选择方案一，B 有两个候选方案，B 为了使 A 的利益最小化，在 7 和 3 中选择了 3，则 A 只能获得利益值 3。

（2）假设 A 选择方案二，B 只有一个选择，A 最终可以获得利益值 15。

（3）假设 A 选择方案三，B 有 4 个可选方案，为了使得 A 利益最小，B 选择 1，则 A 只能获得利益值 1。

为了使得自己的利益最大，A 会选择方案二，即获得利益值 15。

从上图可以看出，B 总是选择候选方案中的最小值，而 A 总是选择候选方案中的最大值，极小极大算法的名字也就源于此。该算法使用深度优先搜索（Depth First Search）遍历决策树来填充树中间结点的利益值，叶子结点的利益值通常通过一个利益评估函数计算而得。

贡献者

[英译中] 张春英，ft2zchy@126.com

[审　核] 王婧，3259424668@qq.com；王丹，yxll_84@163.com

[校　对] 张春英，ft2zchy@126.com；王婧，3259424668@qq.com；
　　　　　王丹，yxll_84@163.com；王宇，3297562896@qq.com

2014-CZ-07 翻译机

I: 一	II: 一	III: 一	IV: 一	V: 难	VI: 难
分类	算法与编程				
关键词	动态编程				

　　贝蒂设计了一个翻译机，可以把英语单词翻译成海狸语。但是，每个单词都可能有多个词义。贝蒂注意到，不同的单词搭配出现的频率不同。例如，"聪明海狸"比"智能海狸"更常见。她为单词搭配出现频率设置了对应的分值，分值越高，代表单词搭配越常见。

　　在下面的图片中，需要将五个单词翻译成五个海狸语，从而组成一句话，标有分值的箭头代表不同的单词翻译搭配方式。翻译的总分值是连成一句话的四个箭头的分值之和。

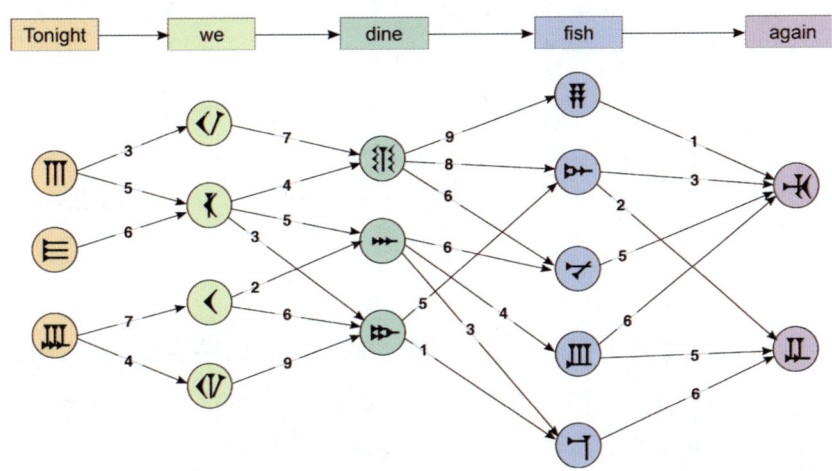

📖 **以下哪种翻译方式的分值最高？（　　　）**

A. 𒐲 𒀭 𒌨 𒁁 𒈫

B. 𒐲 𒀭 𒄿 𒁁 𒋫

C. 𒐲 𒀹 𒀀 𒁁 𒈫

D. 𒐲 𒀹 𒀀 𒁁 𒋫

正确的答案是 B 选项，它的分值是 22，与其他的翻译分值相比是最高的。

A 选项是错误的，因为第 3 个单词的第 1 种翻译方式无法连接到第 4 个单词的第 4 种翻译方式。

C 选项的分值为 18，如果要搜索分值最小的路径，则可以选择此选项。

D 选项的分值为 21，它使用了搜索路径的"贪婪算法"，在该算法中，我们始终从可能的单词翻译搭配方式中选择最佳的方案。首先选择 7 分的箭头，因为它是最好的，然后选择 6 分的箭头，因为它比 2 分的箭头更好，以此类推。

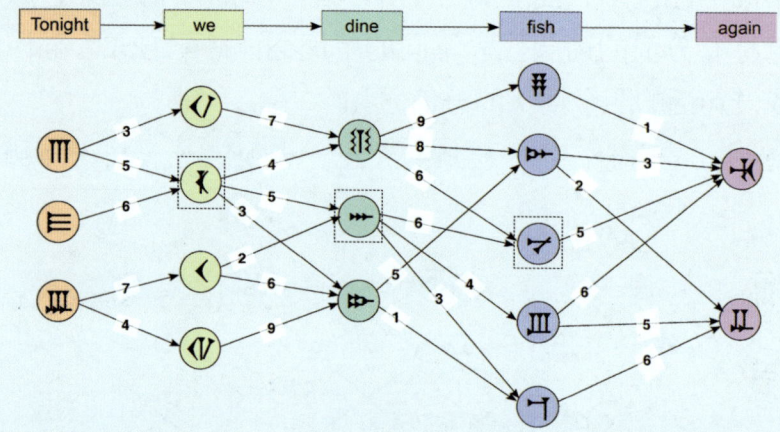

如何才能在所有有效的翻译搭配方式中迅速找到答案呢？我们可以进行系统的考察，假设选择第 2 个绿色点，找出经过这个绿色点的最佳路径，如果要求左边路径达到分值最高，可以很容易地看出，箭头应该来自第 2 个黄色点。然后以相同的方式由该绿色点转到第 3 个淡蓝色点，这样就可以很快找到最佳分值。

📚 计算思维相关知识

快速解决此问题的方法为动态编程，基于从小块到更大块系统地构建解决方案的一般思想，将一个复杂的问题分解成多个子问题，将子问题的解结合在一起，就构成了原问题的解。动态编程既是数学优化方法，又是计算机编程方法。另外，通过本题可以了解到，机器翻译并不依赖于对语法的深刻理解，而是依靠不同语言文本的庞大数据库，简单地说，就是寻找良好的匹配项。

贡献者

[英译中] 王婧，3259424668@qq.com
[审　核] 李杨扬，124645455@qq.com
[校　对] 王婧，3259424668@qq.com；李杨扬，124645455@qq.com；
　　　　邢洋，xywzy468129@163.com；赵腾任，ZTR_2019@126.com

2017-LT-03 机器清洁工

I: 一	II: 一	III: 一	IV: 一	V: 难	VI: 难
分类	算法与编程				
关键词	算法，旅行商问题，哈密顿路径				

机器人根据以下指令来清洗铺有瓷砖的地板：

向前移动一格（耗时 1 分钟）；

向右转 90°（立即执行）；

清洗一块瓷砖（耗时 1 分钟）。

机器人可在 A、B、C、D 中的任意一格开始和结束，但不要求方格 A（B/C/D）同时作为出发点和终点。

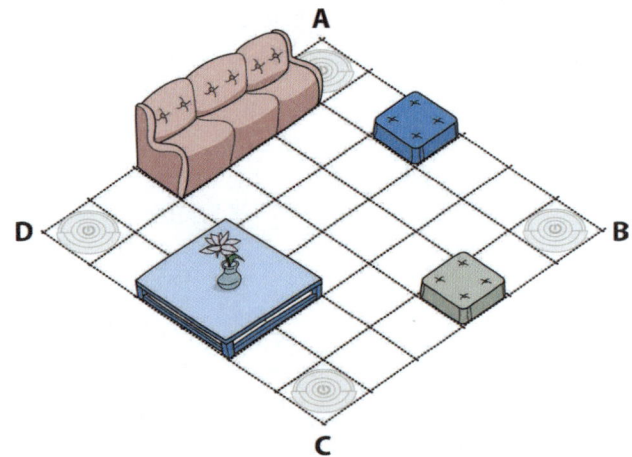

? 请问机器人最少需要多久能够将地板清洗完毕？（放置沙发、桌子等的地方无须清洗。）（　　　）

A. 54 分钟　　　　　　　B. 55 分钟

C. 56 分钟　　　　　　　D. 57 分钟

将清洗和移动的时间分开计算，共有36-9=27块地砖需要清洗，即清洗需要27分钟。如果机器人从A、B、C、D任意一点出发，遍历每块瓷砖，那么机器人移动将需要26分钟。因此，我们必须最小化经过同一瓷砖的次数。

首先，选择起点和终点。在选择起点和终点时，应避免重复经过一些路径选择受限的关键点，如E、F、G、H点（对角都有沙发、桌子等障碍物）。假如将B作为起点，机器人将重复经过E、F、G、H点，达不到使用时间最少的目的，因此，B只能作为经过点，我们考虑将A/C/D作为起点和终点，又因为去往A点需要经过E、F点，所以，将A作为出发点或终点，这样安排将减少经过E、F点的次数。

接着，可以得到以下两种路线图。但图（b）中从A到D的路线还有一个标有蓝色椭圆形的瓷砖没有经过，所以它比图（a）中从A到C路线所用的时间更长。因此，选择图（a）的路线方案。

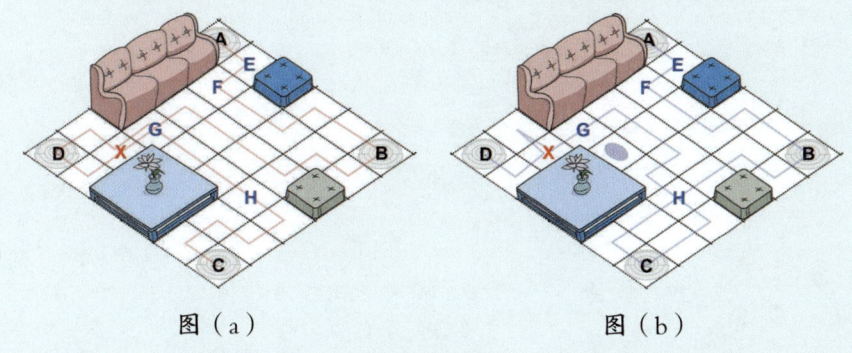

图（a）　　　　　　　　图（b）

最后，计算清洗时间和移动时间。从图（a）可知，从A到C需要移动28格（X和G点经过两次），总时间为27分钟（清洗时间）+28分钟（移动时间）=55分钟，即最少需要55分钟，答案为B选项。

计算思维相关知识

哈密顿路径是指在一张图中，不重不漏地遍历所有顶点的路径。要求路径是连续的，不能中断。

　　旅行商问题，又译为旅行推销员问题、货郎担问题，是数学领域中著名问题之一。假设某位旅行商人要参观多个城市，每个城市都只能拜访一次，而且最后要回到原来出发的城市。目标是求得的路径路程为所有路径中的最小值。如果旅行商人每次都选择最近的城市，则为贪心算法。贪心算法，又称贪婪算法，是一种在每一步都采取在当前状态下最好或最优的选择，从而希望结果是最好或最优的算法。

　　对于哈密顿路径或旅行商问题，目前没有有效的算法，因此，即使使用功能强大的计算机，要找到更大范围内的最佳解决方案也将花费大量时间。

 贡献者

[**英译中**] 林泽珊，1123447303@qq.com

[**修改｜完善**] 丘运华，786848750@qq.com

[**校　对**] 张鹏飞，hs2zzpf@163.com；吕章雯，1102710292@qq.com；
　　　　　　尚菲，sf81076@163.com

2013-BE-04 老式计算机

I: —	II: —	III: —	IV: —	V: —	VI: 难
分类	算法与编程				
关键词	编程，汇编语言，抽象				

海狸在阁楼里发现了一台老式计算机，它有三个寄存器，分别为 R1、R2 和 R3。为了使计算机运行，必须对寄存器进行一系列编码操作。

下表为可执行的操作及其作用（i 和 j 是寄存器编号，q 是操作编号）。

Zero(i)	Ri=0	将0放入寄存器i
Inc(i)	Ri=Ri+1	将寄存器i的值加1
Dec(i)	Ri=Ri-1	将寄存器i的值减1
Store(i,j)	Ri=Rj	将寄存器j的值复制给i
Jump(i,j,q)		如果寄存器i和j具有相同的值，跳转到第q步操作
Jump Neg(i,j,q)		如果寄存器i和j具有不同的值，跳转到第q步操作

 如果海狸要在寄存器 R1 和 R2 中分别添加一个数值，则以下哪段程序可以实现将两个数值相加，并将结果放在 R1 中？（　　　）

A.　1:Zero(3)
　　2:Jump Neg(1,3,5)
　　3:Inc(2)
　　4:Dec(1)
　　5:Jump(1,3,3)
　　6:Store(1,2)

B.　1:Zero(3)
　　2:Jump(1,3,5)
　　3:Inc(2)
　　4:Dec(1)
　　5:Jump Neg(1,3,3)
　　6:Store(1,2)

C.　1:Zero(3)
　　2:Jump Neg(1,3,5)
　　3:Inc(1)
　　4:Dec(2)
　　5:Jump(1,3,3)
　　6:Store(1,2)

D.　1:Zero(3)
　　2:Jump(1,3,5)
　　3:Inc(1)
　　4:Dec(2)
　　5:Jump Neg(1,3,3)
　　6:Store(1,2)

 **解 析**

假设 R1=0，R2=1。

A 选项：执行操作 1，R3=0；执行操作 2，不满足 R1 ≠ R3，执行操作 3，R2=2；执行操作 4，R1=−1；执行操作 5，因为 R1 ≠ R3，执行操作 6，R1=2，不等于 R1+R2，所以 A 选项不正确。

B 选项：执行操作 1，R3=0；执行操作 2，因为 R1=R3，跳转到操作 5，不满足 R1 ≠ R3；执行操作 6，R1=1，且等于 R1+R2，所以 B 选项正确。

C 选项：执行操作 1，R3=0；执行操作 2，不满足 R1 ≠ R3，执行操作 3，R1=1；执行操作 4，R2=−1；执行操作 5，因为 R1 ≠ R3，执行操作 6，R1=1，不等于 R1+R2，所以 C 选项不正确。

D 选项，执行操作 1，R3=0；执行操作 2，满足 R1=R3，跳转到操作 5，不满足 R1 ≠ R3；执行操作 6，R1=1，满足条件，但是若假设 R1=1，R2=1，执行操作 1，R3=0；执行操作 2，R1 ≠ R3；执行操作 3，R1=2；执行操作 4，R2=0；执行操作 5，满足 R1 ≠ R3，跳转到操作 3，R1=3；执行操作 4，R2=−1；执行操作 5，满足 R1 ≠ R3……可知程序陷入死循环，因此 D 选项不正确。

 **计算思维相关知识**

此问题与使用基本操作（如使用汇编语言）构造程序有关。基于对寄存器的简单操作，可以生成循环，然后构造能够基于简单操作执行复杂操作（如添加两个数字）的程序。

贡献者

[英译中] 丘运华，786848750@qq.com
[审　核] 林泽珊，1123447303@qq.com；赵腾任，ZTR_2019@126.com
[校　对] 赵满明，swellfishming@163 .com；曹悦，caoyue@2dai.com；赵腾任

2016-CA-02 猴子吃香蕉

I: 一	II: 一	III: 一	IV: 一	V: 一	VI: 难
分类	算法与编程				
关键词	最优值数据分析，算法执行时间				

有一棵多叶树 ，周围是两棵光秃秃的树 和两棵棕榈树 。

这些树上藏有 P、Q、R、S、T 5 种类型的香蕉，每棵树上都有一种特定类型的香蕉，猴子从一棵树荡到另一棵树，吃一根香蕉，然后再荡到另一棵树上。猴子移动和吃香蕉所用的时间如下所示。

（1）3 秒钟（从多叶树荡到其他的树，并吃一根香蕉，反之亦然）；

（2）2 秒钟（从光秃秃的树荡到棕榈树，并吃一根香蕉，反之亦然）；

（3）7 秒钟（避开多叶树，在两棵光秃秃的树之间荡或在两棵棕榈树之间来回荡，并吃一根香蕉）。

猴子所吃香蕉类型的顺序是 P，Q，S，R，T，R，P。

 如果要求猴子花费的总时间越少越好，那么多叶树上可能是哪种类型的香蕉呢？（　　　）

A. P 或 Q 或 T　　　　B. P 或 S 或 T

C. Q 或 S 或 T　　　　D. Q 或 R 或 S

解析

猴子一共吃了7根香蕉，顺序为P—Q，Q—S，S—R，R—T，T—R，R—P，在树之间荡了6次，花费最少时间是否能为2×5+3=13秒呢？因为需要吃到所有种类的香蕉，所以必然要到多叶树，而从多叶树到其他树需要3秒，可以发现上面每个字母至少出现了两次，因此在多叶树和其他树之间至少往返各一次，即最少时间不低于3×2+2×4=14秒。

还可以发现，字母R出现了4次，因此多叶树上的香蕉不可能为R，排除D选项。

假设多叶树上的香蕉为Q，其他4棵树的香蕉无论如何组合，必然有一次"荡"需要7秒钟，因此多叶树上的香蕉不能为Q，排除A选项和C选项，因此答案为B选项。

计算思维相关知识

本题涉及寻找问题的最优解决方案，指在某些约束条件下，确定某些可选择的变量取值，使所选定的目标达到最优，即运用最新科技手段和处理方法，使系统达到总体最优，从而提出设计、施工、管理、运行方面的最优方案。随着实际的需要和计算技术的进步，对最优化方法的研究迅速发展。

贡献者

[英译中] 尚菲，sf81076@163.com   [审　核] 林泽珊，1123447303@qq.com

[校　对] 张书剑，btzsj_ss@163.com；王玉英，827691776@qq.com

2017-UK-04 最佳拍档

I: —	II: —	III: —	IV: —	V: —	VI: 难
分类			算法与编程		
关键词			算法优化		

安迪、贝特、克瑞斯、大卫和艾瑞克是参加电视节目的专业舞者。艾米、布伦达、卡罗尔、戴安娜、和艾玛是参加电视节目的参赛者。每位专业舞者将指导一名参赛者。

演出之前，制片者组织了一个聚会，以便大家会面。聚会结束后，专业舞者和参赛者按以下两条要求填写了问卷。

每位专业舞者按照参赛者成功的可能性对参赛者进行排名；

每位参赛者按照专业舞者的教学水平对专业舞者进行排名。

专业舞者的问卷填写情况

	艾米	布伦达	卡罗尔	戴安娜	艾玛
安迪	1	3	2	5	4
贝特	1	2	3	4	5
克瑞斯	2	1	4	5	3
大卫	5	4	3	2	1
艾瑞克	4	5	2	3	1

参赛者的问卷填写情况

	安迪	贝特	克瑞斯	大卫	艾瑞克
艾米	4	3	5	2	1
布伦达	3	4	1	2	5
卡罗尔	2	4	1	5	3
戴安娜	5	2	3	4	1
艾玛	5	2	3	1	4

制片者希望以最优的方式将专业舞者与参赛者进行配对。

请将专业舞者与参赛者配对，以使每位参赛者都有一位最合适的专业舞者进行指导。如果匹配不合适，他们将不会快乐。

	艾米	布伦达	卡罗尔	戴安娜	艾玛
安迪	☐	☐	☐	☐	☐
贝特	☐	☐	☐	☐	☐
克瑞斯	☐	☐	☐	☐	☐
大卫	☐	☐	☐	☐	☐
艾瑞克	☐	☐	☐	☐	☐

 解析

该题将使用 Gale-Shapley 算法产生解决方案。

第一轮：专业舞者向第一意向参赛者发出结伴请求。

安迪向艾米发出结伴请求，贝特向艾米发出结伴请求，克瑞斯向布伦达发出结伴请求（因为布伦达的第一意向也是克瑞斯，所以结伴成功），大卫向艾玛发出结伴请求（因为艾玛的第一意向也是大卫，所以结伴成功），艾瑞克向艾玛发出结伴请求。

	艾米	布伦达	卡罗尔	戴安娜	艾玛
安迪	☐	☐	☐	☐	☐
贝特	☐	☐	☐	☐	☐
克瑞斯	☐	☑	☐	☐	☐
大卫	☐	☐	☐	☐	☑
艾瑞克	☐	☐	☐	☐	☐

第二轮：专业舞者向第二意向参赛者发出结伴请求。

安迪向卡罗尔发出结伴请求（因为卡罗尔的第二意向也是安迪，所以结伴成功），贝特向布伦达发出结伴请求，艾瑞克向卡罗尔发出结伴请求。

	艾米	布伦达	卡罗尔	戴安娜	艾玛
安迪	☐	☐	☑	☐	☐
贝特	☐	☐	☐	☐	☐
克瑞斯	☐	☑	☐	☐	☐
大卫	☐	☐	☐	☐	☑
艾瑞克	☐	☐	☐	☐	☐

第三轮：专业舞者向第三意向参赛者发出结伴请求。

贝特向卡罗尔发出结伴请求，艾瑞克向戴安娜发出结伴请求（因为戴安娜的第三意向也是艾瑞克，所以结伴成功）。

	艾米	布伦达	卡罗尔	戴安娜	艾玛
安迪	☐	☐	☑	☐	☐
贝特	☐	☐	☐	☐	☐
克瑞斯	☐	☑	☐	☐	☐
大卫	☐	☐	☐	☐	☑
艾瑞克	☐	☐	☐	☑	☐

第四轮：只剩下贝特和艾米，因此两者结伴。

	艾米	布伦达	卡罗尔	戴安娜	艾玛
安迪	☐	☐	☑	☐	☐
贝特	☑	☐	☐	☐	☐
克瑞斯	☐	☑	☐	☐	☐
大卫	☐	☐	☐	☐	☑
艾瑞克	☐	☐	☐	☑	☐

由于此题仅需要解决五个配对，因此还有其他更简单的方法。

📘 计算思维相关知识

　　学者通常使用 Gale-Shapley 算法解决此类问题。该算法简称为 GS 算法，又称"延迟接受算法"，是盖尔和沙普利为了寻找一个稳定匹配而设计的市场机制。该算法的一个关键之处在于，合意的邀约不会立即被接受，而只是被"抓住"（hold on to），也就是"延迟接受"。邀约被拒绝后，医院才可以向另一名实习医生发出新的邀约。整个程序一直持续到没有医院再发出新的邀约为止，到那时，实习医生们才接受各自"抓住"的邀约。

　　1962 年，沙普利与同事戴维·盖尔在《高校招生与婚姻稳定性》一文中写道：以 10 名男子和 10 名女子"婚配"为范例，设想如果由每一名女子先做选择，向最中意男子"求婚"，然后每一名男子审视所获的所有"求婚"，并回绝除了最中意女子以外的其他所有"求婚"，就可以实现稳定分配。核心是男子保留并延迟接受最中意女子的"求婚"。

 贡献者

[英译中] 孙丹，11803011@zju.edu.cn　[审　核] 梁见斌，38836314@qq.com
[校　对] 朱燕南，3116465579@qq.com；王婧，3259424668@qq.com；
　　　　王娟，284311304@qq.com

二. 数据、数据结构与表征

2010-DE-12 海狸家的电源插座

I: —	II: —	III: —	IV: —	V: 难	VI: 中
分类	数据、数据结构与表征				
关键词	数据结构				

聪明的海狸想用列表表示聚会时花园中插座的使用情况。列表的表示方式为：画一个中括号，将所有需要描述的对象写在这个括号内，对象之间用逗号隔开。列表中可以包含任何类型的对象，包括空对象"无"和其他列表。

图一

图一对应列表 [无，无，无]：表示带有 3 个孔位的电源插座，且 3 个孔位均未被使用。

图二对应列表 [无，挂在盆栽上的照明设备，无，无]：表示带有 4 个孔位的电源插座，第 2 个孔位连接一串小灯，照亮一盆盆栽。

图三是海狸聚会时花园的供电情况。

图二　　　　　　　　　　图三

 **请问图三与下列哪个选项的列表匹配？（　　　）**

A. [派对灯，无，无，[挂在盆栽上的照明设备，录音机，无]]

B. [派对灯，无，无，录音机，挂在盆栽上的照明设备]

C. [派对灯，无，无，[录音机，挂在盆栽上的照明设备，无]]

D. [挂在盆栽上的照明设备，[录音机，无，无]，派对灯，无]

 **解析**

　　B 选项，总电源插座只有 4 个孔位，而此列表描述了 5 个对象，故错误。

　　C 选项，列表中第 3 个对象的列表项目顺序错误。

　　D 选项的列表混乱。

　　综上，答案为 A 选项。

计算思维相关知识

　　计算机程序使用不同结构的数据来模拟真实事物。本题中，我们使用列表来模拟电子设备的供电情况。

贡献者

[英译中] 盛文盼，787004560@qq.com

[修改|完善] 张鹏飞，hs2zzpf@163.com；王玉英，827691776@qq.com

[审核|校对] 丁慧清，huiqingding@sina.com；林泽珊，1123447303@qq.com；
　　　　　　赵腾任，ZTR_CN@126.com；赵满明，swellfishming@163.com；
　　　　　　曹悦，caoyue@2dai.com；张舒艺，syzhang-ecnu@163.com

2017-DE-07 椭圆徽标

I: —	II: —	III: —	IV: 难	V: 难	VI: 中
分类	数据、数据结构与表征，算法与编程				
关键词	集合运算				

艾伦公司是一家以椭圆形为基本素材的徽标设计公司。在他们的网站上，你可以通过在任意方向添加固定大小的椭圆或使用特殊规则的组合图形来设计徽标。总共有三种特殊的规则：A+B、A–B、A×B。

我们定义 A+B：先画 A，再画 B，B 在 A 的上面。如图 1 所示，A 是黄色的实体椭圆，B 是蓝色的波纹椭圆，那么 A+B 有如下三种可能。

注意，如果是 B+A，则如图 2 所示。

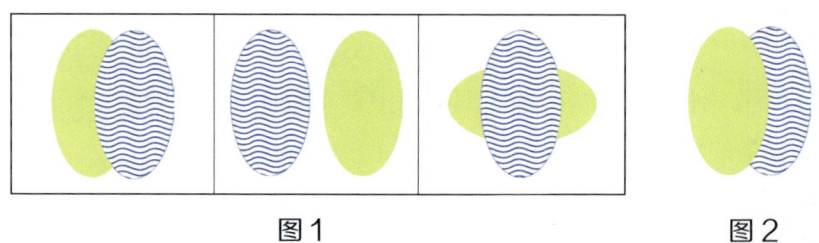

图 1   图 2

定义 A–B：A 中未与 B 重叠的部分。

定义 A×B：B 中与 A 重叠的部分。三种规则如图 3 所示。

A+B	A–B	B–A	A×B

图 3

艾伦公司有一个名为"本月徽标"的设计大赛活动，在这个活动中，参赛者们将应用上述规则，使用两个椭圆 E 和 F 进行设计。已知他们的设计题目是：（E+F）−（E×F）。与常规计算一致，先计算括号内的内容，再进行减法运算。

 请问下列哪个选项的图案不符合上述计算规则？（　　　）

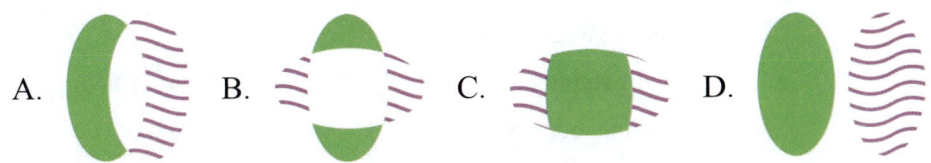

A. 　　 B. 　　 C. 　　 D.

解析

首先定义 E 为洋红色的波纹状椭圆，F 为绿色的实体椭圆。下表为各选项使用规则实现其徽标设计的步骤和方法。

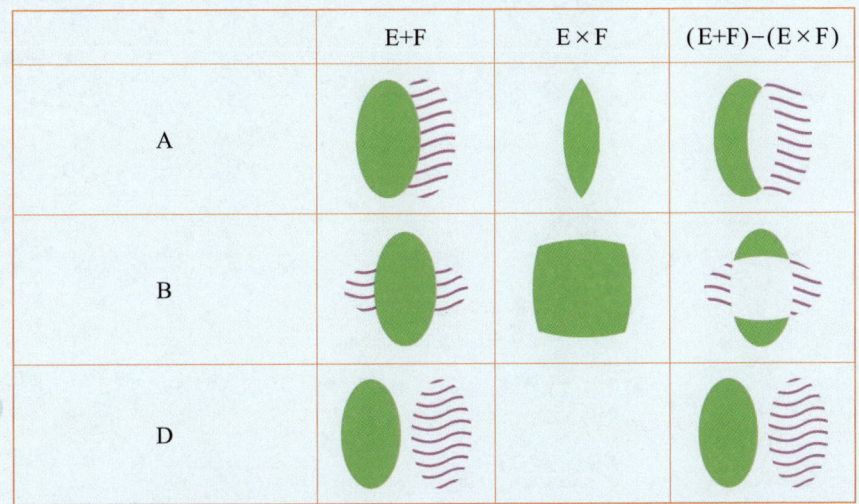

	E+F	E×F	(E+F)−(E×F)
A			
B			
D			

C 选项的图案其实是由（E+F）−（F−E）得到的。即答案为 C 选项。

计算思维相关知识

这里描述的特殊规则对应集合论中的运算。集合是无序元素的集合。加运算（+）对应两个集合的并集（两个集合中的所有元素），减运算（−）对应两个集合的集合差（是一个集合中的元素，但不是另一个集合中的元素），乘运算（×）

对应两个集合的交集（两个集合中都有的元素）。但请注意：这些运算的顺序很重要，比如，本题中的 A+B 和 B+A 是不同的！

 ## 贡献者

[英译中] 盛文盼，787004560@qq.com
[审　核] 丁慧清，huiqingding@sina.com
[校　对] 赵满明，swellfishming@163.com；周靓，mindzhou@163.com；
　　　　 张舒艺，syzhang_ecnu@163.com；林泽珊，1123447303@qq.com

2013-SE-08 整除

I: 一	II: 一	III: 一	IV: 难	V: 中	VI: 易
分类	数据、数据结构与表征					
关键词	整除，集合					

 介于 1 到 1000000 之间，可以被 2、3 或 5 整除的数字有多少个？
（　　）

A. 733333 个　B. 733334 个　C. 700000 个　D. 700001 个

 **解析**

可以被 2 整除的数的个数：1000000/2=500000；

可以被 3 整除的数的个数：1000000/3=333333；

可以被 5 整除的数的个数：1000000/5=200000；

可以被 2 和 3 整除的数的个数：1000000/6=166666；

可以被 2 和 5 整除的数的个数：1000000/10=100000；

可以被 3 和 5 整除的数的个数：1000000/15=66666；

可以被 2、3 和 5 整除的数的个数：1000000/30=33333；

可以被 2、3 或 5 整除的数的个数总共有：500000+333333+200000−166666−100000−66666+33333=733334 个，故正确答案为 B 选项。

计算思维相关知识

集合是指具有某种特定性质的具体的或抽象的对象汇总而成的集体。其中，构成集合的对象称为该集合的元素。

交集，由属于集合 A 且属于集合 B 的元素组成的集合，记作 A∩B（或 B∩A），读作"A 交 B"（或"B 交 A"），即 A∩B={x|x∈A 且 x∈B}。

并集，由所有属于集合 A 或属于集合 B 的元素组成的集合，记作 A∪B（或 B∪A），读作"A 并 B"（或"B 并 A"），即 A∪B={x|x∈A 或 x∈B}。

　　注意，交集越交越少，并集越并越多。若 A 包含 B，则 A∩B=B，A∪B=A。

 **贡献者**

[英译中] 张春英，ft2zchy@126.com

[审　核] 王婧，3259424668@qq.com；王丹，yxll_84@163.com

[校　对] 张春英 ft2zchy@126.com；王婧，3259424668@qq.com；
　　　　　 王丹，yxll_84@163.com；王玉英，827691776@qq.com

2016-HU-06 糖罐子

I: 一	II: 一	III: 一	IV: 一	V: 难	VI: 中
分类	数据、数据结构与表征				
关键词	数据库，交集，集合，属性				

小明和小红各有 3 个装有糖果的罐子。每个罐子都有不同的属性：

- 罐子是打开的或关闭的；
- 罐子里有不同类型的糖果；
- 罐子的形状。

从下图中可以看到，小明的 3 个罐子有一些共同属性，小红的 3 个罐子也有一些共同属性。

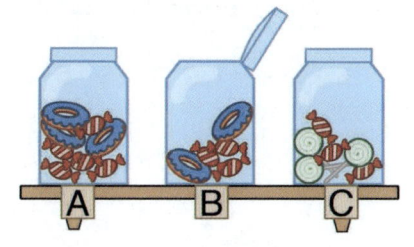

小明的罐子

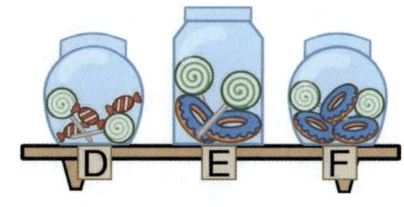

小红的罐子

? 请问图中编号 A 到 F 的 6 个罐子中，哪个罐子同时具有小明和小红所有罐子的共同属性？（　　　）

A. 罐子 A　　　　　B. 罐子 B　　　　　C. 罐子 C
D. 罐子 D　　　　　E. 罐子 E　　　　　F. 罐子 F

解析

小明的 3 个罐子的共同属性是：

- 每个罐子都是长方形的；
- 罐子里都有红色（包装颜色）糖果。

小红的 3 个罐子的共同属性是：

· 每个罐子都是关闭的；

· 罐子里都有绿色（包装颜色）糖果。

下表中列出了 6 个罐子的所有属性。

	开关情况	形状	红色糖果	绿色糖果	蓝色糖果
罐子A	关	长方形	有	没有	有
罐子B	开	长方形	有	没有	有
罐子C	关	长方形	有	有	没有
罐子D	关	圆形	有	有	没有
罐子E	关	长方形	没有	有	有
罐子F	关	圆形	没有	有	有

只有小明的罐子 C 具有小明和小红所有罐子的共同属性，因此，C 选项为正确答案。

计算思维相关知识

在计算机科学中，根据对象的属性创建对象组，是一种常见的方式。上题中有两个组，我们从两个组中选择具有共同属性的对象。集合中的一些操作（如并集、交集和补集）就是这种模式。数据库中就有这样的应用，如需要基于其中的一些常用属性来筛选数据。例如，在一家电子商店中，同时考虑电池的寿命、手机性能和屏幕显示的分辨率，来挑选智能手机。

贡献者

[英译中] 齐晴，lifetimeqi@163.com

[审　核] 张鹏飞，hs2zzpf@163.com

[校　对] 林泽珊，1123447303@qq.com；魏拥军，113397988@qq.com；
李泽，lize512@126.com

2013-SE-10 彩绘石砖

I: 一	II: 难	III: 中	IV: 中	V: 易	VI: 一
分类	数据、数据结构与表征，算法与编程					
关键词	图形着色，顶点着色					

海狸在城市街道铺设了新的石砖，石砖铺设如右图所示。

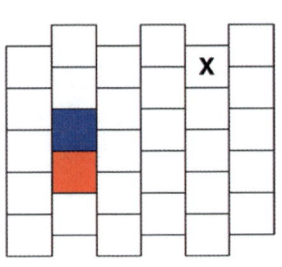

我们需要帮助海狸给石砖涂色，并确保相邻石砖的颜色各不相同，其中两块石砖已经涂色。有三种颜色可以使用：红色、蓝色和黄色。

 请问，用 X 标记的石砖应该是什么颜色？（　　　）

A. 红色　　　　B. 蓝色

C. 黄色　　　　D. 不可能用这些约束条件来给石砖涂色

解析

给石砖涂色的有效方法如右图所示。

依次对石砖涂色，便可得到答案为 B 选项。每次给与已涂色的两块相邻石砖紧邻的一块石砖涂色，因为该石砖的颜色必然是唯一确定的。我们还发现，颜色图案每隔一列一定是相同的。

计算思维相关知识

给图形着色是计算机科学中的一个重要问题。对于不规则的石砖图案，有很大风险会选到"错误"颜色，从而不得不返回去尝试另一种颜色。因为需要尝试的次数通常会随着石砖数量的增加而呈指数增长，所以这个问题需要大量计算。不过在本题这种特殊情况下，我们可以设计一个算法，通过以特殊顺序着色的方法（每次给与已涂色的两块相邻石砖紧邻的一块石砖涂色）来避免多次尝试。

 ## 贡献者

[英译中] 王丹，yxll_84@163.com
[审　核] 王婧，3259424668@qq.com；张春英，ft2zchy@126.com
[校　对] 王丹，yxll_84@163.com；王婧，3259424668@qq.com；
　　　　 张春英，ft2zchy@126.com；王宇，3297562896@qq.com

2014-CA-03 电话费

I: —	II: —	III: 中	IV: 中	V: 易	VI: 易
分类	数据、数据结构与表征				
关键词	字节，关系数据库				

下面为某通信公司存储的电话费账单信息。每位用户都有自己独有的电话号码，费用包括三项：数据、语音和短信。存储此信息有两个方案。

姓名	电话号码	费用项目	费用（元）
小奇	458-6578	数据	10.00
小奇	458-6578	语音	15.00
小奇	458-6578	短信	10.00
小兰	235-8998	数据	40.00
小兰	235-8998	语音	40.00
小兰	235-8998	短信	30.00
小米	515-6632	数据	25.00
小米	515-6632	语音	20.00
小米	515-6632	短信	20.00

方案 A：

将所有信息存储在一个表中，表中的每一行对应一项费用项目：数据、语音或短信。

方案 B：

将各位用户的电话号码存储在一个表中，将费用存储在第二个表中，各行分别对应费用项目：数据、语音或短信。

姓名	电话号码
小奇	458-6578
小兰	235-8998
小米	515-6632

所占用的存储容量以字节为单位。存储一个人的姓名需要 128 字节，存储一种费用项目类型需要 1 字节，存储一个电话号码或费用需要 4 字节，这些计量方法与姓名长短或费用多少无关。

电话号码	收费项目	费用
458-6578	短信	10.00
458-6578	语音	15.00
458-6578	短信	10.00
235-8998	数据	40.00
235-8998	语音	40.00
235-8998	短信	30.00
515-6632	数据	25.00
515-6632	语音	20.00
515-6632	短信	20.00

 假设 A 和 B 分别是方案 A 和方案 B 所需的存储量。如果该公司有 1000 位手机用户，下面关于所需存储量的描述中哪个是正确的？（　　　）

A. B 需要的存储量是 A 的两倍以上（B>2A）

B. B 需要的存储量更多，但达不到 A 的两倍（A<B<2A）

C. A 需要的存储量多于 B，但不超过 B 的两倍（B<A<2B）

D. A 需要的存储量是 B 的两倍多（A>2B）

解析

方案 A，每行需要 128+4+1+4=137 字节，每个用户有 3 行，1000 位用户总共需要 3000 行。因此方案 A 需要 137×3000=411000 字节。

方案 B，第一个表有 1000 行，每行占用 128+4=132 字节。

第二个表有 3000 行，每行占用 4+1+4=9 字节。

因此，方案 B 需要 132×1000+9×3000=159000 字节。

411000 大于 159000 的 2 倍，因此 D 选项是正确的。

这也适用于任何数量的用户：对于 n 个客户，方案 A 需要 $411n$ 字节，方案 B 需要 $159n$ 字节。

计算思维相关知识

数据库用于长期存储大量的数据信息，这些数据通常放在表中，制表人需要认真规划表的数量以及在哪个表中放置哪些信息。不同的规划设计要兼顾尽量使用少的存储空间和尽量少的查询使用时间两方面。

 贡献者

[英译中] 王玉英，827691776@qq.com

[审 核] 曹悦，caoyue@2dai.com；赵满明，swellfishming@163.com

[校 对] 林泽珊，1123447303@qq.com；赵腾任，ZTR_2019@126.com

2016-CA-01 好木头

I: 一	II: 一	III: 一	IV: 中	V: 易	VI: 易
分类	数据、数据结构与表征				
关键词	电子表格函数，字符串操作				

三只海狸合作去除一段原木上的烂木头，每只海狸都有不同的分工，去除烂木头的步骤如下：

（1）特洛伊从原木的左侧开始测量，找出一个临界点，这个临界点可以是从坏到好的临界点，也可以是从好到坏的临界点，找到临界点后，给出从左端到临界点的距离。

（2）贾斯丁裁下从原木的左端到临界点的这部分木头。

（3）在剩下的原木中，特洛伊重复第（1）步的操作，找出第二个临界点，卡门负责裁下从原木的右端到临界点的这部分木头，这样烂木头就被去除了。

今天他们所要裁的原木，从左端到第一个临界点的木头是坏的，从右端到第二个临界点的木头也是坏的，第一个临界点到第二个临界点中间的木头是好的。这段原木总长为 N 米，特洛伊测量出从左端到第一个临界点的距离为 X 米，由贾斯丁裁下，特洛伊测量从剩余木头左端到第二个临界点的距离为 Y 米，卡门负责裁去从右端到第二个临界点的木头。

 特洛伊给卡门一个数值，以便卡门能够裁下烂木头，这个值应该是多少？（　　）

A. X 米　　　　B. Y 米　　　　C. $N–X$ 米　　　　D. $N–X–Y$ 米

特洛伊第一次测量完，贾斯丁裁下烂木头以后，剩余的原木应该是 $N-X$ 米，在剩余的原木中，特洛伊从左端开始找到第二个临界点，从题目可知，剩余的原木中，从右端到第二个临界点的原木也是坏的，卡门负责去除这部分，因此应该是 $N-X-Y$ 米，答案是 D 选项。

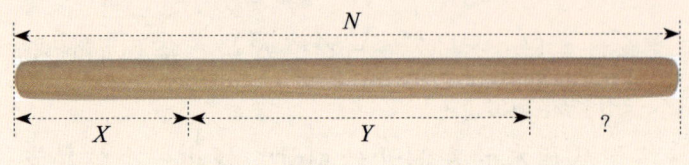

计算思维相关知识

获得完美的木材类似于从一串字符中提取一段。例如，电子邮件地址的格式通常为 userid@domain.org。我们想从电子邮件地址中获取 domain，可以将 userid@ 和 .org 视为烂木头，将 domain 视为好木头。

使用电子表格的内置函数 FIND、LEFT 和 RIGHT 等，可以完成类似操作，它们分别类似于特洛伊、贾斯丁和卡门，FIND 用来对原始数据中某个字符进行定位，以确定其位置，LEFT 用来从前往后提取所需字符串，RIGHT 用来从后往前提取所需字符串。

编程语言也提供了实现此功能的方法。例如，Python 语言中的 slice() 函数，用于指定如何对序列进行裁切，可以指定在哪里开始裁切，以及在哪里结束裁切，还可以指定步进，如每隔一个字符进行裁切。

贡献者

[英译中] 魏雪峰，xuefengwei99@163.com；王梦文，1297060489@qq.com
[审 核] 魏雪峰，xuefengwei99@163.com
[校 对] 张书剑，btzsj_ss@163.com；邢洋，xywzy468129@163.com

2017-DE-09 自行车的乐趣

I: 难	II: 难	III: 难	IV: 中	V: 中	VI: 易
分类	数据、数据结构与表征				
关键词	形式语言，上下文无关语言				

自行车娱乐是海狸镇上受欢迎的娱乐项目，自行车娱乐的骑行线路有很多。每条线路都有许多路段，如下山、上山或平坦。我们需要遵守以下规则：

（1）起步速度是 0 千米 / 小时。

（2）每个下坡路段，自行车将加速 10 千米 / 小时。

（3）每个上坡路段，自行车将减速 10 千米 / 小时。

（4）每个平坦的路段，我们可以自行决定，加速 10 千米 / 小时，或者减速 10 千米 / 小时。

（5）到达终点时，自行车速度必须是 0 千米 / 小时；但在到达终点前，速度不能为 0 千米 / 小时。

例如，下面是自行车线路图，根据规则，我们标注了每个路段的加速或减速情况，在平坦路段则按圆圈标注加速或减速。注意，每个正方形代表一个路段。

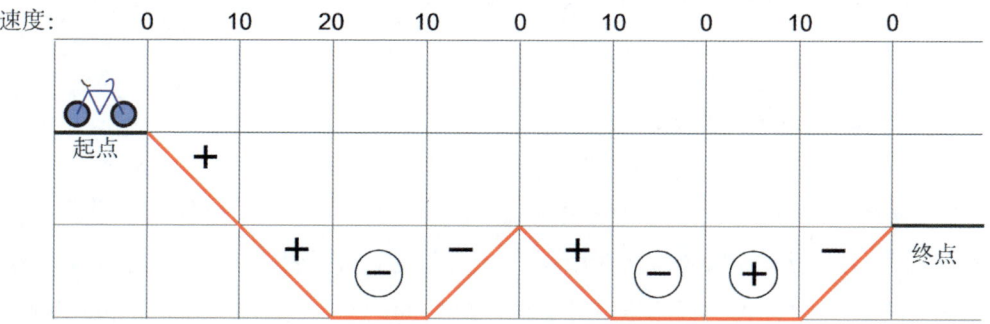

按照规则，下面的骑行线路，哪一个符合规则？（　　　）

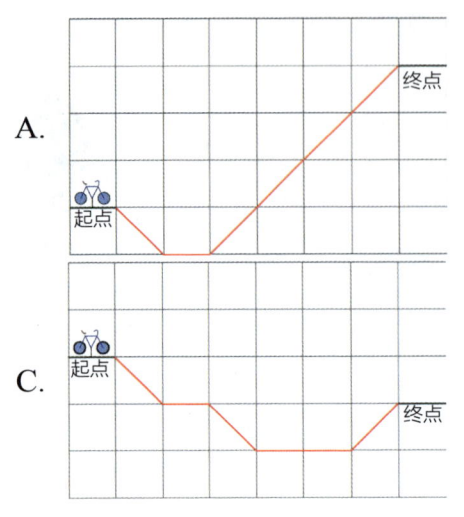
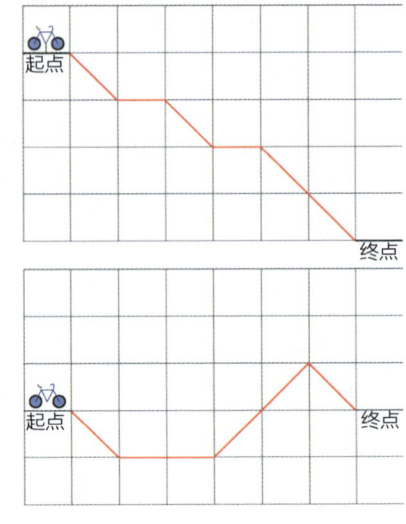

A.　　　B.

C.　　　D.

![解析]

　　线路 C 是唯一可行的线路。在 3 个平坦路段上，可以分别加速、减速和再次减速，最后速度将降到 0，也可以分别执行减速、加速、减速或减速、减速、加速。

　　线路 A：即使在平坦路段加速，在第 4 个路段结束时自行车速度就为 0。

　　线路 B：即使在两个平坦路段都减速，到终点时自行车的速度也不为 0。

　　线路 D：在最后一个段路，自行车将加速，所以车速不可能在终点降到 0（除非之前车速为负，但这不可能）。

计算思维相关知识

　　在数学表达式中，如 $[n(n-1)]/2$ 或 $(a+b)(a-b)$，括号用于显式指定运算符的优先级。括号通常成对出现，有一个左括号必有一个右括号。只有当括号按顺序配对时，表达式的格式才正确。最后面的右括号必须与最前面的左括号匹配，总的来说，每个左括号都必须有一个右括号与之匹配。

　　在很多计算机能够"理解"的符号（或计算机科学家所说的"语言"）中都有括号。例如，在网页描述语言 HTML 中，段落开始和结束分别用 <p> 和 </p>

标记,每个标记本身都在一对括号中。为什么括号对在计算机语言中如此流行呢?原因很简单:括号对很容易处理!

　　自行车线路中的路段也可以看成括号:下坡路段为左括号,上坡路段为右括号。平坦路段是需要用左括号或右括号替换的占位符。如果这种替换能够使表达式格式正确,则自行车线路是可行的。

　　选项 C 可以写成 (?(??),并且它是可行的。因为它可以通过多种方式将其转换为格式正确的表达式,如 ((())) 或 ()(()) 或 ()()()。

 ## 贡献者

[英译中] 赵满明,swellfishming@163.com

[审　核] 周靓,mindzhou@163.com;丁慧清,huiqingding@sina.com;
　　　　　盛文盼,787004560@qq.com

[校　对] 赵满明,swellfishming@163.com;林泽珊,1123447303@qq.com

2014-LT-07 百吉饼

I: 一	II: 一	III: 难	IV: 难	V: 中	VI: 易
分类	数据、数据结构与表征				
关键词	堆栈，数据结构				

两个朋友开了一家百吉饼店。小苏负责烤三种百吉饼（形状分别为 A、B 和 O），并将它们依次按 A、B、O 的顺序挂在一根杆子上，然后重复这个过程。小德负责卖百吉饼，他总是从杆子上取下最右边的百吉饼。小苏烤饼的速度比小德卖饼的速度快很多。

❓ 某个时刻杆子上的百吉饼如上图所示，请问小德最少卖出了多少个百吉饼？（　　）

A. 9 个　　　　B. 7 个　　　　C. 11 个　　　　D. 5 个

🎓 **解析**

如果将图片中百吉饼的排列（AAABAABOA）与百吉饼可能的"完整"组合的排列（即假设百吉饼都没有卖出去，序列为 ABOABOABOAB OABOABO）进行对比，发现至少有 9 个百吉饼已经被卖出去了：A~~B~~~~O~~ A~~B~~~~O~~ A~~B~~~~O~~ A~~B~~~~O~~ A~~B~~~~O~~ A~~B~~~~O~~（画横线的表示已卖出）。所以答案为 A 选项。

 **计算思维相关知识**

这是一道关于堆栈的题目。堆栈是一种常见的数据结构，简称为栈，具有后进先出（Last-in First-out，LIFO）的特征，元素只能从栈顶进栈或出栈。因此，最先进栈的元素总是被压在栈底，最后进栈的元素总是处于栈顶位置，而每次出栈的都是当前栈顶元素，即最后进栈的元素。

贡献者

[英译中] 王婧，259424668@qq.com
[审　核] 李杨扬，124645455@qq.com
[校　对] 王婧，3259424668@qq.com；李杨扬，124645455@qq.com；
　　　　　王丹，yxll_84@163.com；林泽珊，1123447303@qq.com

2015-RU-06 车厢编组

I: —	II: —	III: —	IV: —	V: —	VI: 难
分类	数据、数据结构与表征，算法与编程				
关键词	问题优化，运筹学，堆栈				

现有三节列车车厢停靠在山上，如图（a）所示。列车调度员希望按照图（c）所示的顺序来编组车厢。

为了达成目标，调度员可以利用两条下行的铁轨，且能够执行以下两种操作，如图（b）所示。

下坡：将一节车厢从山上推至两条下行铁轨的任意一条上。（例如，将1号车厢从山上推到左边的下行铁轨上。）

上坡：把某条下行铁轨上所有的车厢推到山上。（例如，图（b）右边的下行铁轨上有两节车厢，调度员可以将它们一起推到山上。）

下坡操作非常容易：调度员只需要稍稍推动一下车厢，车厢就会自行下滑。

上坡操作比较困难：调度员需要一直推，才能把车厢推到山上去。

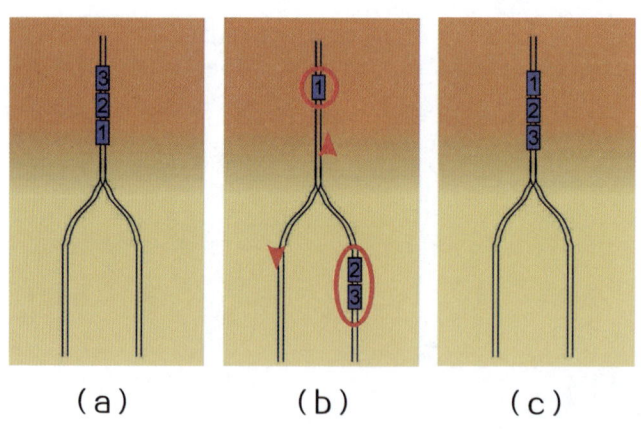

（a）　　　　　　（b）　　　　　　（c）

为了完成编组任务，调度员最少需要进行多少次上坡操作？（　　　）

A. 2次　　　　　B. 3次　　　　　C. 4次　　　　　D. 5次

解析

完成任务的操作步骤如下图所示，答案为 B 选项。

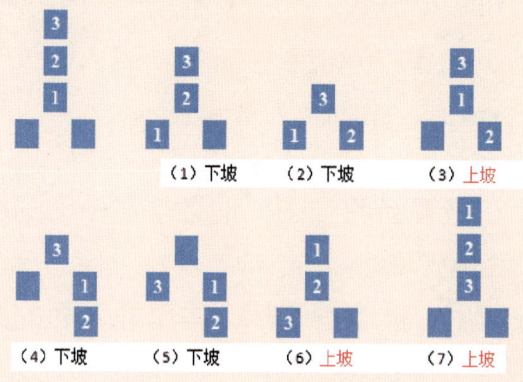

(1) 下坡　　(2) 下坡　　(3) 上坡

(4) 下坡　　(5) 下坡　　(6) 上坡　　(7) 上坡

计算思维相关知识

确定问题的最佳或最优解是计算机科学的一个重要研究领域。有时最优解决方案要求尽量减少昂贵或稀有资源的使用，如使用最少的电缆连接计算机。本题对列车车厢进行编组，涉及优化排序的问题：如何使用最少的上坡操作对车厢进行排序。

列车车厢的三个位置可以看作堆栈。堆栈是一种遵循后进先出范式的数据结构。例如，一叠盘子遵循这样的范式：可以在上面加一个盘子，也可以从上面取走一个盘子，但不能在盘子堆的中间或下面添加或移除盘子，否则上面的盘子就会掉下来摔碎。

贡献者

[英译中] 赵腾任，ZTR_2019@126.com　[审　核] 蔡华高，191638186@qq.com
[校　对] 崔长华，cuichanghua@163.com；王丹，yxll_84@163.com；
　　　　赵腾任，ZTR_2019@126.com

2016-IT-02 红蓝弹珠

I: 一	II: 一	III: 一	IV: 一	V: 难	VI: 中
分类	数据、数据结构与表征				
关键词	计算模型，数据抽象与排列，队列				

海狸埃米尔正在破解新的难题，他必须在一个圆柱形玻璃管中排列至少三颗蓝色或红色弹珠。

当单击 GO 按钮后，玻璃管底部会掉出最下面的两颗弹珠，我们可以根据这两颗中第一颗弹珠的颜色，确定下一步投入玻璃管顶部的弹珠的情况。

如果掉出的第一颗弹珠是红色的，则在玻璃管的顶部投入一颗新的蓝色弹珠	如果掉出的第一颗弹珠是蓝色的，则在玻璃管的顶部投入三颗新的弹珠：首尾为两颗红色弹珠，中间是蓝色弹珠

如果玻璃管中至少有三颗弹珠，埃米尔将再次单击 GO 按钮，以此类推。只有当管中剩下两个或更少的弹珠时，游戏结束。例如，如果海狸埃米尔准备了如右图所示的弹珠，则在单击五次 GO 按钮后，玻璃管中将仅保留两颗蓝色弹珠，游戏结束。

GO

埃米尔想要建立一个仅由三颗弹珠组成的起始栈，使游戏永远不会停止，那么游戏周期性出现的弹珠应该怎么排列？（R 代表红色，B 代表蓝色）（　　）

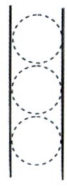

A. RBRB → RBRRB → RBRRBR

B. RBRRBR → BRBRR → BBRB → RBRBB

C. BRB → RBRB → RBRRB → RBRRBR

D. RBRB → RBRRB → RBRRBR

　　埃米尔想要建立一个仅由三颗弹珠组成的起始栈，如果玻璃管底部是红色弹珠，那么第一次单击 GO 按钮后，管中只剩下两颗弹珠，游戏结束，因此，玻璃管底部必须是蓝色弹珠。

　　若底部弹珠为蓝色，将有以下四种情况，最多单击五次 GO 按钮后，玻璃管中的弹珠排列员 RBRRBR。

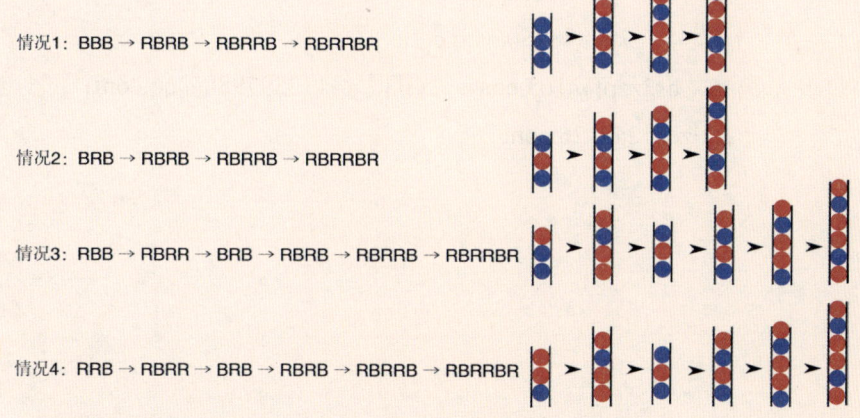

情况1：BBB → RBRB → RBRRB → RBRRBR

情况2：BRB → RBRB → RBRRB → RBRRBR

情况3：RBB → RBRR → BRB → RBRB → RBRRB → RBRRBR

情况4：RRB → RBRR → BRB → RBRB → RBRRB → RBRRBR

　　在得到 RBRRBR 之后，单击四次 GO 按钮后，将再次出现 RBRRBR，又完成一个周期：RBRRBR → BRBRR → BBRB → RBRBB → RBRRBR。因此，B 选项为正确答案。

计算思维相关知识

通常用"队列"来表示先进先出的数据结构，它只允许删除队列最前端（队头）的数据，并且只允许从队列的末尾（队尾）插入数据。队列是优先处理最先到达的数据、信息或物体的一种数据结构。例如，在超市排队结账、在机场过安检等，采用先进先出的方式，当然，可能会出现一些插队现象，如头等舱的客户可以优先登机，专业上称其为"优先级队列"。

通常用"栈"来表示先进后出的数据结构，栈的特点是只能在一端进行插入和删除操作，其价值在于保存旧的数据。栈中优先处理最后到达的数据、信息或物体。例如，在餐厅叠放、使用盘子，在货车上装货卸货。

计算模型是计算科学中的一种数学模型，计算科学的抽象是建立实际问题的计算模型，有利于科学家理解和处理复杂系统，根据模型进行推理和预测，常见的计算模型有天气预报模型、地球模拟器模型、飞行模拟器模型、分子蛋白质折叠模型和神经网络模型等。

贡献者

[**英译中**] 林泽珊，1123447303@qq.com
[**修改|完善**] 丘运华，786848750@qq.com
[**校　对**] 张鹏飞，hs2zzpf@163.com；魏拥军，113397988@qq.com；
　　　　　李泽，lize512@126.com

2014-TW-02 汽车过站

I: —	II: —	III: —	IV: 难	V: 难	VI: 难
分类	数据、数据结构与表征				
关键词	排序，队列，栈				

六辆车被困在一条狭窄的路上。其中有三辆车（A、B、C）面朝同一个方向，另外三辆车（1、2、3）面朝相反的方向。一般情况下，在检查站附近，车辆可以使用一个让车道，在检查站可以清点通过的车辆数量。每辆车都可以沿着直路向前或向后行驶，也可以停在路上或让车道。

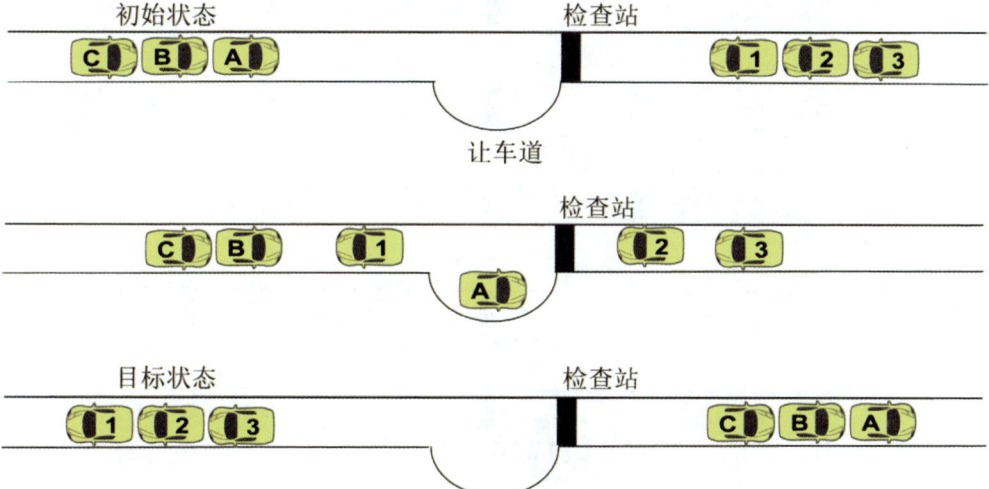

❓ 从图中初始状态到目标状态，所有车经过检查站的最小总次数是多少？（　　）

A. 6次　　　　B. 9次　　　　C. 15次　　　　D. 18次

解析

汽车1、2、3分别通过检查站5次，汽车A、B、C分别通过检查站1次。汽车经过的步骤如下图所示。

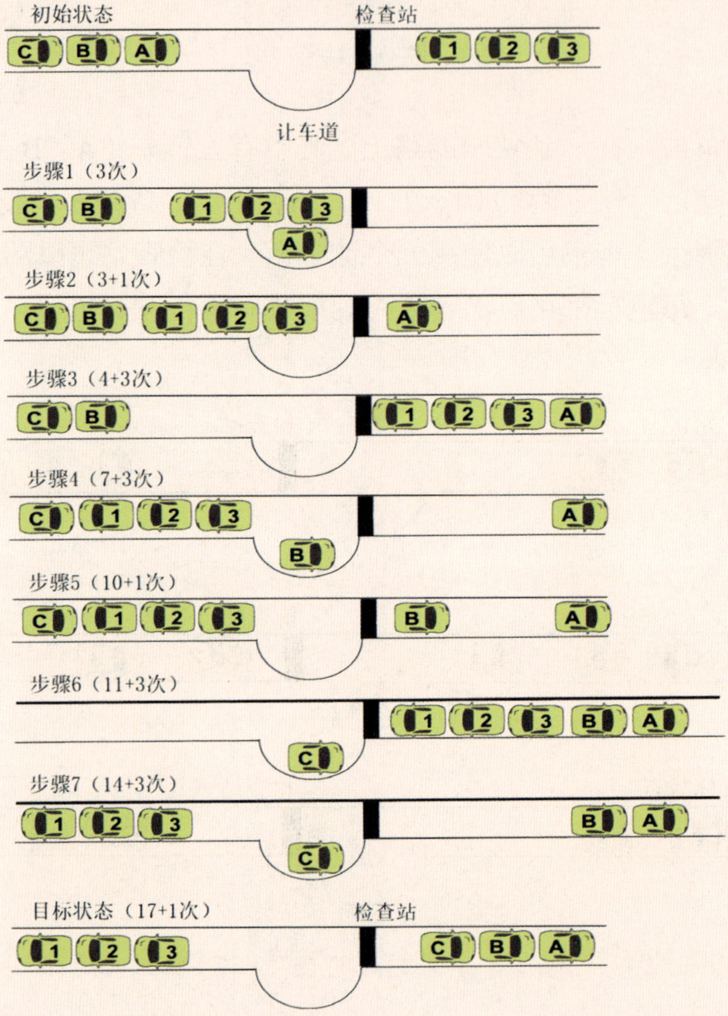

初始状态　　　　　　　　　检查站
C B A　　　　　　　1 2 3

让车道

步骤1（3次）
C B　　1 2 3
A

步骤2（3+1次）
C B　1 2 3　　A

步骤3（4+3次）
C B　　1 2 3 A

步骤4（7+3次）
C 1 2 3　　A
B

步骤5（10+1次）
C 1 2 3　B　A

步骤6（11+3次）
1 2 3 B A
C

步骤7（14+3次）
1 2 3　　B A
C

目标状态（17+1次）　　　　检查站
1 2 3　　C B A

因此，正确答案为D选项。

计算思维相关知识

这是一个排序问题，在这个问题中，要将列表中的元素按照需要的顺序排列。

栈（Stack）是一种特殊的线性表，其特殊性在于限定插入和删除数据元素的操作只能在线性表的一端进行，栈的操作原则是"后进先出"（Last In First Out），简称为 LIFO 线性表。队列（Queue）也是一种运算受限的线性表，插入只能在表的一端进行（只进不出），而删除只能在表的另一端进行（只出不进）。队列的操作原则是"先进先出"（First In First Out），简称为 FIFO 线性表。

贡献者

[英译中] 王梦瑶，wangmy306@163.com

[审　核] 赵满明，swellfishming@163.com；曹悦，caoyue@2dai.com

[校　对] 林泽珊，1123447303@qq.com；赵腾任，ZTR_2019@126.com

2010-NL-02 划船的海狸

I: —	II: —	III: 中	IV: 易	V: —	VI: —
分类	数据、数据结构与表征，算法与编程				
关键词	深度优先遍历				

海狸在一些湖泊中划船，他想到每个湖泊看看，于是设计了一套算法。已知每个湖泊最多有两条支流。

- 如果两条支流之前划船都未经过，就划到左手边的支流。
- 如果只有一条支流之前划船未经过，就划到这条支流。
- 如果这个湖泊的所有支流都已经划船经过了，就划到上一个湖泊。

到过所有湖泊之后，停止向前，回到起始点。

在每个湖泊都可以看到不一样的动物。海狸第一次见到某种动物时，便记下他的名字。湖泊及动物的分布如下图所示。

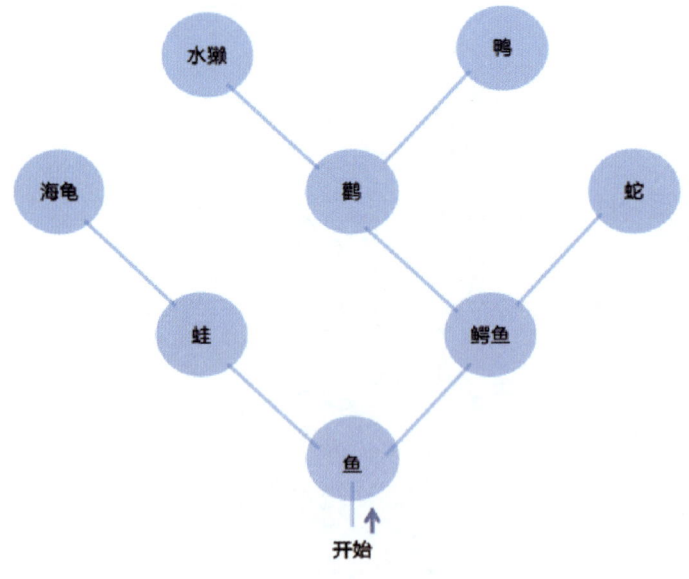

请问以下哪个选项是海狸记录这些动物的正确顺序？（　　）

A. 鱼、蛙、鳄鱼、海龟、鹳、蛇、水獭、鸭

B. 鱼、鳄鱼、蛇、鹳、鸭、水獭、蛙、海龟

C. 鱼、蛙、海龟、鳄鱼、鹳、水獭、鸭、蛇

D. 鱼、蛙、海龟

答案：C

计算思维相关知识

本题涉及的计算思维相关知识为树的深度优先遍历。所谓遍历，是指对树中所有结点的信息进行访问，即依次对树中每个结点访问一次且仅访问一次。树结构有多种不同的遍历方式。从二叉树的根结点出发，结点的遍历分为三个步骤：对当前结点进行操作（称为访问结点）、遍历左边子结点、遍历右边子结点。这三个步骤的先后顺序也是不同遍历方式的根本区别。

树的 3 种最重要的遍历方式分别称为前序遍历、中序遍历和后序遍历。以这 3 种方式遍历二叉树时，若按访问结点的先后次序将结点排列起来，就可分别得到树中所有结点的前序列表、中序列表和后序列表。相应的结点次序分别称为结点的前序、中序和后序。

前序遍历，若二叉树非空，依次执行如下操作：①访问根结点；②遍历左子树；③遍历右子树。

中序遍历，若二叉树非空，依次执行如下操作：①遍历左子树；②访问根结点；③遍历右子树。

后序遍历，若二叉树非空，依次执行如下操作：①遍历左子树；②遍历右子树；③访问根结点。

贡献者

[英译中] 曾维义，zengonly@qq.com

[修改|完善] 张鹏飞，hs2zzpf@163.com

[审核|校对] 陈虹宇，hyinn@live.com；张春英，ft2zchy@126.com；
　　　　　　宋碧蓉，158143129@qq.com

2016-CA-05 装饰树

I: 一	II: 一	III: 一	IV: 难	V: 中	VI: 易
分类	数据、数据结构与表征，算法与编程				
关键词	红黑树，二叉搜索树，图，结点，边，顶点				

海狸正在用 4 个红色的蝴蝶结和 14 个黑色的装饰球装饰一棵树。每件装饰物的价值都用海狸币标识。

从顶部装饰物开始，向左或向右下移一定的次数，就形成了一条路径。例如，价值 100、70、30 的装饰球形成一条路径，价值 10 的蝴蝶结和价值 12 的装饰球形成另一条路径。

从任意装饰物出发，如果每件装饰物都能满足下面两个条件，则称这棵树是令大家满意的：

（1）装饰物左边路径上的所有装饰物的价值都低于该装饰物。

（2）装饰物右边路径上的所有装饰物的价值都高于该装饰物。

此外，假如一棵树是令大家满意的，并且满足下列条件，它还可以称为是五颜六色的：顶部的装饰物是一个装饰球；每个蝴蝶结下方的左右两边都是装饰球；从上到下每条路径上都有 4 个装饰球。

今年，海狸将他的树装饰成右图所示。

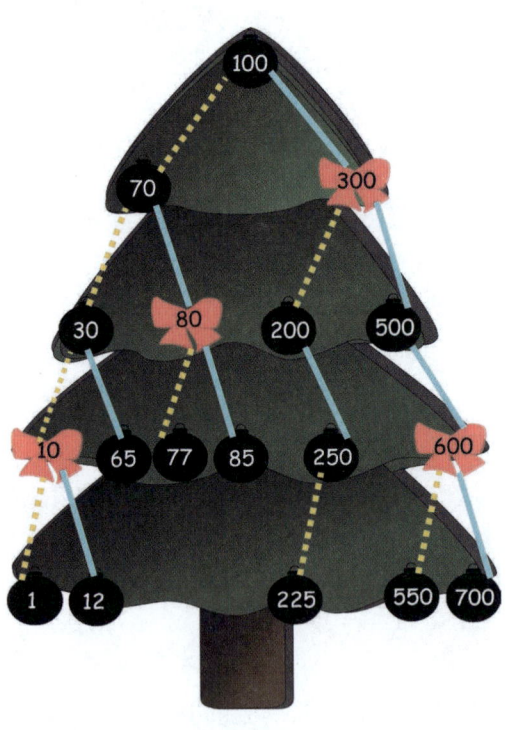

请问，下面对这棵树的描述，哪个是正确的？（　　　）

A. 这棵树既令大家满意，又五颜六色

B. 这棵树令大家满意，但是没有五颜六色

C. 这棵树没有令大家满意，但是五颜六色

D. 这棵树既不令大家满意，又不五颜六色

 **解析**

　　请注意，每棵五颜六色的树都必须是令大家满意的（可以立即排除 C 选项）。仔细观察这棵树，每件装饰物左边路径上的所有装饰物上的数字都小于该装饰物上的数字；右边路径上的所有装饰物的数字都大于该装饰物上的数字，因此这棵树是令大家满意的，所以 D 选项错误。最后，因为装饰物价值为 100-300-500-600-550 的路径只包含 3 个黑色装饰球，所以，这棵树不是五颜六色的。综上所述，只有 B 选项符合要求。

计算思维相关知识

　　在计算机科学中，程序员经常使用树状结构来组织数据。本题中的树还具有其他属性。本题中令大家满意的树称为二叉树，二叉树用于快速组织和检索数据：假设从顶部结点开始查找一个数字，则有三种情况：如果数字正好在结点上，则完成查找；如果要找的数字比结点上的数字小，则向左找到一个新结点并重复此操作，否则向右找到一个新结点并重复此操作。我们持续这样的操作，直到找到正确的结点。如果到了底部还没有找到，则说明要找的数字不在树中。然而，一棵很高很"瘦"的树（如只有一条路径，且每个结点只有一个子结点）不适合搜索，因为它可能需要计算机执行大量操作来遍历，以确定它们要搜索的元素是否在树中（反之，将元素添加到树中也可能需要很长一段时间）。

　　解决这个问题的办法是将树变得粗壮繁茂，也就是说，不要太长和太"瘦"，而是要短和"胖"。本题中五颜六色的树称为红黑树（基于上面的着色方案，在

每条路径上需要相等数量的装饰球，而不仅仅是 4 个）。它的作用是帮助程序员控制树的对称（平衡）性。树必须先变得更宽，才能更大。这有助于缩短搜索元素所需的时间，二者的差异可能是从执行 1000000 个操作到只需要执行 7 个操作（不考虑保留树的属性所需的操作，因为这些操作并不多）。

贡献者

[英译中] 丁慧清，huiqingding@sina.com

[审　核] 盛文盼，787004560@qq.com；周靓，mindzhou@163.com；
　　　　赵满明，swellfishming@163.com

[校　对] 王丹，yxll_84@163.com；王玉英，827691776@qq.com

2016-TW-07 L 形游戏

I: 一	II: 一	III: 一	IV: 一	V: 难	VI: 中
分类	数据、数据结构与表征，算法与编程				
关键词	状态空间，游戏树，搜索，广度优先搜索，深度优先搜索				

　　琪琪和维维在 4×4 的方格板上玩 L 形游戏，他们轮流在方格板上放置 L 形零件。

　　琪琪和维维放置 L 形零件的样式如下图所示，每一块零件都要完全放在方格板上，并且不能重叠。L 形零件放好后就不能移动了。如果哪一方无法根据上述规则放置 L 形零件时，就算输了。

　　下图显示的是某次琪琪首先放置 L 形零件，在这次游戏中，琪琪只需要继续在右下角放置 L 形零件即可赢得游戏。

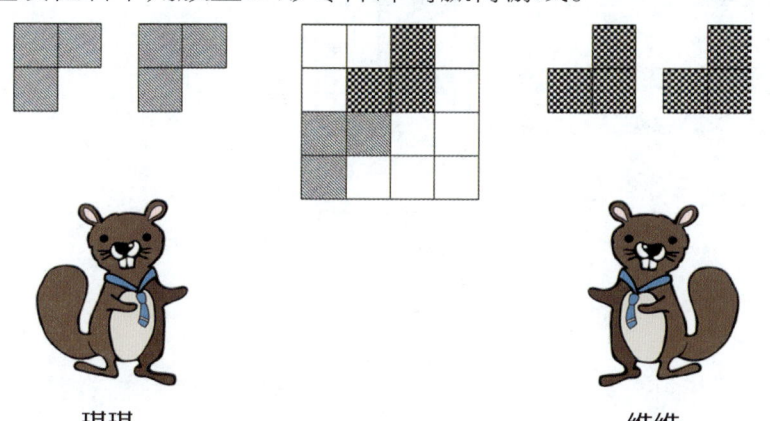

琪琪　　　　　　　　　　　　　　　　维维

📖 琪琪第一步放置 L 形零件的位置有九种，在这九种可能的情况中，有多少种情况可以保证她在放置第二个 L 形零件时就能赢得游戏呢？（　　　）

A．0 种　　　　　B．1 种　　　　　C．2 种　　　　　D．3 种

　　琪琪第一步把 L 形零件放在中间位置，就可以保证自己赢得比赛。无论维维第一步在哪个转弯处放置 L 形零件，琪琪都能再在左上角放置一块 L 形零件，然后维维不能继续按规则放置 L 形零件，琪琪就赢了。

　　如果琪琪第一步把一块 L 形零件放在除此之外的任何位置，都有可能输掉比赛。下图详细说明了一些可能性和对称性，可以用来排除许多位置。

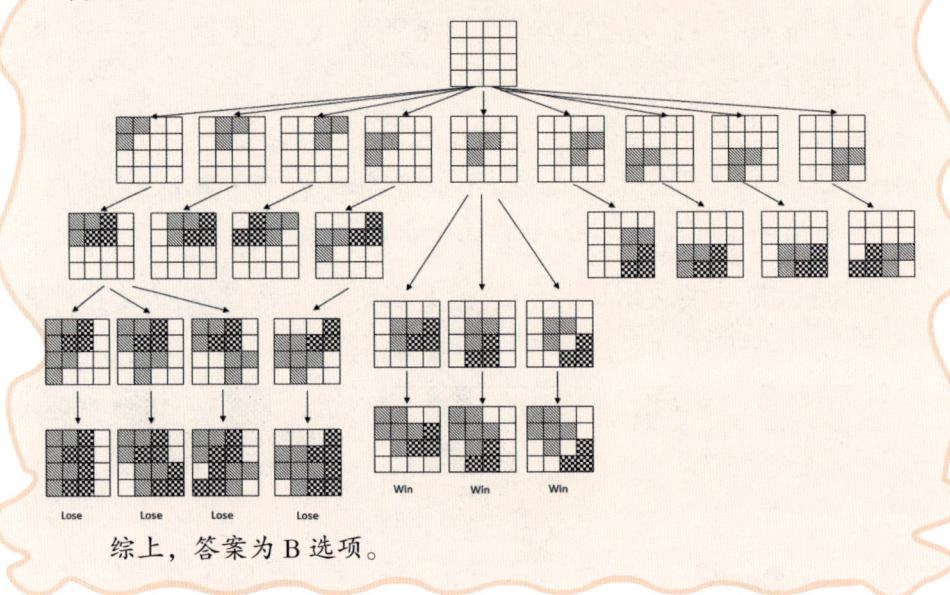

　　综上，答案为 B 选项。

计算思维相关知识

　　游戏树是指组合博弈理论中表达一个赛局中各种后续可能的树，一个完整的游戏树（Complete Game Tree）会有一个起始结点，代表赛局中某种状态，接着下一层的子结点表示在父结点状态下，进行下一步的各种可能性，依照该规则扩展游戏树，直到赛局结束。在游戏树中形成的叶结点代表游戏结束的各种可能情形。

　　在本题的游戏树中，根结点对应于方格板的初始状态。对于每一个可能的放置位置，箭头指向下一步的新状态。通过这种方式可以建造完整的游戏树。游戏树是一种特殊类型的有向图，我们在玩或者研究游戏时可以先建立游戏树。根据问题的类型，有时在移动到下一个级别之前，先搜索相邻结点（广度优先搜索，Breadth-First Search，BFS）会更有用；而有时在回溯之前，沿着每个分支尽可能多地进行搜索（深度优先搜索，Depth-First Search，DFS）会更有用，这两种搜索策略具有不同的属性和内存需求。

 **贡献者**

[英译中] 朱燕南，3116465579@qq.com
[修改|完善] 王娟，284311304@qq.com；黎子靖，578426608@qq.com
[审核|校对] 孙丹，11803011@zju.edu.cn；梁见斌，38836314@qq.com；
　　　　　　王玉英，827691776@qq.com；林泽珊，1123447303@qq.com

2014-CA-02 喊出你的名字

I: 一	II: 一	III: 一	IV: 难	V: 中	VI: 易
分类	数据、数据结构与表征				
关键词	二叉树，递归				

有七个小孩，名字分别是：安娜，贝特，凯撒，戴安娜，埃琳娜，伊芙和格雷格。一些小孩指向另一些小孩，如右图所示：

安娜
贝特　凯撒
戴安娜　埃琳娜
伊芙　格雷格

凯撒（X）右手指向戴安娜（Y），左手指向埃琳娜（Z）。

一旦某个小孩被轻拍了一下头，如果他没有指向其他小孩，他就要喊出自己的名字。现在假设 X 用右手指向 Y，用左手指向 Z，按照以下步骤，三个小孩都喊出自己的名字。

（1）小孩 X 拍小孩 Y 的头。

（2）小孩 X 等着小孩 Y 喊出 Y 的名字。

（3）小孩 X 拍小孩 Z 的头。

（4）小孩 X 等着小孩 Z 喊出 Z 的名字。

（5）小孩 X 喊出自己的名字。

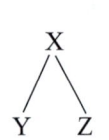 **如果安娜最先被拍头，七个小孩将按以下哪个顺序喊出名字？（　　）**

A. 贝特，伊芙，戴安娜，格雷格，凯撒，埃琳娜，安娜

B. 贝特，安娜，凯撒，戴安娜，伊芙，格雷格，埃琳娜

C. 贝特，伊芙，格雷格，戴安娜，埃琳娜，凯撒，安娜

D. 贝特，安娜，凯撒，伊芙，格雷格，戴安娜，埃琳娜

解析

当遵循给定的算法时，某个小孩只会在他指向的所有小孩喊出他们的名字之后，才喊出自己的名字。所以安娜会最后喊出自己的名字，凯撒会在戴安娜和埃琳娜之后喊出自己的名字。这就排除了 A、B 和 D 选项，所以 C 选项正确。

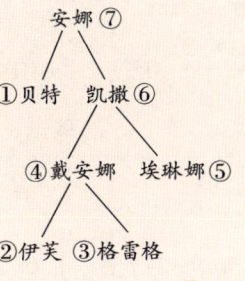

计算思维相关知识

该题涉及两个基本的计算机科学概念——二叉树和递归。首先，图中显示的是一个二叉树，它可以用来表示"嵌套"或按层次结构排列的数据。大的二叉树由较小的二叉树组成，如图中在七个小孩的名字中可以找到许多形如"X，Y，Z"的实例。其次，该问题中的进程是递归的，也就是说，进程（或算法）是根据自身来描述的。当我们认真分析问题时，使用递归和二叉树可以有效地解决很多问题。

贡献者

[英译中] 王玉英，827691776@qq.com

[审 核] 曹悦，caoyue@2dai.com；赵满明，swellfishming@163.com

[校 对] 林泽珊，1123447303@qq.com；赵腾任，ZTR_2019@126.com

2016-SP-03 游戏时间

I: —	II: —	III: —	IV: —	V: 难	VI: 中
分类	数据、数据结构与表征，算法与编程				
关键词	二叉树，动态规划，贪心算法				

大海狸（Big）与小海狸（Small）在游戏板上进行比赛，如右图所示，他们从最左侧的框（5）开始选择一条路径跳动。大海狸首先选择向上或向下跳动，如果选择向上，则将移动到上方的框（4.4）；如果选择向下，则将移至下方的框（5.7）。接着轮到小海狸进行选择，然后再轮到大海狸。最后小海狸在最右边的列中选择最后一个框跳过去。

两只海狸可以查看游戏板上的所有数字，并以此制订行动计划。

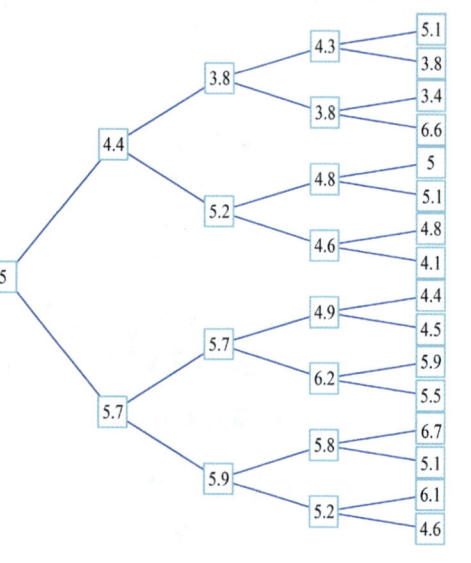

❓ 如果大海狸最终想跳到数值最大的框里，小海狸最终想跳到数字最小的框里，待两只海狸都顺利地完成游戏后，最终框中的数字是多少？（　　）

A. 5.1　　　　B. 4.1　　　　C. 5.9　　　　D. 6.7

🎓 **解析**

完成该游戏的一种策略是使用逆向思维，从最后一步开始思考，然后一步一步往前推导。

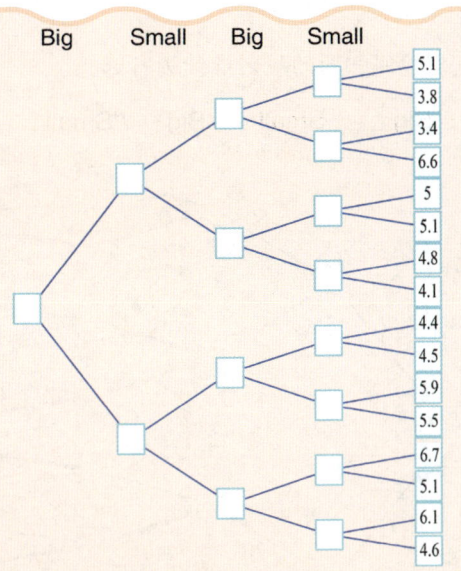

为了解释该策略，我们在空框中标注红色数字，表示海狸在该回合的选择，因为如果海狸都足够聪明，他们就会选择红色数字，即小海狸会选数字较小的框，而大海狸则会选数字较大的框。

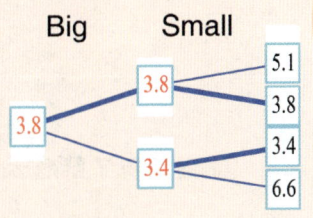

这样，我们就可以看到如下图所示的选择。

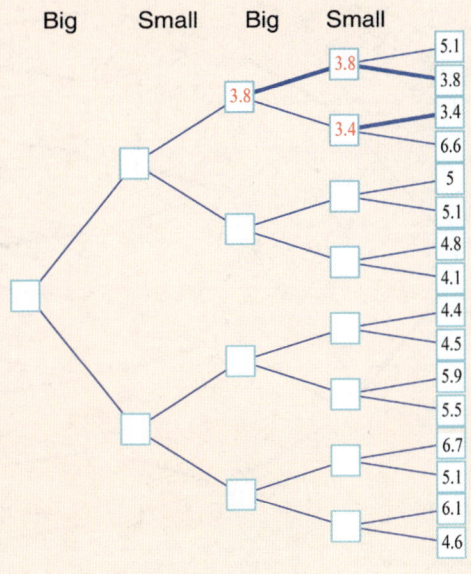

接下来，我们按照相同的规则继续进行选择。

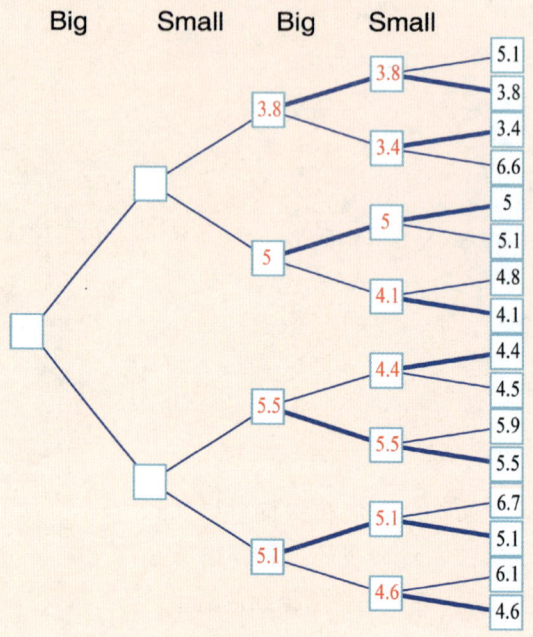

下图呈现了解题方案的全部推导过程。

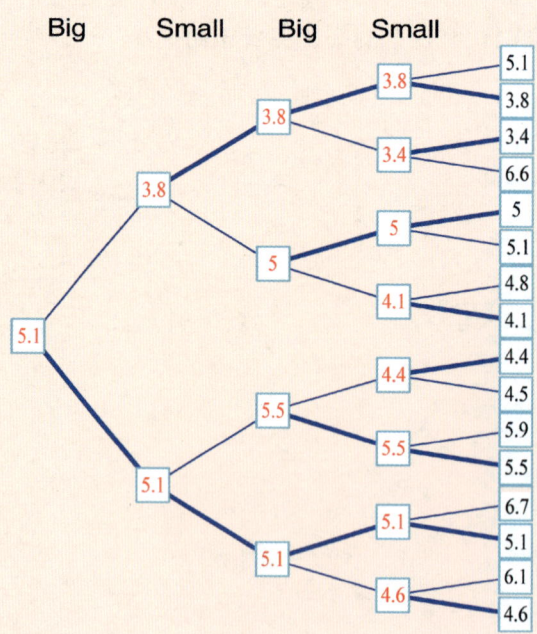

下图展示了另一种可能的策略，即从左到右选择数字。例如，第一步，5.7 大于 4.4，选择 5.7。但是这种策略是错误的，将这种策略的过程图与上面的正确解决方案过程图进行比较，就能明白它错在哪里了。

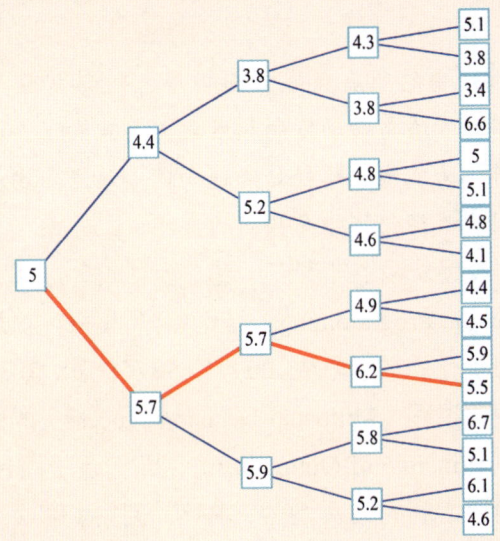

综上，答案为 A 选项。

计算思维相关知识

二叉树（Binary tree）是一种重要的树形结构。许多实际问题抽象出来的数据结构是二叉树，即使是一般的树，也能转换为二叉树，而且二叉树的存储结构及其算法都较为简单，因此二叉树十分重要。二叉树的特点是每个结点最多只能有两棵子树，且有左右之分。

体育比赛（如网球比赛）中使用的图就是在上图的基础上翻转（从右到左）而成的，在这张图中，最

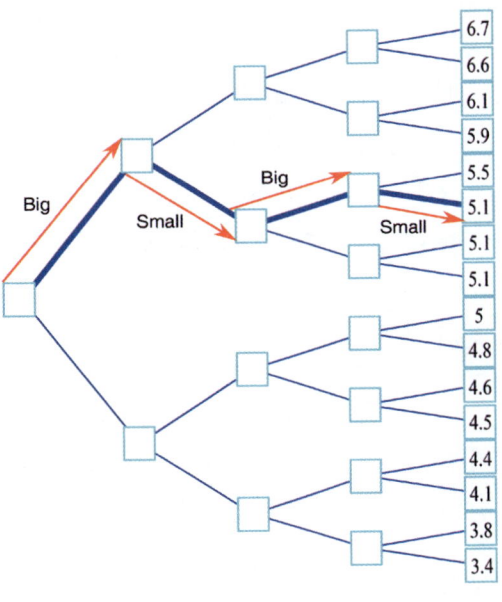

右边方框中的数字可以代表 16 位玩家，他们将竞争成为获胜者。从右侧开始，在每个阶段，有两位玩家彼此竞争，获胜的玩家向左前进。

我们可以利用这样的图描述一个"特殊"的锦标赛，其中不同的回合使用不同的规则来决出获胜者。例如，决赛的获胜者是得分更高的人，但半决赛的获胜者是得分更低的人。

注：如果我们对列中的所有数字重新排序，则会发现：从每对中选择一个（更大，更小）数字的方法与移动方向相匹配（大＝向上，小＝向下）。在图片上，我们可以看到标记为粗线的路径始终通向同一结点。由于在数字无序的情况下规则不会改变，因此路径仍将指向相同的数字。

此外，本题还涉及另外两个知识点：动态规划和贪心算法。

动态规划（Dynamic Programming）是运筹学的一个分支，是求解决策过程（Decision Process）最优化的数学方法。20 世纪 50 年代初，美国数学家 R.E.Bellman 等人在研究多阶段决策过程（Multistep Decision Process）的优化问题时，提出了著名的最优化原理（Principle of Optimality），即把多阶段过程转化为一系列单阶段问题，利用各阶段之间的关系，逐个求解，创立了解决这类优化问题的新方法——动态规划。动态规划问世以来，在经济管理、生产调度、工程技术和最优控制等方面得到了广泛应用。例如，最短路线、库存管理、资源分配、设备更新、排序、装载等问题，使用动态规划方法比用其他方法求解更为方便。

贪心算法（又称贪婪算法）是指在对问题求解时，总是做出当前看来最好的选择。也就是说，不从整体最优上加以考虑，所做出的是在某种意义上的局部最优解。

使用贪心算法解决问题的一般步骤如下。

（1）把求解的问题分成若干个子问题；

（2）对每一个子问题进行求解，得到子问题的局部最优解；

（3）把子问题的局部最优解合成原问题的一个解。

 **贡献者**

[英译中] 孙丹，11803011@zju.edu.cn

[修改|完善] 梁见斌，38836314@qq.com；王娟，284311304@qq.com

[审核|校对] 黎子靖，578426608@qq.com；王玉英，827691776@qq.com；
　　　　　　林泽册，1123447303@qq.com；梁见斌，38836314@qq.com

2017-CA-15 公园垃圾清理

I: 一	II: 一	III: 一	IV: 一	V: 难	VI: 中
分类	数据、数据结构与表征				
关键词	四叉树				

海狸小镇有个长 × 宽为 16×16（被分割成 256 个 1×1 的正方形区域）的正方形公园，公园里散落着一些垃圾，需要收集和清理，如图所示。

小明有几个机器人清洁工（简称机器人），这些机器人可以搜索一个正方形区域，精确地找到垃圾并清理。

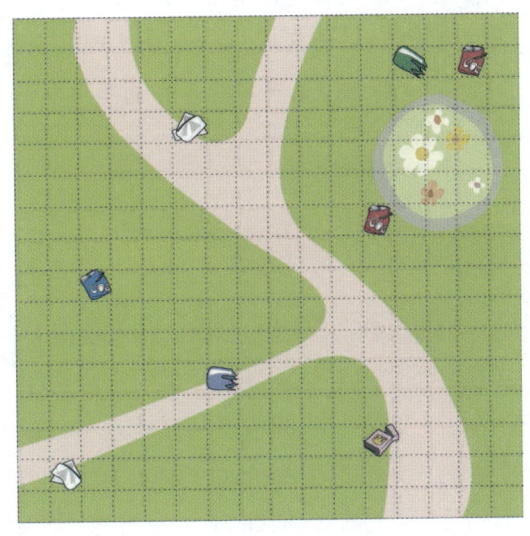

小明可以把整个公园划分成 1×1、2×2、4×4 或者 8×8 的正方形区域，然后在每个区域中放入一个机器人。

已知一个机器人在一个正方形区域里只能收集、清理一堆垃圾，而且只有当每个正方形区域（不管是否有垃圾）里都有机器人的时候，机器人才会开始工作。

 请问小明最少需要放几个机器人，才能把所有垃圾都清理干净？

（　　）

A. 9 个   B. 13 个   C. 16 个   D. 64 个

**解析**

　　解决方案如下图所示，红色框线代表分割线。因为有8堆垃圾，所以至少需要8个机器人。在划分区域不能重叠的情况下，为了让机器人使用数量最少，就需要使划分的正方形区域数量最少，即每堆垃圾所在区域面积最大。依据这种想法，我们可以先在公园中心画一条横线和一条竖线，将公园分成4块8×8的正方形区域，再根据每一块正方形区域中垃圾的分布情况，进一步划分成4×4、2×2的若干区域。如右图所示。

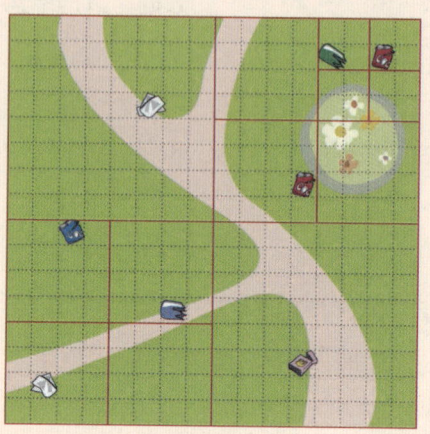

　　综上，正确答案为B选项。

计算思维相关知识

　　本题蕴含四叉树的知识，四叉树又称四元树，是一种树状数据结构，在每个结点上都有四个子区块。四叉树常应用于二维空间数据的分析与分类。它将数据分为四个象限。数据范围可以是方形、矩形或其他任意形状。这种数据结构是由拉斐尔·芬科尔（Raphael Finkel）与J.L.Bentley在1974年提出的。

　　四叉树是在二维图片中用于定位像素的唯一适合的算法。因为在二维空间（图经常被描述的方式）中，平面像素可以重复地被分为四部分，树的深度由图片、计算机内存和图形的复杂度决定。

**贡献者**

[英译中] 李泽，胡晓军，lize512@126.com
[审　核] 尚菲，sf81076@163.com
[校　对] 王玉英，827691776@qq.com；林泽珊，1123447303@qq.com

2017-MK-01 网球比赛

I: 一	II: 一	III: 难	IV: 难	V: 中	VI: 中
分类	数据、数据结构与表征				
关键词	图，图着色，验证，优化				

6只海狸（博扬、维斯娜、麦乐、埃米尔、德扬和玛丽亚）参加网球锦标赛，比赛组织者遇到一个亟须解决的问题：每场比赛由两只海狸进行对决，每只海狸各执一个球拍，主办方由于资金短缺，只能为网球运动员提供有限数量的网球拍，这意味着主办方无法为每一只海狸都配备一个球拍，在这种情况下，该如何保证每只海狸始终能够使用同一个网球拍进行比赛？比如博扬一开始拿到的是红色网球拍，那么他接下来的每场比赛都使用红色网球拍。以下是每场比赛对局的表格。

博扬	VS	埃米尔
埃米尔	VS	麦乐
麦乐	VS	维斯娜
维斯娜	VS	博扬
博扬	VS	维斯娜
德扬	VS	麦乐
玛丽亚	VS	埃米尔
博扬	VS	麦乐

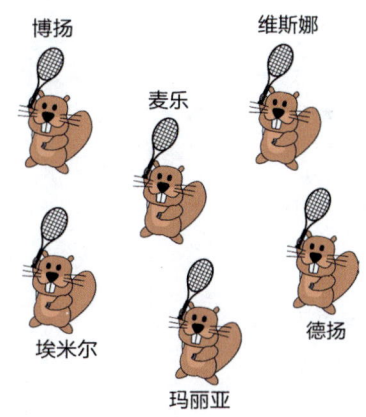

❓ 每场比赛都将在不同的时间段进行。为了顺利举行比赛，请问主办方最少需要提供多少个球拍？（　　　　）

A. 2个　　　　　B. 3个　　　　　C. 4个　　　　　D. 5个

比赛如下图所示。连接两只海狸的线代表这两只海狸的对局，显然，在比赛过程中对局的两只海狸（同一条线连接的两只海狸）需使用不同的球拍进行比赛。我们用不同颜色区分球拍，为了达到使用球拍数量最少的目的，需要使用的颜色应尽可能地少。

首先，选择任意一只海狸，为其分配任意一种颜色的球拍。步骤1，为博扬分配红色球拍，那么对局选手麦乐只能使用除红色外的其他颜色球拍进行比赛，我们为麦乐分配蓝色球拍，维斯娜既与博扬对局，也与麦乐对局，她使用的球拍的颜色必须与博扬和麦乐的都不相同，因此，我们为她分配绿色球拍。步骤2、步骤3的推理过程和着色方法与步骤1类似。步骤4，玛丽亚只与埃米尔对局，玛丽亚的球拍可以为红色或者蓝色。因此，为了顺利举行比赛，主办方最少需要提供3个球拍，答案为B选项。

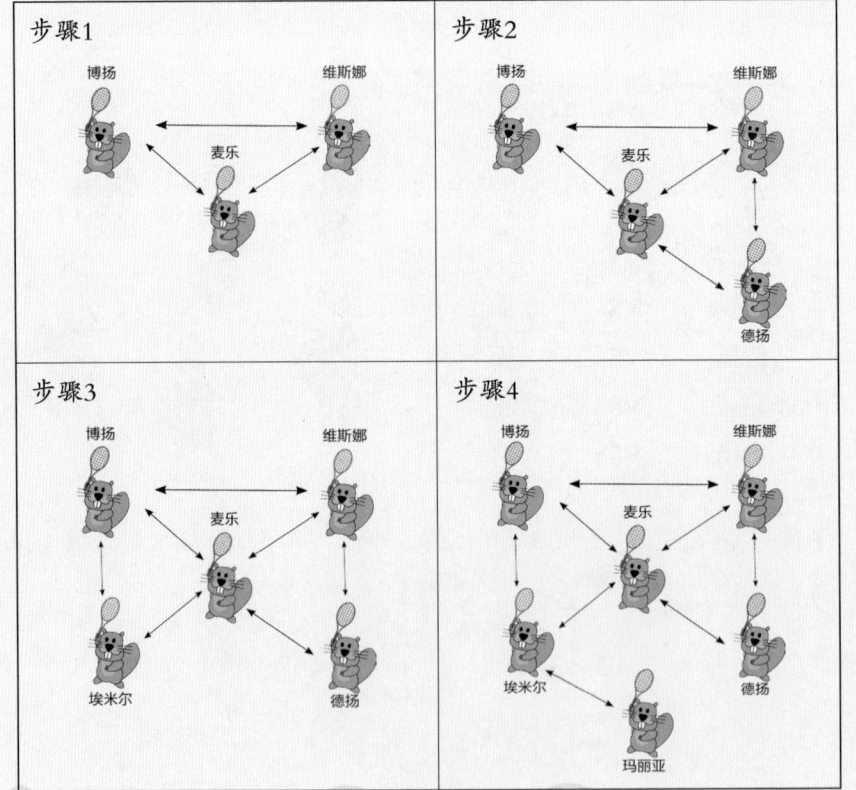

计算思维相关知识

最少需要 m 种颜色才能使图中任意相邻的 2 个结点着不同颜色，则称 m 为该图的色数，求一个图的最小色数 m 的问题称为图的 $m-$ 着色优化问题。任选一个顶点着颜色 1，在图中尽可能多地用颜色 1 着色；当不能用颜色 1 着色时，转用颜色 2 尽可能地给未着色的结点着色，直到所有结点都被着色为止。图着色问题可以用来解决一系列带冲突对的规划问题，如资源分配、交通信号灯管理、物体储藏等。图着色问题体现了计算思维的抽象以及优化思想，可以把问题抽象成图。

贡献者

[英译中] 林泽珊，1123447303@qq.com

[修改 | 完善] 丘运华，786848750@qq.com

[校　对] 张鹏飞，hs2zzpf@163.com；丘运华，786848750@qq.com；
尚菲，sf81076@163.com

2018-UK-02 制定时间表

I: 一	II: 一	III: 一	IV: 难	V: 中	VI: 中
分类			数据、数据结构与表征		
关键词			图，图形着色		

四位学生在某学校上夜校，学校里有五门课程可供选择：
科学（S）、技术（T）、工程（E）、艺术（A）、数学（M）。

他们对待学习都非常有热情，并且所有人都想选修多门课程：A 学生想学习 E、A 和 T；B 学生想学习 S、T 和 A；C 学生想学习 M 和 A；D 学生想学习 E、M 和 A。

 为了不浪费老师的时间，学校希望将这些课程安排到尽可能少的晚上，且每门课程一周只能上一次。请问学校至少需要安排多少个晚上，以确保所有的学生都可以参加他们想选修的课程？（　　　）

A. 2个　　　　B. 3个　　　　C. 4个　　　　D. 5个

 解析

答案是 3 个晚上，B 选项正确。

解决这个问题的办法是在避免课程冲突的前提下尽量减少上课的天数，这样所有的学生都能参加课程。值得注意的是，所有的学生都想学艺术，所以艺术课需要单独安排在一天。

这个问题也可以通过着色来解决！

步骤 1：画出一个冲突图，5 门课程分别对应 5 个结点，如果一位学生选择了其中两门课程，则这两门课程对应的结点之间有一条线，说明这两门课程存在冲突，该学生不能同时上这两门课程。

步骤 2：使用最少的颜色为结点着色，需要确保没有结点连接到任何其他相同颜色的结点，即相邻结点的颜色不同。

步骤 3：所需的颜色种类对应所需的天数。

因此，该学校可以将课程安排在周一、周二和周三的晚上，比如：

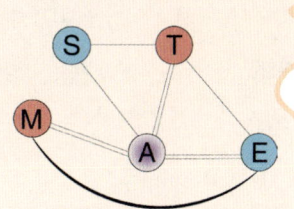

周一晚上：艺术（A）；

周二晚上：数学（M）和技术（T）；

周三晚上：科学（S）和工程（E）。

这样所有的学生都能学习他们想学的所有课程。注意，还可以将周二的课与周三的课交换。

📚 计算思维相关知识

解决这样的简单问题可以通过仔细观察和逻辑思考来实现。但当它扩展到数百名学生和更多的时间段时，如果不用相关算法，将难以求解。解决这类问题的其中一种算法是"图形着色"算法，它有许多实际应用，甚至可以用来创建和解决数独难题。

图形着色算法描述：给定无向连通图和 m 种不同的颜色。用这些颜色为图的各顶点着色，每个顶点都着一种颜色。是否有一种着色法，使每条边的两个顶点有不同的颜色。

在其最简单的形式中，如没有两个相邻的顶点使用相同的颜色，便称为顶点着色。类似地，边着色，即为每条边分配颜色，使得没有两条相邻边使用相同的颜色；平面图的面部着色，即为每条边分配颜色面或区域，使没有共享边界的两个面具有相同的颜色。

可惜的是，目前还没有已知的"高效"算法能用于图形着色，如果有数百个结点，即使使用最快的计算机，也需要数千年才能完成。

👥 贡献者

[英译中] 朱燕南，3116465579@qq.com

[审 核] 黎子靖，578426608@qq.com；王娟，284311304@qq.com

[校 对] 梁见斌，38836314@qq.com；孙丹，11803011@zju.edu.cn；

张春英，ft2zchy@126.com

2017-TW-01 驱蚊液

I: —	II: —	III: 难	IV: 难	V: 中	VI: 易
分类	数据、数据结构与表征，算法与编程				
关键词	二进制编码				

海狸博士新研制了一种特效驱蚊液，可他不小心把装有驱蚊液的瓶子混到了几十瓶纯净水中。所有的瓶子看起来都一样，驱蚊液和水都是无色无味的，根本无法通过外观来鉴别。为了尽快找出驱蚊液，海狸博士让助手做测试，从一个或多个瓶子里取出少量液体（液体可以混合在一起），然后监测结果。这种驱蚊液非常厉害，任何蚊子接触一点点就会在 3 分钟内失去觅食能力，蚊子只接触纯净水能保持清醒。

如下图所示，两位海狸助手参加测试。海狸 A 使用第一瓶和第三瓶的混合液体；海狸 B 使用第二瓶和第三瓶的混合液体。

海狸A	第一瓶	第三瓶
海狸B	第二瓶	第三瓶

如果只有海狸 A 的混合液体有效，证明第一瓶是驱蚊液，其余的都是纯净水；如果只有海狸 B 的混合液体有效，证明第二瓶是驱蚊液；如果海狸 A 和海狸 B 的混合液体都有效，说明第三瓶是驱蚊液；如果两位海狸助手的混合液体都无效，说明这三个瓶子装的都是纯净水。

在上述情况下，测试的瓶子数量是 3 个。

假设有 3 位海狸助手参加了这个实验，当每位助手都只能测试一次混合液体时，最多能鉴别多少瓶液体？（　　　）

A．4 瓶　　　B．5 瓶　　　C．6 瓶　　　D．7 瓶　　　E．8 瓶

　　如果有 3 位海狸助手参与实验的话，最多能测试 7 瓶液体，因为 $7=2^3-1$。每位海狸助手测试的混合液体分布情况如下图所示。

	1	2	3	4	5	6	7	8	9
海狸A	✓		✓		✓		✓		
海狸B		✓	✓			✓	✓		
海狸C				✓	✓	✓	✓		

　　如果只有海狸 A 的混合液体有效，说明第 1 瓶是驱蚊液，其余的是纯净水。

　　如果只有海狸 B 的混合液体有效，说明第 2 瓶是驱蚊液。

　　如果海狸 A 和海狸 B 的混合液体都有效，说明第 3 瓶是驱蚊液。

　　如果只有海狸 C 的混合液体有效，说明第 4 瓶是驱蚊液。

　　如果海狸 A 和海狸 C 的混合液体都有效，说明第 5 瓶是驱蚊液。

　　如果海狸 B 和海狸 C 的混合液体都有效，说明第 6 瓶是驱蚊液。

　　如果海狸 A、海狸 B 和海狸 C 的混合液体都有效，说明第 7 瓶是驱蚊液。

　　如果 3 位海狸助手的混合液体都无效，那么这 7 瓶都是纯净水。

　　由此可见，3 位海狸助手最多能测试 7 瓶液体，即 $7=2^3-1$，答案为 D 选项。

计算思维相关知识

　　二进制是计算机技术中广泛采用的一种数制，二进制数是用 0 和 1 两个数码来表示的数，它的基数为 2，进位规则是"逢二进一"，借位规则是"借一当二"。所有的电子计算机中只有开和关两种基本状态，分别用 1 和 0 表示。

在本题中我们分别用 0 和 1 表示纯净水和驱蚊液两种状态，3 位海狸助手混合液体的状态如下表所示。

状态值	状态描述	结果
001	海狸A的混合液体有效	第1瓶是驱蚊液
010	海狸B的混合液体有效	第2瓶是驱蚊液
011	海狸A和海狸B的混合液体都有效	第3瓶是驱蚊液
100	海狸C的混合液体有效	第4瓶是驱蚊液
101	海狸A和海狸C的混合液体都有效	第5瓶是驱蚊液
110	海狸B和海狸C的混合液体都有效	第6瓶是驱蚊液
111	三只海狸的混合液体都有效	第7瓶是驱蚊液
000	三只海狸的混合液体都无效	7瓶都是纯净水

 **贡献者**

[英译中] 梁见斌，38836314@qq.com
[审　核] 孙丹，11803011@zju.edu.cn
[校　对] 王婧，3259424668@qq.com；朱燕南，3116465579@qq.com；
　　　　黎子靖，578426608@qq.com；王娟，284311304@qq.com

2016-FR-01 矩形的"取反"运算

I：一	II：一	III：一	IV：难	V：难	VI：中
分类	数据、数据结构与表征，算法与编程				
关键词	二进制，算法优化				

当下图矩形网格中的单元格被选中时（如选中一列或一行连续的单元格，或选中单个单元格），将会发生反转：如果被选中的单元格是白色的，就会变成黑色；如果被选中的单元格是黑色的，就会变成白色。初始条件下，所有单元格都是白色的，要实现右图所示的图案，最少需要如下图所示的三步（操作步骤不是唯一的）。

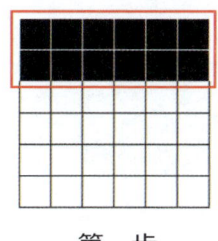

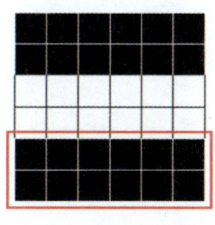

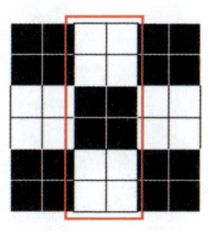

第一步　　　　　　第二步　　　　　　第三步

请问最少使用几步可实现下图中的图案？（初始条件下，所有单元格都为白色。）（　　　）

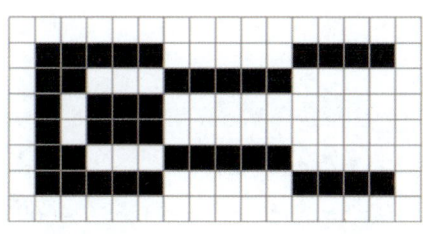

A．3 步　　　　B．4 步　　　　C．6 步　　　　D．8 步

矩形网格中单元格颜色的变换过程如下图所示（至少需要 4 步，但是操作顺序并不唯一）。答案为 B 选项。

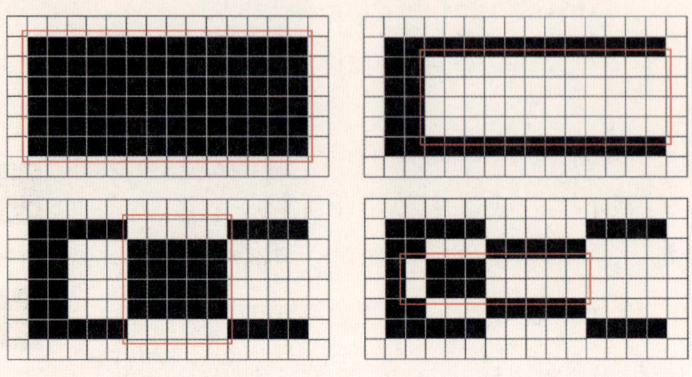

 计算思维相关知识

二进制中有 0 和 1 两种状态，在此任务中可以分别表示黑色和白色。每次单元格被选中时，其颜色都会变为相反的颜色，也就是黑色变成白色，白色变成黑色。在逻辑上，这是通过使用 NOT 运算符，将一种状态更改为相反状态来实现的。

在本题中，目标是使用最少的步骤来创建所要的图案，有多种方法可以得到目标图案，但并非所有方法都是最有效的。在信息学中，我们寻找最佳的步骤序列来实现目标，被称为算法优化。

🧑‍🤝‍🧑 贡献者

[英译中] 王梦瑶，wangmy306@163.com

[审　核] 明纪英，309134133@qq.com

[校　对] 张亮，10722919@qq.com；王婧，3259424669@qq.com；
明纪英，309134133@qq.com；宋碧蓉，158143129@qq.com；
丁慧清，huiqingding@sina.com

2018-BE-01 翻纸牌

I: 一	II: 一	III: 一	IV: 一	V: 难	VI: 中
分类	数据、数据结构与表征，算法与编程				
关键词	二进制编码				

将一堆纸牌排成一排，纸牌可以正面朝上  或正面朝下 。我们可以执行以下系列操作。

（1）从右到左检查纸牌。

（2）如果当前纸牌正面朝下，则将其翻至正面朝上，并停止本轮翻牌。

（3）如果当前纸牌正面朝上，则将其翻至正面朝下，然后检查下一张纸牌。

（4）当检查完一遍后，停止游戏。

图 1 为执行一轮操作的前后对比效果：首先翻转最右边的纸牌，依次向左，但翻完第 3 张时必须停下来。

执行一轮操作前：

执行一轮操作后：

图 1

请问，如果以图 2 所示的 7 张正面朝下的纸牌开始游戏，到图 3 所示图案需要多少轮操作？（　　　）

图 2　　　　　　　　　　　图 3

A. 少于 10 轮

B. 10‾100 轮

C. 100‾1000 轮

D. 超过 1000 轮

解析

初步执行几轮操作，可以看到图 4 所示的图案。

由图 4 可知，从右向左开始，第 1 张纸牌被翻过来需要 1 轮，第 2 张纸牌被翻过来需要 2 轮，第 3 张纸牌被翻过来需要 4 轮，第 4 张纸牌被翻过来需要 8 轮。观察一下数字 1、2、4、8…组成的序列，有什么规律吗？实际上，序列中的每一个数字都是它前面数字的 2 倍，因此可以猜想第 5 张纸牌被翻过来需要 16 轮，第 6 张纸牌需要 32 轮，第 7 张需要 64 轮。要想将最左侧的纸牌翻至正面朝上，需要 64 轮。以此类推，将所有纸牌翻至正面朝上需要 64+32+16+8+4+2+1=127 轮，答案为 C 选项。

图 4

计算思维相关知识

在计算机内部，用二进制表示数字，即数字不再是 0~9，而是用 0 和 1（称为位）表示。例如，十进制数 1 表示为 0000001，十进制数 2 表示为 0000010，十进制数 3 表示为 0000011，十进制数 4 表示为 0000100，十进制数 5 表示为 0000101，十进制数 6 表示为 0000110 等。

贡献者

[英译中] 盛文盼，787004560@qq.com

[审 核] 丁慧清，huiqingding@sina.com

[校 对] 王婧，3259424668@qq.com；赵满明，swellfishming@163.com；
周靓，mindzhou@163.com；张舒艺，syzhang_ecnu@163.com；
王娟，284311304@qq.com

2010-FI-02 信号灯

I: —	II: —	III: —	IV: 难	V: 中	VI: 易
分类		数据、数据结构与表征			
关键词		二进制数，数字表示法			

小华的学校中每间教室都有 4 盏信号灯，校长可以通过控制这些信号灯的亮灭来通知某个学生去拜访他。每个学生都有自己的编码，每个编码由 4 盏灯的亮灭状态组成。确定某一个学生的编码需要亮两次灯（例如第一次，灯 1 和灯 3 亮，第二次，4 盏灯都亮）。

 问海狸学校最多有多少个学生？（　　　）

A. 16 个　　　　B. 64 个　　　　C. 225 个　　　　D. 625 个

解析

因为每盏灯的状态都有两种可能：亮或灭。所以 4 盏灯可能的组合情况有 $2 \times 2 \times 2 \times 2 - 1 = 15$ 种（"减 1"是因为不允许每个灯都熄灭）。因为确定某一个学生的编码需要亮两次灯，所以 4 盏灯需要进行两次组合，也就是 $15 \times 15 = 225$，所以小华的学校最多有 225 名学生，因此答案为 C 选项。

计算思维相关知识

二进制数系统是德国哲学家戈特弗里德·莱布尼茨于 18 世纪发明的，二进制数只由 0 和 1 两个数字组成，这两个数字是所有二进制代码的基础。

在这种系统中，通常用符号 0 和 1 记数。数字电子电路中，逻辑门的实现直接应用了二进制，现代计算机和依赖计算机的设备也都用到了二进制。

计算机作为数据处理的一种工具，字符、图像、声音，以及其他形式的内容，都需要转换成二进制形式的编码，计算机才能够处理。在计算机内部，字符、声音、图像、视频有不同的编码形式。

 **贡献者**

[**英译中**] 明纪英，309134133@qq.com

[**审　核**] 张亮，10722919@qq.com；王倩昀，594451987@qq.com；
王婧，3259424668@qq.com

[**校　对**] 王倩昀，594451987@qq.com；张亮，10722919@qq.com；
王玉英，827691776@qq.com

2010-NLD-22 海狸伐木

I: 一	II: 一	III: 难	IV: 难	V: 中	VI: 中
分类	数据、数据结构与表征				
关键词	位模式				

海狸有一排树，共 10 棵，他想砍掉其中 4 棵。

我们可以用 1 表示树，用 0 表示砍树留下的树桩，若连续砍掉前 4 棵树，则整个序列可以表示为：0000111111。

彼此相邻的 3 棵树或树桩称为三连"子序列"，如"树、树、树""树桩、树桩、树桩"和"树桩、树、树"。

如果连续砍掉前 4 棵树，在该序列中，其前两个三连"子序列"是相同的，都为：000。

 海狸想砍掉 4 棵树，要求序列中的三连"子序列"都是不同的，那么，下面哪个序列不满足要求？（　　　）

A. 1100010111　B. 1101000111　C. 1110001011　D. 1001011101

解析

当用 1 表示树、用 0 表示树桩时，A、B、C、D 选项对应的序列和三连"子序列"如下表所示。只有 D 选项的三连"子序列"有重复，不满足题意。

A: 1100010111	110	100	000	001	010	101	011	111
B: 1101000111	110	101	010	100	000	001	011	111
C: 1110001011	111	110	100	000	001	010	101	011
D: 1001011101	100	001	010	101	011	111	110	101

📚 计算思维相关知识

二进制数由 1 和 0 两个数字组成，可以表示两种状态：开和关。3 位二进制数可以表示 8 种不同的状态：000、001、010、100、101、110、111。

n 位二进制数可以表示 2^n 种不同的状态。

👥 贡献者

[英译中] 朱燕南，zhuyn890@qq.com

[审　核] 林泽珊，11234473003@qq.com；王娟，284311304@qq.com；
黎子靖，578426608@qq.com；梁见斌，38836314@qq.com

[校　对] 梁见斌，38836314@qq.com；孙丹，11803011@zju.edu.cn；
曹悦，caoyue@2dai.com；赵满明，swellfishming@163.com；
赵腾任，ZTR_2019@126.com；张春英，ft2zchy@126.com

2010-IT-03 潘多拉星球

I: —	II: —	III: —	IV: —	V: 难	VI: 中
分类	数据、数据结构与表征				
关键词	时间推算，进制转换				

　　假设你乘坐的星际宇宙飞船"恒星升起"号在其目的地潘多拉星球附近，指挥官告诉了你有关该星球的一些信息：

　　（1）潘多拉星球的一天有 36 个地球小时；

　　（2）昨天进入地球的四月（地球时间）和潘多拉星球的新纪元；

　　（3）天气晴朗而温暖；

　　（4）7.5 小时后，飞船将降落；

　　（5）查看时钟（地球时间）时，可以看到以下时间：

Apr，2nd　　10:30 a.m.

? 　降落后，你将在潘多拉星球的太空港时钟上读到哪个时间（由于与地球时间不同，时间以 36 小时格式表示在该时钟上）？（　　　）

A. 新纪元第 2 日 18:00　　B. 新纪元第 2 日 06:00

C. 新纪元第 1 日 07:30　　D. 无法将地球时间与潘多拉时间转换

解析

　　4 月 1 日的 24 小时加上 4 月 2 日的 10.5 小时得到的是 34:30（地球时间），这是潘多拉星球当前的时间，加上距离降落的 7.5 小时，降落时间将是 42:00（地球时间），由于潘多拉星球一天有 36 小时，因此可以推断出，降落时为新纪元第 2 日 06:00，答案为 B 选项。

📚 计算思维相关知识

进制：也就是进位计数制，是人为定义的带进位的计数方法。对于任何一种进制——X 进制，表示每一位置上的数的运算都是逢 X 进一。十进制是逢十进一，十六进制是逢十六进一，二进制就是逢二进一，以此类推，X 进制就是逢 X 进一。

时间也有进制，一年分为 12 个月，一个月分为 30 天，一天分为 24 小时或者 12 时辰，一个小时分为 60 分钟，一分钟分为 60 秒，一小时等于 3600 秒或者 1/24 天。

地球时间以 24 小时为一天。而本题中的潘多拉星球以 36 小时为一天，因此逢三十六进一。

 贡献者

[英译中] 王婧，3259424669@qq.com

[审　核] 张亮，10722919@qq.com；刘敏娜，22540148@qq.com；
　　　　 明纪英，309134133@qq.com；王倩昀，594451987@qq.com；
　　　　 王梦瑶，wangmy306@163.com

[校　对] 张亮，10722919@qq.com；刘敏娜，22540148@qq.com；
　　　　 明纪英，309134133@qq.com；王倩昀，594451987@qq.com；
　　　　 王梦瑶，wangmy306@163.com；王玉英，827691776@qq.com

2010-LT-14 打印机

I: 一	II: 一	III: 一	IV: 一	V: 难	VI: 中
分类	数据、数据结构与表征				
关键词	二进制				

　　小明想要打印一本厚度为 90 页的书，每一页都是 A4 大小且需正反两面打印。他配置了 4 台打印机，分别适合纸张的大小为：A3、A2、A1、A0。假设每台打印机打印一个页面需要 10 秒钟，在一张纸上打印多个页面不需要额外的时间。

？ **请问打印这本书最少需要多少秒（提示：A3 是 A4 的 2 倍，A2 是 A3 的 2 倍，以此类推）？（　　　）**

A. 40 秒　　　　B. 50 秒　　　　C. 60 秒　　　　D. 30 秒

解析

　　4 台打印机同时工作，一次（10 秒）能打印 2（A3）+4（A2）+8（A1）+16（A0）=30 页，故需打印 90/30=3 次，用时 30 秒。

　　然而，实际上不可能用 30 秒完成打印。因为小明需要分别打印 45 页正面和 45 页反面，而 4 台打印机一次最多只能打印 30 页的 A4 纸，如果需要打印 45 页的正面和反面，即打印 30 页正、反面各一次，15 页正、反面各一次，所以最终需要打印 4 次。

　　即：（1）打印一次 2（A3）+4（A2）+8（A1）+16（A0）=30 页的奇数页；

　　（2）打印一次 16（A0）=15 页的奇数页；

　　（3）打印一次 2（A3）+4（A2）+8（A1）+16（A0）=30 页的偶数页；

　　（4）打印一次 16（A0）=15 页的偶数页。总共耗时 40 秒，答案为 A 选项。

 计算思维相关知识

二进制在数学和数字电路中指以 2 为基数的记数系统。这一系统中，通常用两个不同的符号 0（代表零）和 1（代表一）来记数。数字电路中，逻辑门的实现直接应用了二进制，现代计算机和依赖计算机的设备也都用到了二进制。

二进制数逢 2 进 1，二进制加法有四种情况：0+0=0，0+1=1，1+0=1，1+1=10（0 进位为 1）。

二进制转换为十进制的方法为"按权展开求和"，该方法的具体步骤：先将二进制的数写成加权系数展开式，然后根据十进制的加法规则进行求和。

例如，$(1011)_2 = 1 \times 2^3 + 0 \times 2^2 + 1 \times 2^1 + 1 \times 2^0 = (11)_{10}$

贡献者

[英译中] 郭浩，836415338@qq.com

[审 核] 张春英，ft2zchy@126.com；张鹏飞，hs2zzpf@163.com

[校 对] 孙云舒，yunshu.sun@outlook.com；曾维义，zengonly@qq.com；
高新，1582869379@qq.com；张春英，ft2zchy@126.com；
宋碧蓉，158143129@qq.com

2016-BE-03 开关

I: 一	II: 一	III: 难	IV: 难	V: 中	VI: 易
分类	数据、数据结构与表征				
关键词	格雷码，二进制				

如图所示，海狸在小镇中心搭建了漂亮的彩灯架。控制三盏灯的开关可以展示 8 种灯光效果（on 表示开灯，off 表示关灯）。每盏灯的开关相距 1km 远，三个开关的位置正好组成了一个正三角形。

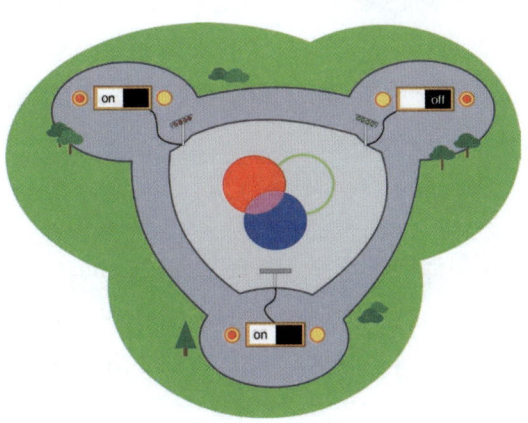

 请问海狸最少要走多少 km 才能把 8 种灯光效果全部展示出来呢？（   ）

A. 5km   B. 6km   C. 7km   D. 8km

 解析

海狸可以按下表所示顺序操作开关。任何一盏彩灯都可以作为 1 号灯，只是灯光效果出现的顺序不同，所以答案不止一种，但是海狸最少需要走 6km 才能完成表中所有的操作。

采用表中的策略，海狸路过各开关的顺序为：开关 1→开关 2→开关 1→开关 3→开关 2→开关 1→开关 2，因此总共需要走 6km，答案为 B 选项。

海狸操作	开关状态（1、2、3）
开始	off、off、off
打开开关1	on、off、off
打开开关2	on、on、off
关闭开关1	off、on、off
打开开关3	off、on、on
关闭开关2	off、off、on
打开开关1	on、off、on
打开开关2	on、on、on

计算思维相关知识

由排列组合知识可知，3盏灯可展示8（2^3）种灯光效果，4盏灯可展示16（2^4）种灯光效果，5盏灯可展示32（2^5）种灯光效果，以此类推。如果我们用0代表off，1代表on，开关的组合效果就可以用二进制字符串来表示。上述操作对应的字符串序列就为：000 100 110 010 011 001 101 111。

这种序列叫作格雷码（Gray Codes），其中每个组合在一个格雷码序列中都是唯一的，任意两个相邻的组合只有一位二进制字符不同。格雷码在电子与计算机科学中有诸多应用，如该问题中的计算灯光效果的最少改变次数。

 贡献者

[英译中] 李泽，lize512@126.com

[审　核] 尚菲，sf181076@163.com

[校　对] 张书剑，btzsj_ss@163.com；邢洋，xywzy468129@163.com

2010-NLD-09 城市间的最短路径

I: —	II: —	III: —	IV: 易	V: —	VI: —
分类	数据、数据结构与表征				
关键词	图的最短路径				

已知提供一个最短路径函数，此函数用于计算两座城市之间的最短里程。例如，最短路径（城市甲，城市乙）= 驾车从城市甲到城市乙（或从乙到甲）的最短里程（单位：千米）。

比如，图中城市甲到城市乙的最短路径是甲→丙→乙，对应的最短距离是 3+2=5。

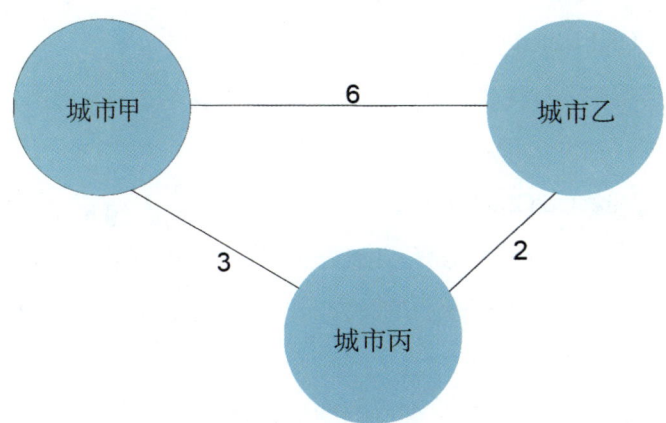

📖 **你可以从下列不等式中得到哪些结论呢？（　　）**

最短路径（阿姆斯特丹，海牙）+ 最短路径（海牙，鹿特丹）< 最短路径（阿姆斯特丹，乌得勒支）+ 最短路径（乌得勒支，鹿特丹）

A. 阿姆斯特丹到鹿特丹的最短路径一定包含海牙

B. 阿姆斯特丹到鹿特丹的最短路径一定包含乌得勒支

C. 阿姆斯特丹到鹿特丹的最短路径，仅途经海牙比仅途经乌得勒支的路径距离短

D. 阿姆斯特丹到海牙的距离，比海牙到鹿特丹的距离短

解 析

此题答案为 C 选项，涉及数据结构中的图，将每座城市视作结点，结点间的连线视作边，边的权重是城市之间的距离。

计算思维相关知识

数据结构中的图（Graph）结构是一种非线性的数据结构，图在实际生活中应用广泛，如交通运输网、地铁网络、社交网络等，都可以抽象成图结构，图结构是比树结构复杂的非线性结构。

图的结构：（1）顶点（Vertex），图中的数据元素；（2）边（Edge），图中连接这些顶点的线。图一般可分为以下三类：

1. 无向图（Undirected Graph）

在一个图结构中，如果所有的边都没有方向性，那么这种图便称为无向图。在表示边的时候，对两个顶点的顺序没有要求。

2. 有向图（Directed Graph）

在一个图结构中，如果边是有方向性的，那么这种图就称为有向图。由于有向图的边有方向性，我们在表示边的时候对两个顶点的顺序就有要求。

3. 混合图（Mixed Graph）

在一个图结构中，同时存在有方向性的边和无方向性的边，这种图称为混合图。

混合图在生活中比较常见，比如城市道路中有些道路是单向通行的，有些是双向通行的。

贡献者

[英译中] 陈虹宇，hyinn@live.com

[修改|完善] 张鹏飞，hs2zzpf@163.com

[审核|校对] 曾维义，zengonly@qq.com；张春英，ft2zchy@126.com；
　　　　　　郭浩，836415338@qq.com；宋碧蓉，158143129@qq.com

2010-PL-11 一笔画

I: 难	II: 中	III: 中	IV: 中	V: 易	VI: 易
分类	数据、数据结构与表征				
关键词	图，一笔画				

鲍勃用铅笔一笔画成了一些图形，图中每一条线都不可重复绘制。

请问，鲍勃肯定画不出下面哪个图形？（　　　）

A. 　B. 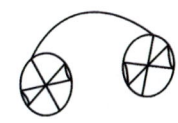　C. 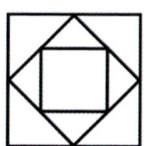　D.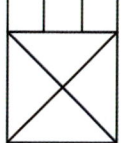

解析

该题为一笔画问题，须满足一笔画的如下条件。

①图形的线条是连通的；

②图形中的奇点（与该点相连接的边的条数为奇数）个数为0或2。

D选项中奇点个数为4，无法一笔画成。

在其他几个选项中，A选项奇点个数为2，B选项奇点个数也为2，C选项奇点个数为0，均可一笔画成。

因此，答案为D选项。

计算思维相关知识

一笔画问题（Eulerian Graph）讨论的是能否不重复地遍历图中的所有边，至于其中是否有顶点重复经过或遍历则没有要求。

一笔画问题是图论中一个著名的问题，起源于柯尼斯堡七桥问题。1736年，数学家欧拉发表的论文《柯尼斯堡的七桥》不仅解决了七桥问题，也提出了一笔画定理，解决了一笔画问题。

 贡献者

[**英译中**] 赵满明，swellfishming@163.com
[**修改｜完善**] 张鹏飞，hs2zzpf@163.com；周靓，mindzhou@163.com
[**审核｜校对**] 丁慧清，huiqingding@sina.com；盛文盼，787004560@qq.com；
林泽珊，1123447303@qq.com；赵腾任，ZTR_2019@126.com；
赵满明，swellfishming@163.com；曹悦，caoyue@2dai.com

2018-SK-06 公园散步

I: 一	II: 一	III: 难	IV: 难	V: 中	VI: 易
分类	数据、数据结构与表征，算法与编程				
关键词	图，路径，路径表示				

公园的地图如右图所示。

带字母的绿色圆圈代表树木，棕色的线条代表小路。注意，相同字母用于标记相同种类的树。

从 F 树到 B 树的步行路径可以表示为：FDECAB。

上周日，小林和小丽两家在公园散步。

小林家散步的路径是：BAAACEDEDA。

小丽家散步的路径是：FDCDAEADEDA。

🔲 假设两个家庭同时开始散步，从一棵树走到另一棵树需要同样的时间。两个家庭能在同一棵树处见面多少次？（　　　）

A. 1 次　　　　B. 2 次　　　　C. 3 次　　　　D. 0 次

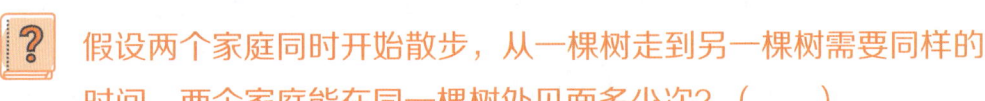 解析

同一个字母表示同一种类的树。在地图中，相同字母可能表示不同位置的树。例如，两个家庭都在标记为 A 的树处结束了散步，但是如果我们一步一步地沿着这两条路径行走，发现他们在不同的树的位置结束散步。

我们先画一幅小林家的步行图（从 B 开始，用蓝色标记），然后按他们散步的时间顺序给路过的树编号（蓝色数字 1 到 11）。然后用类似的方式画出小丽家散步的路径（从 F 开始，用红色标记）。

只有被同样的红蓝数字标记的树，表示两个家庭会在该树的位置相遇，但我们在图中看不到这样的树。

请注意，两个家庭只共同路过了两棵树（D 和 E），因此我们只需关注这两棵树。树 D（公园里最左边的一棵）只在第 7 次被小林家路过，在第 2、4、8 和 10 次被小丽家路过。树 E（最左边 D 的相邻者）在第 6 和第 8 次被小林家路过，但是只在第 9 次被小丽家路过。

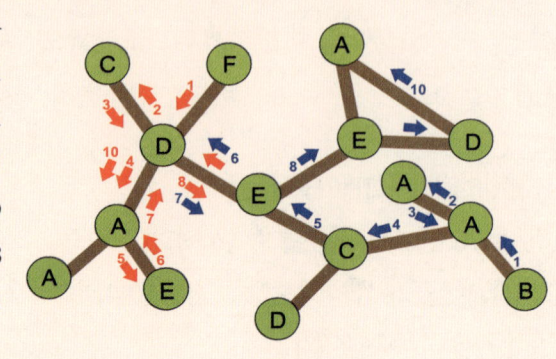

综上，答案为 D 选项。

📖 计算思维相关知识

计算机科学家和程序员经常使用图，本题中的树和连接它们的路径即为图的顶点和边。图是数学和计算机科学中重要而有趣的部分，这两门学科以不同的方式使用它，目的略有不同。

本题另一个有趣的点是对公园里散步的表示。尽管一些树（顶点）用同一个字母标记，但是从 B 或 F 开始的遍历可以用遍历的字母序列来明确地描述。这意味着一个字母序列只能描述一次行走。因为每棵树的邻居总是用不同的字母标记，所以，如果我们知道某个时刻我们在哪里散步，并且在散步的描述中知道下一个字母，那么毫无疑问接下来应该去那棵树。

👥 贡献者

[英译中] 张春英，ft2zchy@126.com
[审 核] 郭浩，836415338@qq.com
[校 对] 郭浩，836415338@qq.com；张春英，ft2zchy@126.com

2017-LT-01 海狸之家

I: 一	II: 一	III: 一	IV: 一	V: 难	VI: 中
分类	数据、数据结构与表征，算法与编程				
关键词	图，结点，欧拉路径				

海狸一家建造了一座房屋，其中 4 个房间通过 5 条隧道相连接，4 个房间共有 7 个门洞通往花园。海狸的孩子们发现可以一次性且不重复地穿过所有隧道和门洞。

 那么小海狸应该从哪个房间出发，才能一次性不重复地穿过所有的隧道和门洞呢？（   ）

A. A 房间　　　B. B 房间　　　C. C 房间　　　D. D 房间

 解析

将每个房间看成一个结点，花园作为额外的一个结点。如果两个房间之间存在一条隧道，则将它们所对应的结点连接起来，另外将代表花园的结点与每个房间连接起来，如果边数为奇数的结点（简称为奇点）不超过两个，此路径才有可能符合题目要求（一次性且不重复地穿过所有隧道和门洞）。且这样的奇点将会成为路径的起点或终点。因为只有起点和终点才可能单向地出或入（有奇数条边），而途经的结点一出一进两个动作必定成对出现，因此必定具有偶数条边。

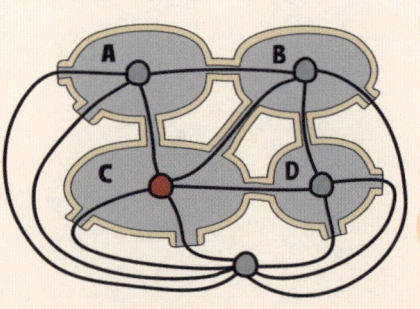

所以，只有 C 选项（C 结点连接 3 个隧道和 2 个门洞）满足要求，C 结点可以作为起点，即小海狸从 C 房间出发。

📚 计算思维相关知识

我们需要将这道题类比为"欧拉路径"问题，也可称为"一笔画"问题。

如果一个图存在"一笔画"（不重复地经过图中的每一条边）的路径，最后又回到起点，则这个路径叫作欧拉回路。

欧拉路径有以下两个定理。

定理1：存在欧拉路径的条件：结点是相连的，有且只有2个奇点（边数是奇数的点）——起点和终点。

定理2：存在欧拉回路的条件：结点是相连的，有0个奇点。[每个结点都有进、出两条边，欧拉回路中的起点即为终点，因此所有的结点必然是偶点（边数是偶数的点）]。

 贡献者

[英译中] 王婧，3259424669@qq.com

[修改|完善] 王倩昀，594451987@qq.com

[审核|校对] 王倩昀，594451987@qq.com；张亮，10722919@qq.com；
王梦瑶，wangmy306@163.com；吕章雯，1102710292@qq.com；
尚菲，sf81076@163.com

2017-BE-02 名人

I: 一	II: 一	III: 一	IV: 难	V: 中	VI: 中
分类	数据、数据结构与表征，算法与编程				
关键词	有向图				

海狸镇上住着一位名星。镇上所有的海狸都认识他，而他却不认识镇上的其他海狸。

下面是关于"海狸 X 认识海狸 Y"的列表。海狸镇有许多居民，只有一位名星，名星的名字就在下表中。

Anna knows Jasper	Jasper knows Dina	Chris knows Jasper	Katrijn knows Els
Bart knows Katrijn	Chris knows Els	Hans knows Dina	Chris knows Fien
Dina knows Bart	Katrijn knows Jasper	Geert knows Chris	Geert knows Anna
Chris knows Hans	Anna knows Chris	Katrijn knows Fien	Els knows Hans
Jasper knows Fien	Hans knows Fien	Bart knows Fien	Anna knows Fien
Bart knows Hans	Bart knows Els	Geert knows Jasper	Els knows Anna
Geert knows Fien	Els knows Chris	Dina knows Fien	Katrijn knows Chris
Dina knows Geert	Anna knows Geert	Hans knows Anna	
Hans knows Katrijn	Els knows Fien	Jasper knows Bart	

 请问谁是名星呢？（   ）

A. Fien   B. Geert   C. Chris   D. Jasper

解析

Fien 是唯一一个没有出现在左边的名字，所以这只海狸是名星，答案为 A 选项。判断 Fien 是否为真正的名星，我们必须核实所有其他海狸都认识 Fien。通过这个列表，我们可以很容易地验证：10 个名字中，Fien 在右边出现了 9 次，而且每次左边都出现不同的海狸名字。

这个问题可以用有向图来解决，如果海狸 X 认识海狸 Y，则可以画一条从结点 X 到结点 Y 的有向线。问题的关键是要找到符合以下要求的一个结点：

（1）没有向外连接的有向线；

（2）有从其他结点连过来的有向线。

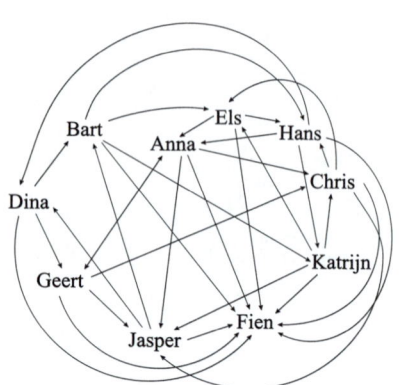

也可以用一个二维表来表示这些数据，如果 X 认识 Y，则在（X，Y）的交叉点上标 1；如果 X 不认识 Y，则标 0。位置（X，X）是忽略的。全部标记结束后，名星就是整列都是 1 而整行都是 0 的那个。

	Anna	Bart	Dina	Chris	Jasper	Katrijn	Geert	Fien	Hans	Els
Anna				1	1		1	1		
Bart						1		1	1	1
Dina		1					1	1		
Chris					1			1	1	1
Jasper		1	1					1		
Katrijn				1	1			1		1
Geert	1				1			1		
Fien										
Hans	1		1			1		1		
Els	1				1			1	1	

还有一个更简单的算法：上面列表中的每个语句都可以排除一只不是名星的海狸。比如，Anna 认识 Jasper，那么 Anna 就不可能是名星！

 贡献者

[英译中] 于晓雅，Yxy_bjie@126.com

[修改|完善] 李泽，lize512@126.com

[审核|校对] 尚菲，sf81076@163.com；梁见斌，38836314@qq.com；
　　　　　　林泽珊，1123447303@qq.com

2010-PL-03 聪明的邮递员

I: 一	II: 一	III: 一	IV: 一	V: 难	VI: 中
分类	数据、数据结构与表征，算法与编程				
关键词	图论算法，图的遍历，欧拉通路				

　　小海狸是一个聪明的邮递员，他每天开车送信件。他有一张村庄的地图，地图上标识了各村庄的位置及其之间的道路。

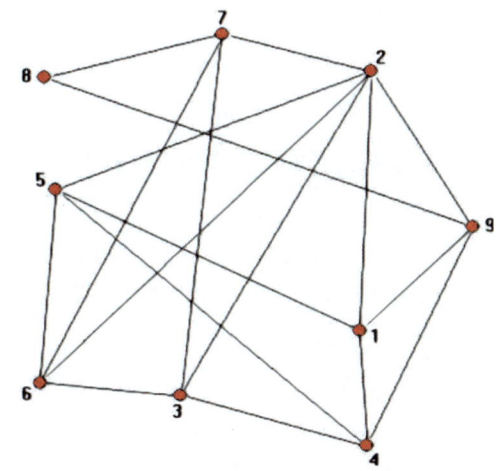

　❓　请问，小海狸能否在每条路只经过一次的情况下送完所有的信件
　　（到达所有村庄）？如果可以，以哪个村庄为起点？以哪个村庄
　　为终点？（　　　）

　　A．不可能完成这个邮递任务

　　B．起点和终点的选择不影响此邮递任务

　　C．有唯一的路线可以完成邮递任务：从2号村庄开始，到8号村庄
结束

　　D．有两种路线可以完成邮递任务：从1号村庄开始，到9号村庄
结束；或者从8号村庄开始，到9号村庄结束

本题涉及欧拉通路算法,此图是连通的无向图。如果一个无向图是连通的,且最多只有两个奇点(由一点引出的线段数为奇数,则这个点为奇点),则必须从其中一个奇点出发,到另一个奇点终止;如果不存在奇点,则可以从任意点出发,最终一定能回到终点。因为本图中不存在奇点,所以本题的起点和终点不影响此邮递任务,答案为 B 选项。

计算思维相关知识

图论是数学的一个分支,它以图为研究对象,图论中的图是由若干给定的点及连接两点的线所构成的图形,这种图形通常用来描述某些事物之间的某种特定关系,用点代表事物,用连接两点的线表示相应两个事物间具有这种关系。图论本身是应用数学的一部分,因此,历史上图论曾被多位数学家各自独立地建立过。1738 年,瑞典数学家欧拉解决了柯尼斯堡问题,由此,图论诞生,欧拉也成为图论的创始人。图的遍历问题指从图中某一顶点出发,系统地访问图中所有顶点,使每个顶点恰好被访问一次。

目前,图的遍历问题分为以下四类。

(1)欧拉通路(欧拉回路)问题:遍历完所有的边且不能重复,即一笔画问题。

(2)中国邮递员问题:遍历完所有的边但可以有重复。

(3)哈密尔顿问题:遍历完所有的顶点且不能重复。

(4)旅行推销员问题:遍历完所有的顶点但可以重复。

目前,欧拉回路问题与中国邮递员问题已有了完美的解决方法,而哈密尔顿问题与旅行推销员问题只得到了部分解决。

 贡献者

[英译中] 王娟,284311304@qq.com

[审　核] 林泽珊,1123447303@qq.com;黎子靖,578426608@qq.com;
朱燕南,zhuyn890@qq.com;赵腾任,ZTR_2019@126.con;
张鹏飞,hs2zzpf@163.com

[校　对] 梁见斌,38836314@qq.com;赵满明,swellfishming@163.com;
曹悦,caoyue@2dai.com

2014-FR-01 典礼

I: —	II: —	III: —	IV: —	V: 难	VI: 中

分类	数据、数据结构与表征，算法与编程
关键词	拓扑分类，优先级

为成功举办一场典礼，海狸设置了典礼各个环节的次序。下图展示了典礼的各个环节，并用箭头表示各环节的先后顺序。例如，只能在击鼓和演说之后进行舞蹈表演。

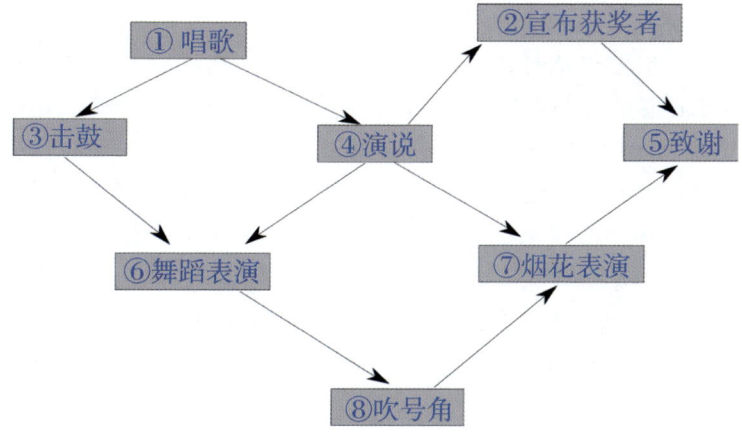

下列哪个选项的排列顺序符合上述规则？（　　　）

A. ①→③→⑥→⑧→④→⑦→②→⑤

B. ①→④→⑦→③→⑥→⑧→②→⑤

C. ①→③→⑥→⑧→④→②→⑦→⑤

D. ①→③→④→⑥→⑧→②→⑦→⑤

解析

选项 D 中的排列顺序符合上述规则：①唱歌；③击鼓；④演说；⑥舞蹈表演；⑧吹号角；②宣布获奖者；⑦烟花表演；⑤致谢。

要实现图中的顺序排列，需遵循以下算法：只有当指向某一环节的所有环节都被执行完毕，此环节才可执行。例如，"唱歌"是唯一的，没有其他环节指向它，因此可以先执行。

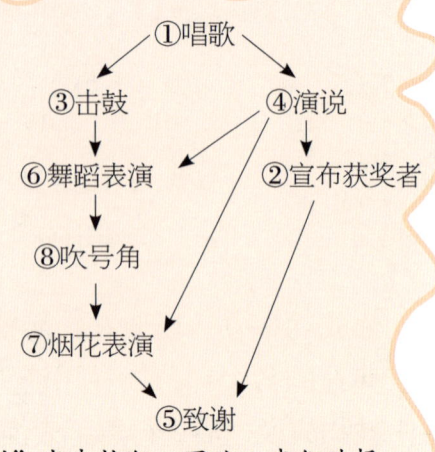

接下来，由于"演说"和"击鼓"这两个环节都只有"唱歌"指向他们，且"唱歌"已经执行，因此这两个环节现在可以执行。我们可以从"击鼓"开始。而"击鼓"指向的"舞蹈表演"还被"演说"指向，且"演说"尚未执行。因此，我们选择执行"演说"。

现在我们可以执行"舞蹈表演"，也可以执行"宣布获奖者"，这里我们选择"舞蹈表演"。然后，我们可以执行"吹号角"或者"宣布获奖者"，我们选择"吹号角"。接着，我们可以执行"烟花表演"，也可以执行"宣布获奖者"，我们选择"宣布获奖者"。最后两个环节，我们别无选择，必须先执行"烟花表演"，再执行"致谢"。

还有其他几个方案，具体取决于在上述算法中有多个可用环节时所做的选择。例如下面是另一种可能的排序：①唱歌；④演说；③击鼓；②宣布获奖者；⑥舞蹈表演；⑧吹号角；⑦烟花表演；⑤致谢。

 计算思维相关知识

要解决此问题需要对图形进行拓扑分类。在计算机科学领域，当且仅当图中没有定向环时（有向无环图），才可能对图进行拓扑排序。有向图的拓扑排序是其顶点的线性排序，例如，图形的顶点可以表示要执行的任务，边可以表示任务之间的先后关系（也称优先级），即表示一个任务必须在另一个任务之前执行的约束。

贡献者

[英译中] 王婧，3259424668@qq.com　　[审　核] 李杨扬，124645455@qq.com

[校　对] 王婧，3259424668@qq.com；李杨扬，124645455@qq.com；
　　　　　邢洋，xywzy468129@163.com；赵腾任，ZTR_2019@126.com

2016-CA-07 运输木头

I: 一	II: 一	III: 一	IV: 一	V: 难	VI: 中
分类	数据、数据结构与表征，算法与编程				
关键词	最大流量，最小割，网络，连通图				

海狸们想通过运河系统运输木头。已知运河系统中有多个站点，木头在任意两站点之间必须沿着箭头方向移动，而且不同站点之间的最大日通过量并不相同，右图中的数字即为不同站点之间的最大日通过量。

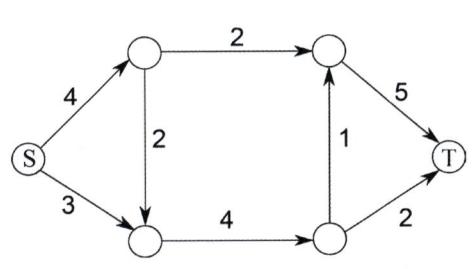

 请问，从 S 站点出发，海狸们一天最多可以搬运多少根木头到 T 站点？（　　）

A. 4 根　　　　　B. 5 根　　　　　C. 6 根　　　　　D. 7 根

 解析

右图所示为其中一种方案，图中每个箭头上的第 1 个数字都表示海狸们当天通过该条路线运输的木头数量，第 2 个数字都表示该条路线的最大日通过量。

我们要找到定向连通图的最大流量，福特—富尔克森在 1956 年提出一个定理：在一个网络流中，能够从源点到汇点的最大流量等于最小割容量和。最小割容量和是指在网络中能够切断源头和汇点的边的最小容量和。

本题中，最小割的容量由图中绿色曲线表示：去除曲线与直线交叉的边，将使 S 与 T 断开，并且经由该条曲线切割的边的总容量就是最小割容量和（为 5）。因此，利用福特—富尔克森定理，我们得出图中的最大流量是 5，答案为 B 选项。

计算思维相关知识

在连通图中求最大流量的问题在计算机科学中很常见。最普遍的例子莫过于因特网，我们希望找到经过多个路由器能传输的最大容量，以便传输尽可能多的数据。当然，也有其他与该问题相关的例子，比如图像处理、航班调度、网络可靠性等。

尤其在互联网中，快速解决这样的问题是很重要的，因为互联网由数百万个这样的结点组成，每个结点都有一个容量，因此需要尽可能高效地在由多个路由器组成的网络中通过路由器选择路径。目前已开发出了对大型图也同样奏效的很好的算法来解决这类问题。

贡献者

[英译中] 盛文盼，787004560@qq.com

[审　核] 丁慧清，huiqingding@sina.com

[校　对] 赵满明，swellfishming@163.com；周靓，mindzhou@163.com；
张舒艺，syzhang_ecnu@163.com；辛丽蓉，xinlirong@qq.com；
王玉英，827601776@qq.com

2017-NLD-06 降低铁路公司成本

I: 一	II: 一	III: 一	IV: 一	V: 难	VI: 中
分类	数据、数据结构与表征，算法与编程				
关键词	优化，图表				

　　海狸岛有 8 个火车站和 5 条铁路线，如下图所示，每条路线的颜色不同。请注意，从某一车站前往任何其他车站最多可以换乘一次。例如，要从 B 到 H，可以沿着从 B 到 F 的紫色线，在 F 处换乘橙色线到 H。

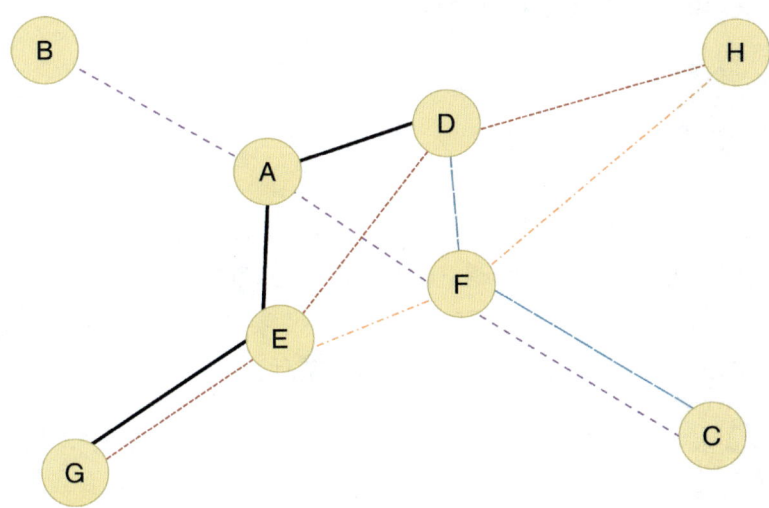

　　由于铁路公司想降低成本，他们计划关闭一条或多条铁路线，但是他们必须保证所有车站都在铁路线中，并且最多换乘一次便可实现从某一车站到任何其他车站。

　　请问最多能关闭多少条铁路线？（　　　）

　　A. 0 条　　　　　B. 1 条　　　　　C. 2 条　　　　　D. 3 条

解析

　　如果删除红色铁路线（GEDH）和浅蓝色铁路线（DFC），所有条件仍满足。事实上，保留的路线（BAFC、GEAD 和 EFH）能连通所有的 8 个车站，并且它们都有共同的车站。因此，满足最多换乘一次便可从某个车站转到任何其他车站。

　　在满足条件的情况下，无法做到只使用两条路线。请注意，紫色铁路线（BAFC）是连接车站 B 的唯一路线，因此必须保留。而红色铁路线（GEDH）是唯一的能连接剩余四个车站的路线。但是，这两条铁路线没有共同的车站，例如，只使用红色铁路线和紫色铁路线，无法实现从 B 到 H，更不符合最多换乘一次的条件。因此，还需要第三条铁路线，即答案为 C 选项。

 **计算思维相关知识**

　　该题涉及表示铁路网的图形。在信息学中，图形通常用于表示复杂的问题。通过推理，学生可以解决这些问题。图是由若干给定的顶点及连接两顶点的边所构成的图形，通常用来描述某些事物之间的某种特定关系。顶点用于表示事物，连接两顶点的边则用于表示两个事物间具有的某种关系。

👥 **贡献者**

[英译中] 丘运华，786848750@qq.com

[修改|完善] 林泽珊，1123447303@qq.com

[校　对] 王玉英，827691776@qq.com；丘运华，786848750@qq.com

2013-BE-07 奇妙的机器

I: —	II: —	III: —	IV: 难	V: 难	VI: 难
分类	\multicolumn{5}{c}{数据、数据结构与表征，算法与编程}
关键词	\multicolumn{5}{c}{Petri网，图}

海狸在玩一个非常神奇的机器，该机器由一些大透明球和一些按钮连接而成，大透明球中有数量不等的小球。

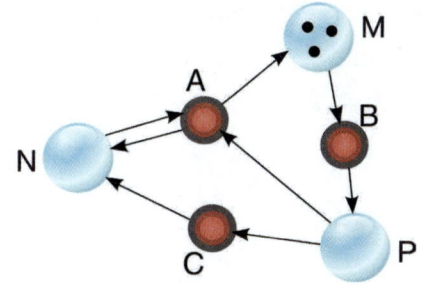

当按下按钮时，机器将进行如下判断和动作：

① 机器检查所有指向该按钮的大透明球中是否至少有一个小球。

② 如果满足上一条件，则所有大透明球中各弹出一个小球，并推送到按钮指向的大透明球中。

例如，按下按钮 B，将从顶部 M 透明球中弹出一个小球，并推送到底部 P 透明球中。

 请问，下面哪组操作能使机器陷入僵局：无论按下哪个按钮，都无法对机器进行任何更改？（　　　）

A. B—B—C—A—B—A　　　　B. B—C—B—C—B—A

C. B—B—C—B—C—C　　　　D. B—C—B—B—A—A

要使机器陷入僵局，便要将所有小球推向左侧的大透明球 N 中。

按下按钮 B 三次，然后按下按钮 C 三次（或其他交替按下按钮 B、C 的方式），可将小球全部转移到左侧的大透明球 N 中。

所有其他的方案都不会导致机器陷入僵局。

我们可以看到，按钮 A 起作用的条件是：两个大透明球 N、P 中都有小球，但此时小球都在大透明球 N 中，大透明球 P 中没有小球，因此条件①不满足；按钮 B 起作用的条件是：大透明球 M 中有小球；按钮 C 起作用的条件是：大透明球 P 中有小球。但此时小球都在大透明球 N 中，因此按钮 A、B、C 此时都失效，机器陷入僵局。

答案为 C 选项，其他的方案都不会导致机器陷入僵局。

计算思维相关知识

这个问题是 Petri 网的一个例子，Petri 网被用于描述和分析系统中的控制流和信息流，尤其是那些有异步和并发活动的系统。用圆圈表示位置（Place），线段（Bar）表示变迁（Transition），圆圈中有标识（Token）表示条件（Condition）满足。因为 Petri 网中的弧是有方向的，所以 Petri 网图是有向图。又因为 Petri 网中的结点可以分为两个集合：Place 和 Transition，并且每条弧都是从一个集合中的元素连到另一个集合中的元素，所以 Petri 网图是有向二分图。

贡献者

[英译中] 魏雪峰，xuefengwei99@163.com

[审　核] 曹悦，caoyue@2dai.com；赵满明，swellfishming@163.com

[校　对] 林泽珊，1123447303@qq.com；赵腾任，ZTR_2019@126.com；
高静静，gaojingjing0813@163.com

2016-CA-04 消防员

I: 一	II: 一	III: 一	IV: 难	V: 中	VI: 易

分类	数据、数据结构与表征
关键词	最小顶点覆盖问题，图，顶点，边，边覆盖

市长正在招募消防员。右图上标出了可能的消防员的家及其之间的道路。市长希望从任意一栋房屋出发，都能确保该房屋要么是消防员的家，要么能通过一条路连接到消防员的家。

 请问，为了符合市长的要求，最少需要招募几名消防员？（　　　）

A. 1名　　　　B. 2名　　　　C. 3名　　　　D. 4名

 **解析**

解题的关键是要找到最少的房屋数量，使其所在的道路可以覆盖所有房屋，满足市长的要求：无论从哪栋房屋出发，出发地要么正好是消防员的家，要么可以通过一条路连接到消防员的家。

从图中可知，两栋房屋之间最多只有一条道路，而且每栋房屋或者是消防员的家，或者能通过一条道路连接到消防员的家，假设至少要招募两名消防员，不管以下哪种组合：Ann 和 Gus、Ann 和 Hal、Bob 和 Gus、Bob 和 Hal，他们的家涉及的道路都不能覆盖所有房屋。因此，需要招募两名以上的消防员。如果能找到一个满足条件的三名消防员的组合，就找到了最小值。

事实上，Bob 和 Hal 作为消防员的组合更好些，因为他们的家和更多的房屋直接相连，这两家涉及的道路覆盖了 Ann、Cid、Dan、Gus、Ian 所在的五栋房屋。剩下的 Eve 和 Fay 怎么办呢？他们两家没有被覆盖到，所以 Cid 或者 Ian 也必须是消防员，这样就满足"无论从哪里出发，要么该房屋为消防员的家，要么可以通过一条路连接到消防员的家"，所以消防员的组合是（Bob、Hal、Cid）或者（Bob、Hal、Ian），因此最少需要招募 3 名消防员。因此，C 选项是正确的。

计算思维相关知识

本题中的房屋和道路类似于图的顶点和边。本题为最小顶点覆盖问题，是计算机科学中的一个重要问题。在社区安全监控方面，可以通过这个原理，确定在哪里放置摄像头，能监控所有街区。还可以用这个原理，确定在社区开多少家餐馆，可以服务到每一个人。

另外一个与之相关的问题是边覆盖问题。例如，要在道路上设置一些消防栓，应该在哪些道路上设置消防栓，使得每栋房子都与一条有消防栓的道路相连，且消防栓的数量尽可能少。

贡献者

[英译中] 丁慧清，huiqingding@sina.com

[审　核] 盛文盼，787004560@qq.com；周靓，mindzhou@163.com；
　　　　赵满明，swellfishming@163.com

[校　对] 王丹，yxll_84@163.com；王玉英，827691776@qq.com

2017-CH-07 宅基地坝的隧道

I: —	II: —	III: —	IV: 难	V: 中	VI: 中
分类	数据、数据结构与表征				
关键词	图，调度				

"宅基地坝"中有通过隧道连接的四个房间（A，B，C，F）。前三个房间（A，B 和 C）是起居室，第四个房间（F）是储藏食物的地方。

10 只海狸住在 A 房间，他们饿了，想去 F 房间吃东西。由于所有海狸都非常饥饿，他们都希望在最短的时间内到达食物存放处。

穿越一条隧道需要 1 分钟，并且一条隧道中一次只能有一只海狸。房间之间由一定数量的隧道连接：

在 A 和 B 之间有 4 条隧道；
在 A 和 C 之间有 1 条隧道；
在 B 和 C 之间有 2 条隧道；
在 B 和 F 之间有 1 条隧道；
在 C 和 F 之间有 3 条隧道。

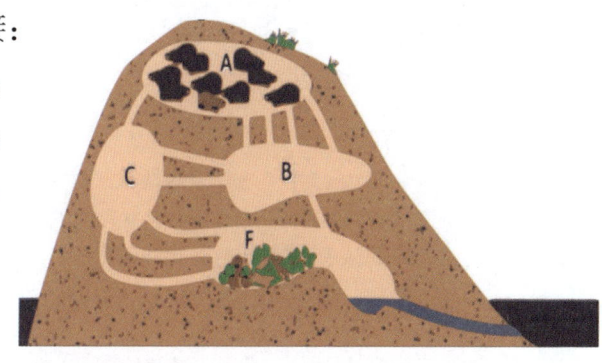

 房间没有容量限制，请问，所有海狸最快能在几分钟后全部进入 F 房间？（　　　）

A. 3 分钟　　　　B. 4 分钟　　　　C. 5 分钟　　　　D. 6 分钟

 解析

最好的情况是，所有海狸在 4 分钟后全部进入 F 房间。

该图有两条最短的路线（路线1：A→B→F；路线2：A→C→F），但在这两条路线中，一次都只能通过一只海狸，通过这两条路线的总时间都是两分钟。

还有一条路线的容量更大（路线 3：A→B→C→F），能通过 2 只海狸，但总共需要 3 分钟时间。

下表列出了每分钟海狸穿越隧道的情况及各房间海狸的数量。这仅是此任务的最佳解决方案之一（4 分钟）。这里，我们考虑了一种无须海狸在 B 房间等待的方式。

穿越隧道的情况	各房间中海狸的数量			
	A	B	C	F
开始的情况	10	0	0	0
一只海狸从A到C，三只海狸从A到B				
1分钟后的情况	6	3	1	0
三只海狸从A到B，一只海狸从A到C，一只海狸从B到F，两只海狸从B到C，一只海狸从C到F				
2分钟后的情况	2	3	3	2
一只海狸从A到B（选择最短路线），一只海狸从A到C，一只海狸从B到F，两只海狸从B到C，三只海狸从C到F				
3分钟后的情况	0	1	3	6
一只海狸从B到F，三只海狸从C到F				
4分钟后的情况	0	0	0	10

综上，正确答案为 B 选项。

计算思维相关知识

我们可以将图中的隧道网络想象成一个流动网络，即有向图，其中每条边上都有容量（房间之间的隧道数量或海狸数量），每个顶点都接收流量。边上的流量不能超过顶点的容量。

此题的目标是对海狸通过网络的流动进行优化，以使尽可能多的海狸在最短的时间内到达终点。

本题是流动网络问题的一个特殊版本，允许海狸在 B 房间和 C 房间中等待，可以自由穿越隧道。而在经典的流动网络问题中，规定了数据流动的方向，并且不能停留在某个地方，进来的所有数据都必须立即通过其他渠道流出。

生活中，我们可以运用本题的解题思路，结合计算机科学中如 Ford-Fulkerson 等算法，来建模解决道路系统的交通问题。

 贡献者

[英译中] 魏雪峰，xuefengwei99@163.com；王梦文，1297060489@qq.com

[审　核] 魏雪峰，xuefengwei99@163.com

[校　对] 尚菲，sf81076@163.com；林泽珊，1123447303@qq.com

2013-UA-08 硬币

I: —	II: —	III: —	IV: —	V: 难	VI: 难
分类	数据、数据结构与表征				
关键词	有向图，贪心算法，获胜策略				

小明和小伟在玩选硬币游戏，11 枚硬币彼此相距一定的距离，数字表示两枚硬币之间的距离。

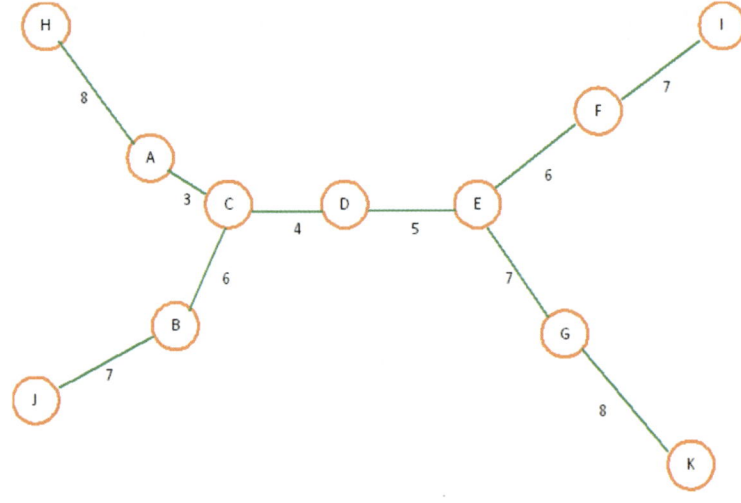

游戏规则：每人依次选择 5 枚硬币。例如，小明先用红色标签标记其中 5 枚硬币，然后小伟用蓝色标签标记另外 5 枚硬币，最后一枚硬币将属于距离其标签最近的那个人。

❓ 小明应该标记哪些硬币，才能确保得到最后一枚硬币？（   ）

A. A、D、F、G、J   B. A、C、D、E、F

C. B、C、D、E、F   D. A、B、D、F、G

方法一：

从每枚硬币向离它最近的相邻硬币画箭头，可以得到下面的有向图，小明的获胜策略是选择 A、B、D、F、G 这 5 枚硬币，因为它们与剩余的 6 枚硬币直接相连，且分别距离剩余的 6 枚硬币最近，所以小明选择这 5 枚硬币后，无论小伟再选择哪 5 枚硬币，剩下的一枚都会距离小明的红色标签最近，从而赢得游戏。

方法二：

也可根据博弈论的思路得出正确答案，我们可以注意到，H、I、J、K 这 4 枚硬币都只有一个相邻硬币，所以 A、F、B、G 这 4 枚硬币分别是距离它们最近的硬币。如果小明选择 A、F、B、G 这 4 枚硬币，那么小伟必然会选择 H、I、J、K 这 4 枚硬币，否则剩余任何一个硬币，都会距离小明的红色标签更近。以上 8 枚硬币确定之后，仅剩下 C、D、E 这 3 枚硬币，小明只需要选择位于中间位置的硬币 D，即可保证赢得本局游戏，因为无论小伟选择 C、E 中的哪枚硬币，另一枚剩下的硬币都一定距离小明的红色标签最近。从而得出结论，小明选择 A、B、D、F、G 这 5 枚硬币能确保赢得游戏，即答案为 D 选项。

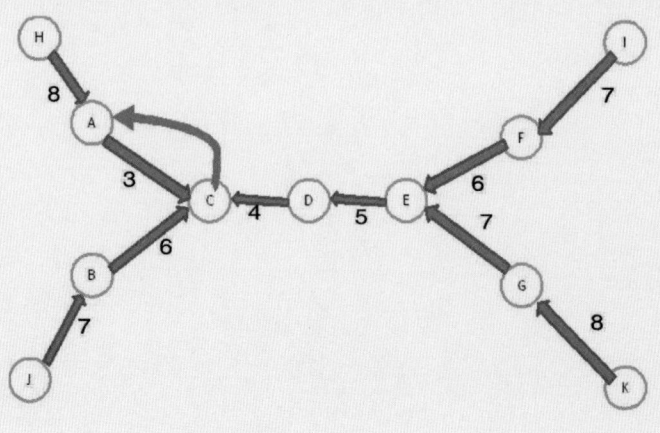

计算思维相关知识

要解决该问题构造有向图，然后使用简单的贪心算法和获胜策略。

如右图所示，若用箭头标明了边的方向，这样的边则为有向边，这样的图称为有向图，否则称为无向图。

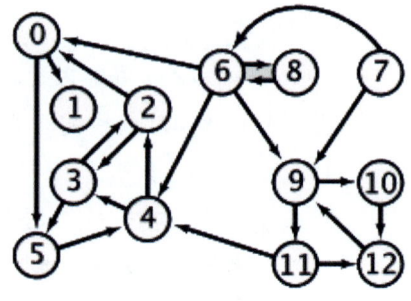

贡献者

[英译中] 张春英，ft2zchy@126.com；刘志华，Lzh1366@163.com；
王玉英，827691776@qq.com

[审　核] 王婧，3259424668@qq.com；王丹，yxll_84@163.com
王玉英，827691776@qq.com

[校　对] 张春英，ft2zchy@126.com；王婧，3259424668@qq.com；
王丹，yxll_84@163.com；王宇，3297562896@qq.com

2018-SP-02 网络

I: 一	II: 一	III: 一	IV: 一	V: 难	VI: 中
分类	数据、数据结构与表征				
关键词	图，普里姆算法				

一个互联网服务提供商（ISP）想要建立一个连通7个城市（蓝色圆点）的新网络，每个城市都可以发送和接收来自其他城市的消息。使用该网络的公司必须支付一定的费用，线路上标有相应的费用，如右图所示。

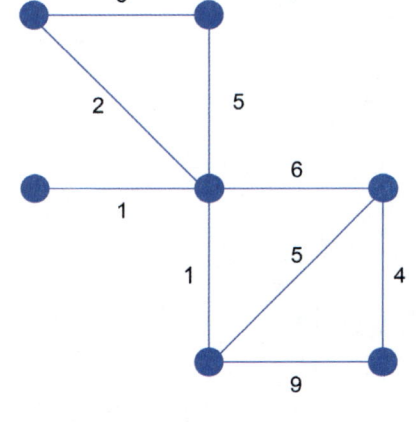

 在满足上述条件的情况下，建立新网络的最低成本为多少？（　　）

A. 16　　　　　B. 17　　　　　C. 18　　　　　D. 19

解析

将7个城市分别在右图中标记为E、F、G、H、J、P、K，要找到连通右图中7个城市的一条总线路，这条总线路上各个数字之和的值尽可能地小。

首先，选择费用最低的线路所在的点，即G、H、P，由于点G和点H之间只有一条线路，因此从点G开始，选取线路GH（费

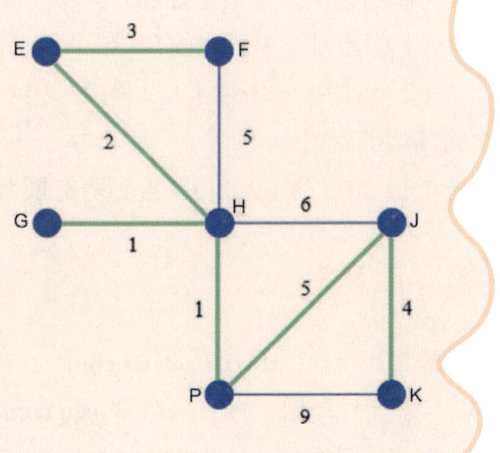

用为 1）；连接到点 H 的费用最低的线路为 HP（费用为 1），因此，选取线路 HP 和点 P；接着，发现连接到点 H 或点 P 的费用最低的线路为 HE（费用为 2），选取线路 HE 和点 E；然后，发现连接到点 H、点 P 或点 E 的费用最低的线路为 EF（费用为 3），选取线路 EF 和点 F；再观察连接到点 H 或点 P 的费用最低的线路为 PJ（费用为 5），选取线路 PJ 和点 J；最后，发现连接到点 P 或点 J 的费用最低的线路为 JK（费用为 4）。

综上，最低总费用为 1+1+2+3+5+4=16，答案为 A 选项。

计算思维相关知识

该问题的关键是找到一种以最低成本连接所有城市的方法。城市之间所有可能的连接是一个图，其中每个城市是一个顶点，每两个城市间的线路是一条边。我们必须找到一个边的子集，它形成一棵树，这样每个城市都有一条通往其他城市的路。我们还需要找到一棵代价最小的树，也就是最小生成树。在计算机科学中，普里姆算法（Prim 算法）是一种求带权无向图最小生成树的贪婪算法，使用该算法能找到一个包含所有顶点的树的边的子集，且树中所有边的总权重最小。

可以将该算法通俗地描述为以下步骤。

（1）用从图中任意选择的单个顶点初始化一棵树。

（2）将树按一条边生长：将树与树中尚未出现的顶点连接，找到最小权值边，并将其添加到树中。

（3）重复第（2）步（直到所有顶点都在树中）。

贡献者

[英译中] 尚菲，sf81076@163.com

[审　核] 林泽珊，1123447303@qq.com

[校　对] 魏拥军，113397988@qq.com；张春英，ft2zchy@126.com

2014-TW-03 露营

I: 一	II: 一	III: 一	IV: 一	V: 难	VI: 难
分类	数据、数据结构与表征				
关键词	最小生成树，排序，队列				

小海狸们和老师去山里露营，他们分成 7 个队，分别在 A、B、C、D、E、F、G 不同的山区露营。为了实现各队之间的交流，老师给每个队一部手机。通话线路属于不同的电信公司，所以收费也不同。老师发了一张通话费用图，并提醒各队队长以最经济的方式与各队联系。

每个山区可以看作一个结点，当两个山区建立联系时，相连接的结点会变成黄色，如示例 1 和示例 2。

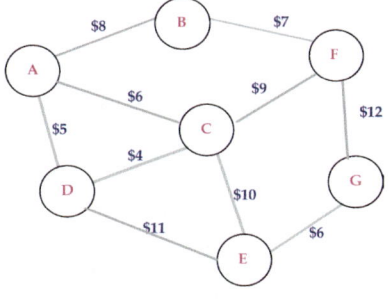

初始图

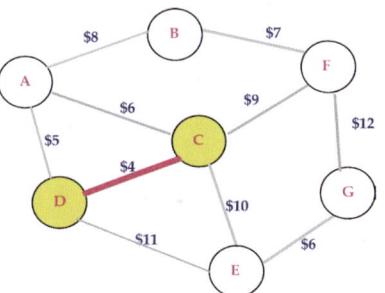

示例 1

 要使所有的结点之间建立联系，即所有结点变成黄色，最低通话费用是多少呢？（　　　）

A. $39 B. $40

C. $42 D. $48

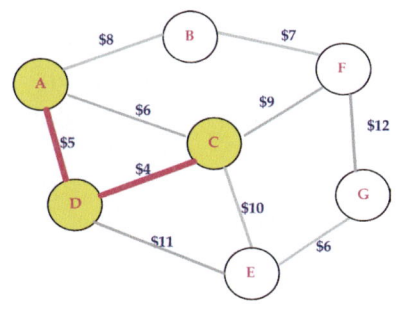

示例 2

本题可以使用 Kruskal 算法，方法如下。

（1）将各结点间的线路（边）按通话费用从小到大排序：CD、AD、AC、GE、BF、AB、CF、CE、DE、FG。

（2）按顺序选择费用最低的边。判断其是否在当前的生成树中形成了环路。如果没有形成环路，则将该边加入生成树，否则放弃。

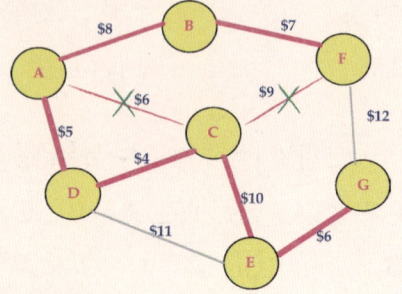

（3）重复步骤（2），直到访问所有结点。

具体步骤如下。

① 选择边 CD，无环路形成，加入生成树。

② 选择边 AD，无环路形成，加入生成树。

③ 选择边 AC，环路形成，放弃。

④ 选择边 GE，无环路形成，加入生成树。

⑤ 选择边 BF，无环路形成，加入生成树。

⑥ 选择边 AB，无环路形成，加入生成树。

⑦ 选择边 CF，环路形成，放弃。

⑧ 选择边 CE，无环路形成，加入生成树。

⑨ 访问到所有结点，结束。将通话费用相加：CD+AD+GE+BF+AB+CE=4+5+6+7+8+10=¥40。

因此，正确答案为 B 选项。

计算思维相关知识

这个问题涉及"最小生成树""排序"和"队列"相关知识。在一个连通的无向图中，生成树是该图的一个子图，它将所有的顶点连接在一起。一个图可以有多个不同的生成树，我们可以给每条边分配一个权值，将每条边的权值相加即生成树的权值和。最小生成树（Minimum Spanning Tree，MST）就是权值和最小的生成树。

最小生成树在多个领域的网络设计中有应用，如计算机网络、电信网络、交通网络、供水网络和电网。

 ## 贡献者

[**英译中**] 王梦瑶，wangmy306@163.com
[**审　核**] 赵满明，swellfishming@163.com；曹悦，caoyue@2dai.com
[**校　对**] 林泽珊，1123447303@qq.com；赵腾任，ZTR_2019@126.com

2015-SI-06 间谍

I: 一	II: 一	III: 一	IV: 难	V: 中	VI: 易
分类	数据、数据结构与表征				
关键词	战报交流问题				

　　每周的星期五和星期六，间谍们都需要共享上一周各自收集的信息。由于存在保密要求，不能同时出现两名以上的间谍。因此他们只好进行多轮会面。

　　6 名间谍只需 3 轮会面便可共享所有信息：会面前，每名间谍手上有一条信息。例如，间谍 1 有信息 "a"，间谍 2 有信息 "b"。第一轮，间谍 1 和间谍 2 会面，共享信息，则两人都知道了信息 "ab"。下图用连线的方式展示每一轮间谍会面的情况及共享的信息。三轮之后所有信息都已共享。

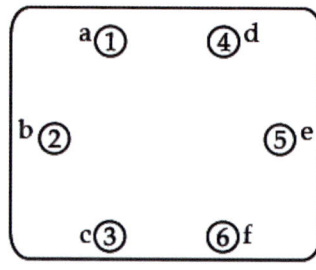

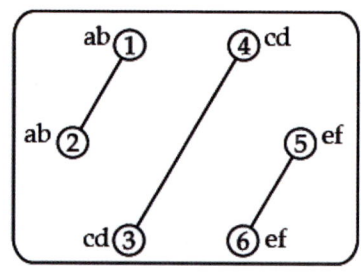

第 1 轮会面

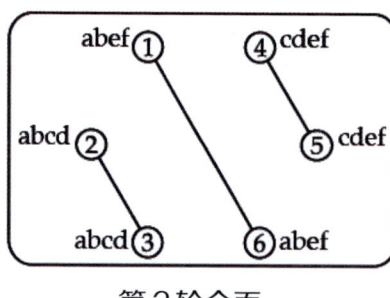

第 2 轮会面

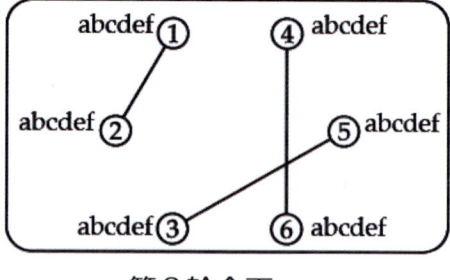

第 3 轮会面

某个国际事件发生后，一名间谍不再参与会面。若剩下的 5 名间谍想要共享所有信息，最少需要几轮会面？（　　）

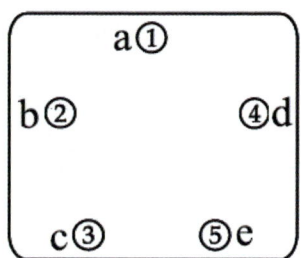

A. 2 轮 　　B. 3 轮

C. 4 轮 　　D. 5 轮

 **解析**

　　正确答案是 4 轮。一般人会觉得应该是 3 轮（或者更少），因为少了一名间谍。而且如果只有 4 名间谍，很明显只需 2 轮会面便能共享所有信息，所以 4 轮这个答案更加让人觉得奇怪了。

　　因为间谍人数是奇数，因此每一轮都会有一名间谍不参与会面。假如间谍 5 不参与第 1 轮会面，而参与第 2 轮会面。那么在第 2 轮会面，一共只有两名间谍知道他的信息"e"。在第 3 轮会面，这两名间谍与另外两名间谍会面，这样三轮下来，只有 4 名间谍知道信息"e"，所以需要第 4 轮，将信息"e"分享给剩下的一名间谍。

　　因此，至少需要 4 轮才能共享全部信息。为了证明 4 轮足矣，我们构建了一个 4 轮的模型，如下图所示。综上，答案为 C 选项。

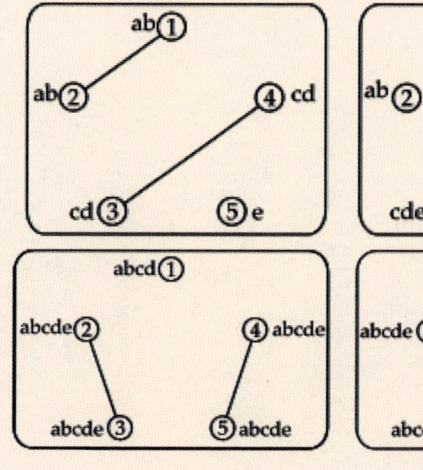

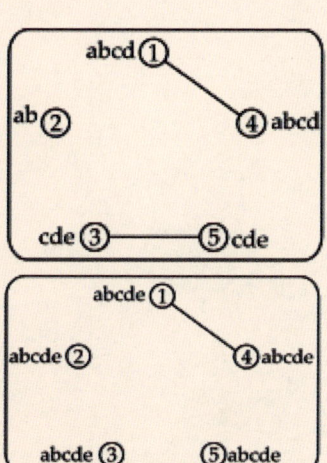

计算思维相关知识

计算机常常成对共享信息。有时可能出现上述类似的问题，即如何在尽可能短的时间内共享整个网络上的信息，这也叫战报交流问题。尝试解决不同数量间谍的问题，或许会发现有趣的规律。

贡献者

[英译中] 曾维义，zengonly@qq.com

[审　核] 赵满明，swellfishming@163.com；曹悦，caoyue@2dai.com

[校　对] 林泽珊，1123447303@qq.com；赵腾任，ZTR_2019@126.com；
　　　　　赵满明，swellfishming@163.com

2016-PK-01 B 型密码机

I: 一	II: 一	III: 一	IV: 难	V: 中	VI: 易
分类	数据、数据结构与表征				
关键词	算法，加密，密码机，密码学				

海狸们在传输信息。如下图所示，海狸被分成两组，分别位于海蛎领地的两侧，两组海狸传输的信息会经过海蛎的领地，所以海狸们在传输信息时会使用 B 型密码机来加密他们的信息，防止海蛎偷看。

B 型密码机的工作原理如下：

每次输入一个字母，对其进行加密（如输入"A"），左侧转子将确定右侧转子上相对应的字母（如输出"O"，以代替输入的"A"）。输出字母后，左侧转子将按图（1）箭头所示方向移动一个位置，到达图（2）所示的位置，但右侧的转子不动，左右转子之间的连杆（箭头所示）也保持不动。

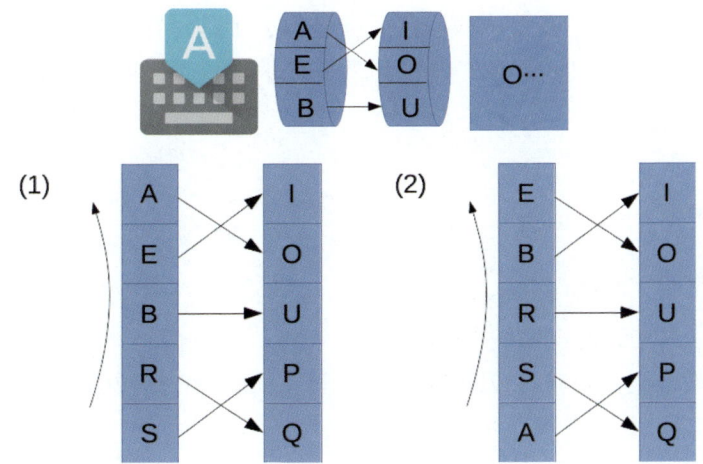

 第1组海狸想要把信息"BEBRAS"发送给第2组海狸。如果初始状态为图（1），加密后的信息是什么？（　　）

A. UOSAEB　B. UOUQOP　C. UOOOIP　D. UOOUPQ

解析

在图（1）处，字母B加密为U，在图（2）处，字母E加密为字母O。第3个至第5个字母的加密过程如下图所示。最后一个字母S的加密过程如图（1）所示。

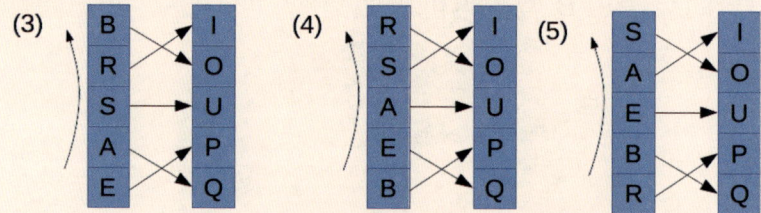

在图（3）处，字母B加密为O，因此A、B选项不正确。

在图（4）处，字母R加密为O，因此D选项不正确。

综上，正确答案是C选项。

 **计算思维相关知识**

　　这台机器是第二次世界大战期间德军用来加密信息的"恩尼格玛密码机"的简化版。英国情报部门在整个战争期间一直致力于破译这台机器。大多数本科密码学课程都是从介绍"恩尼格玛密码机"开始的。这个谜题的破解促进了第一台计算机的发展。

贡献者

[英译中] 高新，hyinn@live.com

[审　核] 陈虹宇，hyinn@live.com

[校　对] 梁志红，353541272@qq.com；李泽，lize512@126.com

2014-TW-05 积分图像

I: —	II: —	III: —	IV: —	V: —	VI: 难
分类	数据、数据结构与表征				
关键词	积分图，加密				

小海狸们生活在矩形湿地，这片湿地被划分成 6×5 的网格，如下图所示。

1	2	3	4	5
1	1	2	3	4
1	1	2	3	3
0	0	1	2	2
0	0	0	1	1
0	0	0	0	0

以图中左下角的一棵大树为参考点。为了不让其他动物知道每只海狸的家，海狸们决定对他们的地图进行加密。他们在加密地图的每个网格（6×5 的表）中放入一个整数。去年的加密地图如上方右图所示，根据去年的地图和加密地图，可以找出加密的规则。

已知今年的加密地图如下图所示。

1	3	4	7	9
1	3	4	6	8
1	2	3	5	6
1	2	3	4	5
0	1	1	2	3
0	0	0	0	1

根据加密规则，请问有多少只海狸生活在加粗的矩形区域？（　　）

A. 5 只　　　　B. 4 只　　　　C. 3 只　　　　D. 2 只

根据去年的地图和加密地图，我们可以分析得出：网格中的整数代表这个数字所在的网格与参考点所形成的矩形区域内的海狸数量，比如，去年的加密地图中的数字5代表整个网格中有5只海狸，今年的加密地图中的数字8则代表所在网格与参考点所形成的矩形区域内有8只海狸。

根据今年的加密地图，只需查找4次，就可以快速计算出加粗矩形内的海狸数量，即8-3-3+1=3，答案为C选项。

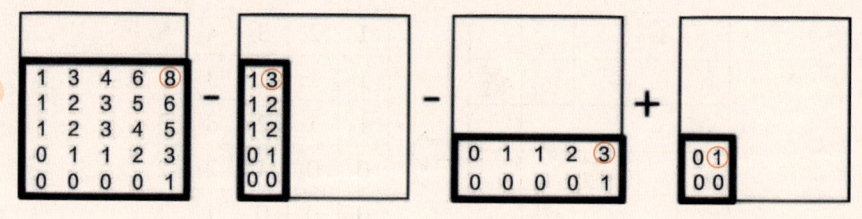

计算思维相关知识

积分图是一种在图像中快速计算矩形区域和的方法，使用积分图可以很方便地计算出任意区域内的像素和，无论矩形的尺寸有多大，只需查找积分图4次，就可以快速计算任意矩形内的像素和，即算法复杂度为$O(4)$。积分图已应用于计算机科学中，如Haar特征的对象识别。Haar特征的计算需要重复计算目标区域的像素值，使用积分图能大大减少计算量，达到实时计算Haar特征的目的。

贡献者

[英译中] 王梦瑶，wangmy306@163.com

[审 核] 赵满明，swellfishming@163.com；曹悦，caoyue@2dai.com

[校 对] 林泽珊，1123447303@qq.com；赵腾任，ZTR_2019@126.com

2010-LT-05 拍照

I: 一	II: 一	III: 一	IV: 一	V: 一	VI: 易
分类	数据、数据结构与表征				
关键词	三维可视化，排列				

海狸先生在池塘周围沿箭头方向行走，如左下图所示。他拍了 4 张照片，如右下图所示。

请问，他是按哪种顺序拍照的？（　　　）

A. 1—2—3—4

B. 1—4—3—2

C. 1—3—4—2

D. 1—4—2—3

解析

我们可以根据海狸行走过程中池塘中三个标志物相对位置的变化来做出正确判断。通过对比，正确答案为 B 选项。

计算思维相关知识

人们可以构建三维可视化模型以及运用虚拟现实的方法来验证不同的设想。

 **贡献者**

[**英译中**] 张春英，ft2zchy@126.com

[**审　核**] 郭浩，836415338@qq.com

[**校　对**] 孙云舒，yunshu.sun@outlook.com；曾维义，zengonly@qq.com；
张春英，ft2zchy@126.com；王玉英，827691776@qq.com

2016-MY-02 扫描仪编码问题

I: 一	II: 一	III: 一	IV: 中	V: 中	VI: 中
分类	数据、数据结构与表征				
关键词	图像表示，数字图像，像素				

两个扫描仪通过将图像的像素转换成特殊的代码来对图像进行编码。代码显示相同颜色（黑或白）连续像素的数量，接着显示另一种颜色（白或黑）连续像素的数量。以此类推，从左上角开始，从左到右逐行扫描。两个扫描仪使用不同的方法来处理行尾。

扫描仪甲逐行处理像素，并在下一行重新开始新的编码计数。扫描仪乙逐行处理像素，并将这一行的末尾和下一行的开头连续编码。例如，右边的图像用两种扫描仪分别扫描，得到的代码分别如下所示。

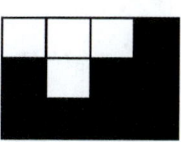

扫描仪甲：3，1，1，1，2，4（3白，1黑，1黑；1白，2黑，4黑）；

扫描仪乙：3，2，1，6（3白，2黑，1白，6黑）。

❓ 下面哪个图像，使用两个扫描仪扫描将得到相同的代码？（　　　）

A.

B.

C.

D.

解析

　　两个扫描仪的处理方式，区别在于是否将这一行中最后的像素和下一行中开头的像素合并。扫描仪甲没有将它们合并，扫描仪乙只在它们是相同颜色时才将它们合并。

　　如果两个扫描仪产生相同的代码，那么每一行末尾的像素和下一行开头的像素应该是不同的。因此，我们必须找到一个图像，任何一行中末尾的像素和下一行开头的像素是不同的。

　　在这 4 张图像中，唯一符合这一要求的是图像 C。

计算思维相关知识

　　扫描仪是一种通过光学读取器读取（或扫描）图像并将其转换为数字图像的设备。扫描时，传感器测量每个微小区域（像素）的颜色和亮度，并记录为数值，此过程称为图像数字化。

　　像素是数字图像中最小的元素。每个像素都是原始图像的一个样本，更多的样本将提供更精确的原始图像。

　　扫描仪甲使用换行符重新对后续行进行编码，而扫描仪乙将像素作为一个长的连续图像读取。在实际应用中，每种方法都有其优点。例如，对于长图像，扫描仪乙能使用较少的编码数字，但需要对图像的尺寸进行编码。对于较小的图像，使用扫描仪乙不合适。从事计算机科学工作时，这些权衡是非常重要的。

贡献者

[英译中] 陈虹宇，hyinn@live.com

[审　核] 高新，1582869379@qq.com

[校　对] 梁志红，353541272@qq.com；李泽，lize512@126.com

2017-KR-07 像素图像压缩

I: —	II: —	III: —	IV: —	V: —	VI: 难
分类	数据、数据结构与表征				
关键词	四叉树，图像压缩				

观察以下 4×4 的黑白像素图像。

可以使用二进制数字来存储该图像："1" 代表白色像素，"0" 代表黑色像素。

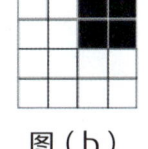
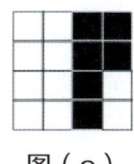

图（a）　　图（b）　　图（c）

对于一个 4×4 的图像，我们需要借助 16 个数字来表示。通过图像压缩方法，可以使用较少的空间来存储图像，尤其是样式简单的图案，如右图所示。

```
0 0 0 0     1 1 0 0     1 1 0 0
0 0 0 0     1 1 0 0     1 1 0 0
0 0 0 0     1 1 1 1     1 1 0 1
0 0 0 0     1 1 1 1     1 1 0 1
    0        (1011)    (10(0110)1)
```

将与像素对应的二进制数字排列在网格中。图像压缩方法如下。

图（1）　　图（2）　　图（3）

步骤（1）：如果网格中的所有数字均为 0，则结果字符串为 "0"，见图（1）；如果网格中的所有数字均为 1，则结果字符串为 "1"。

步骤（2）：否则将网格划分为四等份，压缩方法以每个四分格为单位，从左上角开始按顺时针方向进行压缩。将结果合并在一起，并用括号 "（" 和 "）" 括起来，见图（2）和图（3）。

请注意：压缩后的结果字符串可能只包含一位数字，见图（a）和图（1），这种情况将仅需使用步骤（1）。

❓ 观察下面表示 8×8 的图像的二进制数字网格。使用上述压缩方法压缩此网格，产生的结果字符串为哪个选项？（　　　）

A.（1110）

B.（11（1011）1）

C.（111（1（1101）11））

D.（111（1（1011）11））

```
1 1 1 1 1 1 1 1
1 1 1 1 1 1 1 1
1 1 1 1 1 1 1 1
1 1 1 1 1 1 1 1
1 1 1 0 1 1 1 1
1 1 1 1 1 1 1 1
1 1 1 1 1 1 1 1
1 1 1 1 1 1 1 1
```

解 析

```
1 1 1 1 1 1 1 1
1 1 1 1 1 1 1 1
1 1 1 1 1 1 1 1
1 1 1 1 1 1 1 1
1 1 1 0 1 1 1 1
1 1 1 1 1 1 1 1
1 1 1 1 1 1 1 1
1 1 1 1 1 1 1 1
```

(111(1(1011)11))

因此，答案为 D 选项。

计算思维相关知识

四叉树压缩，仅适用于某些类别的图像。

使用四叉树（Quad Tree）数据结构能把大量坐标数据压缩保存到内存空间，它总是将给定空间分割为 4 份，然后以递归形式表示，故得名四叉树。其最著名的应用就是对黑白图像（当然也可以是任何一个二值图像）的压缩。

四叉树压缩是最有效的栅格数据压缩编码方法之一。其基本思想是：首先把一个整体区域等分成四个区域，如果检查到某个子区域的所有栅格都含有相同的值（灰度或属性值），那么这个子区域就不再往下分割；否则，把这个子区域再分割成四个子区域，这样递归地分割，直至每个子区域都只含有相同的值为止。

使用四叉树以字符串的形式对 $2N \times 2N$ 的黑白图像进行如下压缩：

（1）图像的所有像素为黑色，则无论图像的像素有多少，该分支上的压缩结果都是 b（black），例如，本题用数字 0 表示。

（2）图像的所有像素为白色，则无论图像的像素有多少，该分支上的压缩结果都是 w（white），例如，本题用数字 1 表示。

（3）图像的像素不都是相同颜色，则先把图像分别按纵向及横向一分为二（四等分），然后依次对四等分的小图像进行四叉树压缩。

 ## 贡献者

[**英译中**] 王婧，3259424669@qq.com

[**修改|完善**] 王倩昀，594451987@qq.com

[**审核|校对**] 王倩昀，594451987@qq.com；张亮，10722919@qq.com；
王倩昀，594451987@qq.com；王梦瑶，wangmy306@163.com；
吕章雯，1102710292@qq.com；尚菲，sf81076@163.com

2017-RU-06 链路交换

I: 一	II: 一	III: 一	IV: 难	V: 中	VI: 中
分类	数据、数据结构与表征				
关键词	图表，传递闭包，邻接矩阵				

安、鲍里斯、克里斯、戴夫和伊娃创建了自己的网站，并在网站上放置了他们各自喜欢的网站链接。网站之间的友情链接以表格形式列出。

	安的网站	鲍里斯的网站	克里斯的网站	戴夫的网站	伊娃的网站
安的友情链接	+	+	+		+
鲍里斯的友情链接		+		+	
克里斯的友情链接			+		+
戴夫的友情链接	+			+	
伊娃的友情链接			+		+

然而，他们几个人发现，他们无法从自己的网站通过点击链接跳转到其他伙伴的网站。鲍里斯建议，他们应该彼此交换链接，比如，安有克里斯网站的链接，如果他们交换，克里斯也会有安的网站链接。

❓ 怎样交换尽可能少的链接，使得从任何网站都可以访问到所有其他的网站，即它们之间是互通的。

解析

要解决该问题，首先要了解哪些网站可以访问。在这种情况下可以对单元格着色。我们发现，可以从安的网站跳转到鲍里斯的网站，然后跳转到戴夫的网站，再跳转到安的网站，即安→鲍里斯→戴夫→

安,意味着这三个网站是彼此互通的。同理,克里斯和伊娃的网站也是互通的。要解决该问题,首先要了解哪些网站可以访问。在这种情况下可以对单元格着色。我们发现,可以从安的网站跳转到鲍里斯的网站,

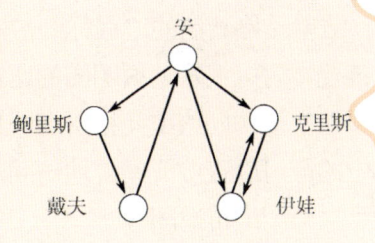

然后跳转到戴夫的网站,再跳转到安的网站,即安→鲍里斯→戴夫→安,意味着这三个网站是彼此互通的。同理,克里斯和伊娃的网站也是互通的。

　　安的网站链接到克里斯和伊娃的网站,但克里斯和伊娃的网站没有链接到安的网站。因此,可以交换他们之间的链接。

	安的网站	鲍里斯的网站	克里斯的网站	戴夫的网站	伊娃的网站
安的友情链接	+	+	+		+
鲍里斯的友情链接		+		+	
克里斯的友情链接			+		+
戴夫的友情链接	+			+	
伊娃的友情链接			+		+

　　通过交换表格的顺序,我们可以看得更加清楚。

	安的网站	鲍里斯的网站	戴夫的网站	克里斯的网站	伊娃的网站
安的友情链接	+	+		+	+
鲍里斯的友情链接		+	+		
戴夫的友情链接	+		+		
克里斯的友情链接				+	+
伊娃的友情链接				+	+

　　综上,可以交换安和克里斯的网站链接,或交换安和伊娃的网站链接。

计算思维相关知识

给单元格着色的过程称为传递闭包。如果我们用图的顶点表示网站，用边表示链接，可以很好地说明图的连通性问题。单元格中的加号表示该单元格对应的行可以直接访问该单元格所在的列，也就是这个图的邻接矩阵。如果一个单元格对应的行可以直接或间接地访问对应的列，就把这个单元格着色，这样我们就得到了这个图的传递闭包。

贡献者

[英译中] 陈虹宇，hyinn@live.com
[审　核] 高新，1582869379@qq.com
[校　对] 王梦瑶，1173417998@qq.com

2013-SP-04 彩球

I: 一	II: 一	III: 一	IV: 难	V: 难	VI: 中
分类	数据、数据结构与表征				
关键词	逻辑				

一个黑色的袋子里有 16 个不同颜色的球：如右图所示，2 个白色，2 个橙色，4 个绿色，4 个蓝色和 4 个红色。

 请问至少要从袋子中取出多少个球，才能确保取到所有颜色的球？（　　　）

A. 5个　　　　B. 9个　　　　C. 13个　　　　D. 15个

 **解 析**

正确答案是 D 选项。当袋子里还剩 2 个球时，仍不能保证已经取到所有颜色的球，因为剩下的两个球可能是相同颜色的，这时已经取了 14 个球，还需要再取 1 个，所以正确答案是 15 个球。

计算思维相关知识

人们通常认为这类问题可以用统计学方法解决，但实际上它们属于常识问题和逻辑结构问题。只要找出特殊情况，再做分析，就可得出结论。

贡献者

[英译中] 王婧，3259424668@qq.com
[审　核] 王丹，yxll_84@163.com；张春英，ft2zchy@126.com
[校　对] 张春英，ft2zchy@126.com；王丹，yxll_84@163.com；
　　　　　王婧，3259424668@qq.com；王宇，3297562896@qq.com

2016-PL-04 多米诺骨牌

I: 一	II: 一	III: 一	IV: 难	V: 中	VI: 易
分类	数据、数据结构与表征				
关键词	几何布局，列举法				

海狸有许多相同的多米诺骨牌，如右图所示，每张多米诺骨牌都是 2×1 的矩形，他想把多米诺骨牌平铺在盒子里。多米诺骨牌可以垂直排列，也可以水平排列。如下图所示，在一个 3×2 的小盒子里，可以使用 3 种不同的方式来排列多米诺骨牌，使其铺满盒子。

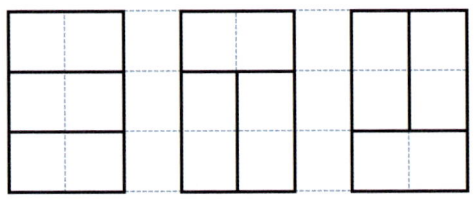

 在一个 3×4 的大盒子里，最多有几种排列方式？（　　）

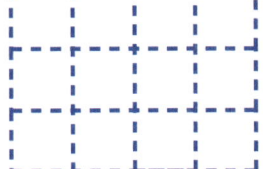

A. 6 个　　B. 8 个　　C. 9 个　　D. 11 个

 **解析**

　　可以通过检查所有可能的多米诺骨牌排列方式找到答案。首先，我们可以把大盒子分成两个小盒子。即将两个 3×2 的小盒子并排放在 3×4 的大盒子里。因为一个小盒子中有 3 种排列方式，因此，大盒子中的排列方式有 3×3=9 种。还有两个额外的方式，如右图所示。因此，对于 3×4 的大盒子，共有 9+2=11 种排列方式，答案为 D 选项。

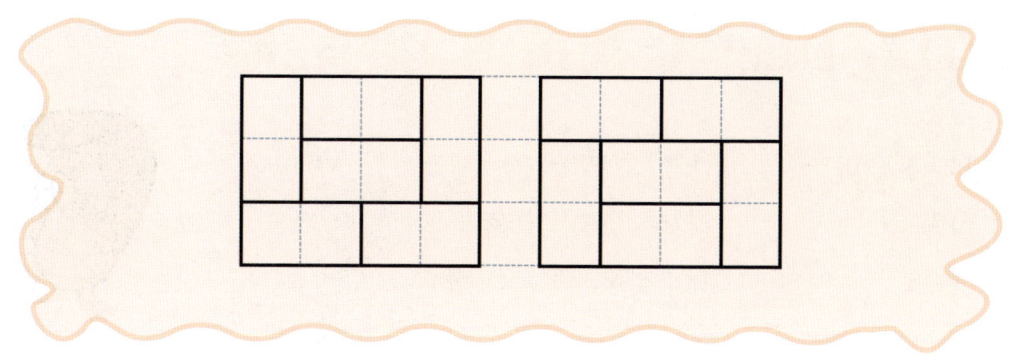

计算思维相关知识

多米诺骨牌的布局涉及几何布局。在几何学中，多米诺骨牌是由两个单位的正方形结合而成的。区域内多米诺骨牌的平铺，即使用多米诺骨牌对该区域进行无缝拼接。几何布局，即使用一个或多个几何图形进行没有重叠、没有间隙的拼接。

通过 3×2 区域和 3×4 区域之间的相关性，可以归纳、论证，发现 9 个可能的排列方式。之后进一步研究，可以找到 2 种额外的排列方式。

贡献者

[英译中] 张春英，ft2zchy@126.com
[审　核] 郭浩，836415338@qq.com
[校　对] 梁志红，353541272@qq.com；李泽，lize512@126.com

2017-DE-10 莱茵河上的轮船

I: 一	II: 一	III: 一	IV: 一	V: 难	VI: 中
分类	数据、数据结构与表征				
关键词	自动驾驶，传感器，逻辑				

　　一艘自动驾驶的轮船正沿着莱茵河由南向北航行（地图上是自下而上），轮船航行时会与河岸保持安全距离。

　　轮船有四个传感器，分别从前、后、左、右四个方向持续测量与水面障碍物之间的距离。计算机会用这四个传感器采集到的数据控制轮船的引擎和船舵。每分钟采集的数据都会记录在表格中。下表中列出了第 120 分钟到 128 分钟轮船所处的位置。

时刻（分钟）	前	后	左	右
120	9	6	5	3
121	16	10	6	2
122	12	8	4	4
123	24	10	6	4
124	9	14	4	6
125	28	16	5	5
126	16	28	6	4
127	12	16	7	4
128	8	14	6	4

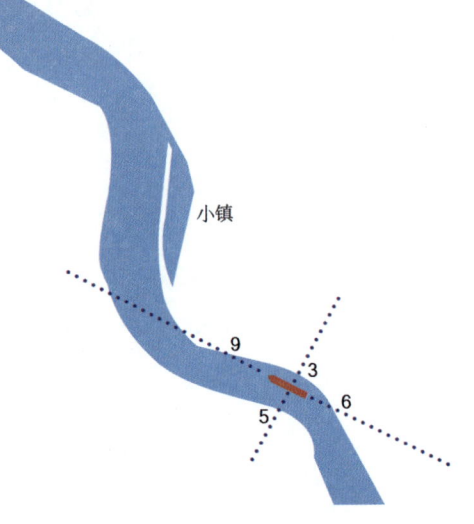

小镇

在某一特定时刻，一艘摆渡船在这艘轮船前横穿莱茵河。轮船自动转向，以保证有更多的安全距离。请问轮船与摆渡船在哪个时刻相遇？

解析

  轮船与摆渡船在 124 分钟时相遇。此时，前置传感器探测到障碍物距离为 9 个单位。而在这一时刻之前，轮船与前面障碍物之间的距离未小于 24 个单位。后一时刻，轮船右侧至河岸的距离从 4 个单位增加至 6 个单位，这说明轮船已经朝左转向，以避免与摆渡船发生碰撞。其他时刻（如 126 或者 128）均不正确，因为轮船没有转向。

计算思维相关知识

  计算机自动驾驶交通工具时，必须加工传感器采集到的信息，从而做出选择。这一系统所处理的最重要的事情之一就是避免碰撞。

贡献者

[英译中] 周靓，mindzhou@163.com

[审 核] 赵满明，swellfishming@163.com；丁慧清，huiqingding@sina.com；
     盛文盼，787004560@qq.com；张舒艺，syzhang_ecnu@163.com

[校 对] 赵满明，swellfishming@163.com；林泽珊，1123447303@qq.com

2017-JP-04 多彩建筑

I: —	II: —	III: —	IV: —	V: 难	VI: 中
分类			数据、数据结构与表征		
关键词			约束条件		

某城市坐落着一幢表面有八种不同颜色（青色、黑色、绿色、橙色、粉色、红色、紫色和黄色）的建筑，墙壁上的颜色顺序可能不同。梦琪、刘杨、小冉正站在建筑的不同圆点●上，而你在墙面交汇 × 处，如右图所示。

梦琪能看到青色、紫色和黄色的墙壁；
刘杨可以看到红色、黑色和紫色的墙壁；
小冉可以看到绿色、红色和橙色的墙壁；
颜色并非绝对按顺序排列。

从 × 处能看到什么颜色的墙壁？（　　　）

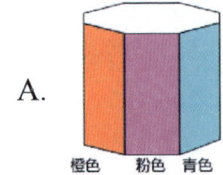

A.　橙色　粉色　青色

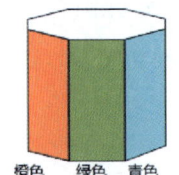

B.　橙色　绿色　青色

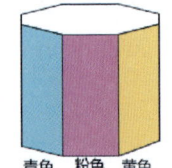

C.　青色　粉色　黄色

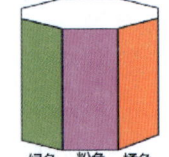

D.　绿色　粉色　橘色

解析

　　我们需要从已知条件入手，首先，若两人看到的颜色有交集，则代表二者位置相邻。

　　刘杨和梦琪看到的颜色有交集（紫色）。

　　刘杨和小冉看到的颜色有交集（红色）。

　　刘杨和梦琪、小冉都有交集，则刘杨的位置与梦琪、小冉都相邻，确定为 e，且所在墙面颜色为黑色，其余两侧各为红色、紫色。

再根据梦琪和小冉的已知条件，依次确定剩余梦琪（g）和小冉（c）各自另外两面墙的可能颜色组合，根据三人的已知条件，从建筑物的形状可以得出，a 所在墙壁为粉色，从 × 处可看到的颜色的 4 种可能的组合：

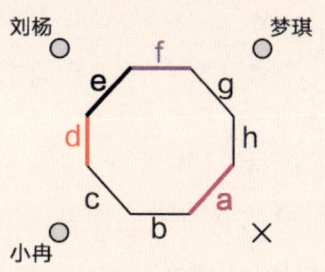

1）橙色、粉色和黄色；

2）橙色、粉色和青色；

3）绿色、粉色和黄色；

4）绿色、粉色和青色。

因此，正确答案为 A 选项。

计算思维相关知识

我们必须根据提供的已知信息（颜色和人员），来确定未知的信息。通过应用约束条件（比如不同的人如何与自己所能看到的颜色联系），将颜色排列成一个序列（排列）来满足约束条件。然后使用这些已知信息，确定剩余的颜色，以便找到可能的正确答案。

总的来说，就是找出同时满足所有约束条件的情况。

贡献者

[英译中] 王倩昀，594451987@qq.com

[审　核] 王婧，3259424669@qq.com

[校　对] 明纪英，309134133@qq.com；刘敏娜，22540148@qq.com；
　　　　　吕章雯，1102710292@qq.com；尚菲，sf81076@163.com

2018-DE-05 礼物

I: —	II: —	III: —	IV: —	V: 难	VI: 中
分类	数据、数据结构与表征				
关键词	关系网络，问题化简				

孩子们计划举办一个派对，图中呈现了孩子们之间的友谊关系：如果两人的名字被线连接，代表两人是彼此的朋友。对每对朋友来说，都需要其中一位给另一位买一份礼物，图中呈现了每个孩子可以购买的礼物份数。请你为每对朋友设计一下，谁应当为对方购买礼物。请注意购买的数量不能超过他可购买的礼物份数。

❓ 下面哪项不正确？（　　）

A. 浩宇和苏珊将不会收到任何礼物

B. 小璐将从苏珊那里收到一份礼物

C. 安娜和晓彤将每人各收到两份礼物

D. 刘杨将从小璐那里收到一份礼物

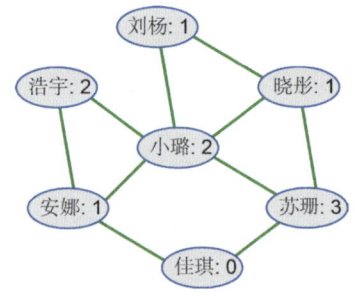

解析

我们可以使用带方向的箭头表示送礼物的情况。如果一个箭头从 A 指向 B，则表示 A 将给 B 买一份礼物。因此每对关系有两种可能。

为了选择正确的方向，我们从佳琪开始考虑。因为他不能给别人购买礼物，只能收到来自朋友安娜及苏珊的礼物，如果安娜给佳琪买礼物，则她也只能从朋友小璐及浩宇那里收取礼物。

接下来我们似乎有了多种选择，但是注意有个关键：刘杨与晓彤都只可以买 1 份礼物，对于这一对朋友来说，我们需要决定谁来为对方买礼物。

方案一：如果我们选择晓彤给刘杨买礼物，晓彤则需要从朋友小璐和苏珊那里收取礼物。接着小璐购买的礼物均已送出去，只能从刘杨、浩宇、苏珊那里收取礼物。苏珊也需要给晓彤买一份礼物，如左图所示。

　　方案二：如果我们选择刘杨给晓彤买礼物，刘杨则需要从朋友小璐那里收取一份礼物。接着小璐购买的礼物均已送出去，并从刘杨、浩宇、苏珊那里收取礼物。苏珊需要给晓彤买一份礼物，如右图所示。

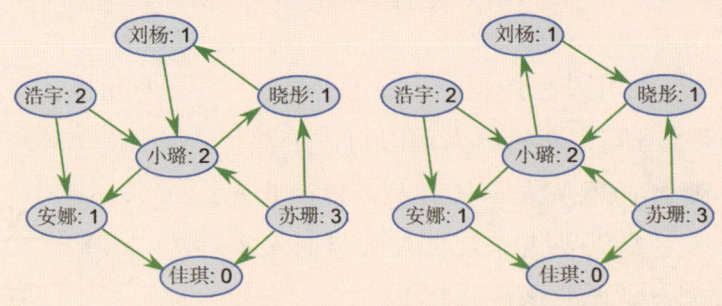

　　也就是说，不管哪种方案，均只有一种可能情况，因此一共只有这两种可能的方案，由图可知，A、B、C 选项的描述在两种方案中都正确，所以答案为 D 选项。

 计算思维相关知识

　　孩子们和他们之间的友谊形成了一个由结点（孩子）和连接线（友谊关系）组成的友谊网络，这类似于许多人使用的社交网络。这些网络有一个重要的区别：人群中的友谊往往是相互的（即没有方向性的限制），而在其他关系网络中，可能会有"追随者"，即关系中带有方向性：你可能追随很多 VIP，但这些 VIP 可能不会反过来追随你。

　　这和信息学中一个有名的问题类似：在一个关系网络中，关系的容量是有限的。此题中的结点（每个孩子）有容量限制（购买礼物的份数）。无论哪种问题，我们都要学会将复杂问题简化。

贡献者

[英译中] 王倩昀，594451987@qq.com　　[审　核] 王婧，3259424669@qq.com

[校　对] 明纪英，309134133@qq.com；刘敏娜，22540148@qq.com；

　　　　　王婧，3259424669@qq.com；王娟，284311304@qq.com

2017-IT-05 机器人路径

I: —	II: —	III: —	IV: —	V: 难	VI: 难
分类	数据、数据结构与表征				
关键词	有限状态自动机				

一个机器人可以在地板上向北或向东移动一个网格，下图呈现了机器人的运动方向，即机器人可以行进的路径：

（1）带 N 的箭头表示机器人必须向北走；

（2）带 E 的箭头表示机器人必须向东走；

（3）实心圆代表路径的起点；

（4）双圆圈代表路径的可能终点；

（5）如果机器人在双圆圈处，并且有箭头指向别处，则机器人可以继续移动。

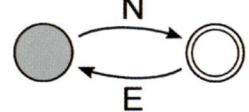

例如，如果机器人按照上图指示运动，那么它首先会向北运动，然后向东和向北交替运动，最后在一次向北运动后停在终点。因此 NENENEN、NEN 或 NENENENENENEN 都是可能的路径，而 NENNE、NENE 及 ENE 都是不可能的路径。

 现在，机器人要按照下图的指示运动，请为下列题目选择正确的选项。

1. 任何允许的路径（　　）。

    A. 必须以 E 结尾

    B. 有时会以 E 结尾

    C. 不能以 E 结尾

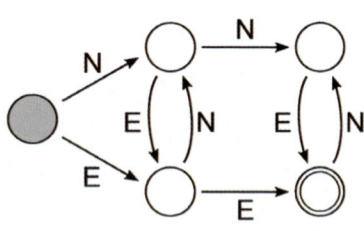

2. 不允许的路径有（　　）。

    A. ENNE   B. ENEENE   C. NEENENNE

3. 在任何允许的路径中，E 和 N 的数量相差（　　）。

   A. 2　　　　　　　　　B. 3　　　　　　　　C. 最大是 2

解析

从图中可以分析得到，任何允许的路径一定具有以下属性：

① 以 N 或 E 开头（因为从实心圆开始，有两个箭头，分别是 E 和 N）；

② 以 E 结尾（因为双圆圈只能由 E 标记的箭头到达）；

③ 除了第一次，后续会向东、向北交替运动；

④ 必须包含一对连续的运动（EE 或 NN）。

因此，各题的正确答案如下所示。

题 1. 任何允许的路径都必须以 E 结尾，答案为 A 选项。

题 2. 不允许的路径都包含 NEENENNE，答案为 C 选项。因为在连续执行了两个标记为 E 的箭头后，机器人可以到达终点，在这之后一定是交替出现 N 和 E。

题 3. 在任何允许的路径中，E 和 N 的数量相差最大是 2，这是上述特征所隐含的，答案为 C 选项。因为在最不平衡的情况下，路径以 E 开头，以 E 结尾，并且中间包含 EE，因此它的形式应该是 E…NEEN…E，其中的…表示某些重复的路径（也可能没有）。

计算思维相关知识

该任务中的图其实就是有限状态自动机（FSA，也叫有限状态机、有限自动机或状态机）。有限状态自动机在信息学中经常用于描述系统，这些系统可以处于一组有限的可能状态中，并通过一组有限的操作（下个状态仅取决于当前的状态和执行的操作），实现从一个状态转移到另一个状态。通常我们会指定系统的初始状态和最终状态。

在有限状态自动机的状态图中，可能的状态用圆圈表示（一般初始状态用实心圆表示，最终状态用双圆圈表示），状态转换用箭头表示，操作用给定字母表示（如本题中的 N 和 E）。

状态可以通过编号或命名来加以区分，如下图所示，该任务中的有限状态自

动机可以表示为：

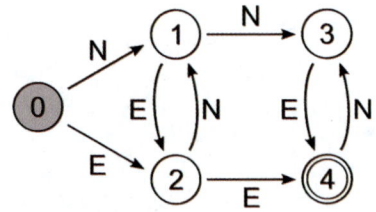

换句话说，该机器人可能有 5 种状态：

（1）机器人没有执行任何移动；

（2）机器人先执行了一次 N 的移动，然后交替执行了 E 与 N 的移动；

（3）机器人先执行了一次 E 的移动，然后交替执行了 N 与 E 的移动；

（4）机器人已经连续执行了两次 N 的移动，接下来要交替执行 E 和 N 的移动；

（5）机器人已经连续执行了两次 E 的移动，接下来要交替执行 N 和 E 的移动。

在有限状态自动机中，系统的状态转移由有限状态自动机能接受的语言描述，即通过图中的箭头获得的一组序列。例如，图中的有限状态自动机就描述了机器人可以行进的所有的可能路径。

 贡献者

[英译中] 张舒艺，syzhang_ecnu@163.com

[审　核] 丁慧清，huiqingding@sina.com

[校　对] 赵满明，swellfishming@163.com；尚菲，sf81076@163.com

2017-KR-04 炼金有术

I: —	II: —	III: —	IV: —	V: 难	VI: 难
分类	数据、数据结构与表征				
关键词	贪心算法，排序，二叉树				

流经海狸村的一条河里经常能发现金子。海狸豆豆想把她找到的金子熔炼成金块。一位铁匠告诉豆豆：一次只能把两块金子熔炼在一起，每熔炼 1g 金子要花 1 美分。

例如，假设有 5 块金子，质量分别为 5g、7g、6g、3g 和 2g，通过以下四步将它们熔炼成一块金块（见右图，正方形代表原始的金子，椭圆形代表熔炼后得到的金块，每个图形中的数字代表相应的质量。椭圆旁边的蓝色数字表示熔炼的顺序）。

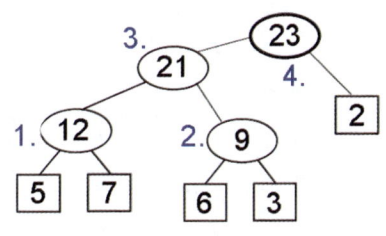

（1）将 5g 和 7g 的金子熔炼成 12g 的金块，要花 12 美分。

（2）将 6g 和 3g 的金子熔炼成 9g 的金块，要花 9 美分。

（3）将 12g 和 9g（前面熔炼得到的）的金块熔炼成 21g 的金块，要花 21 美分。

（4）将 21g 和 2g 的金子熔炼成 23g 的金块，要花 23 美分。现在所有的金块都熔炼成了一块金块。

总熔炼成本是 12+9+21+23=65 美分。

同样的结果（单块 23 克的金块）也可以通过另一种经过优化的（但不一定是最优的）四次熔炼方法来实现："5g+7g=12g" "3g+2g=5g" "12g+5g=17g" 和 "17g+6g=23g"。在这种情况下，总熔炼成本只有 12+5+17+23=57 美分。

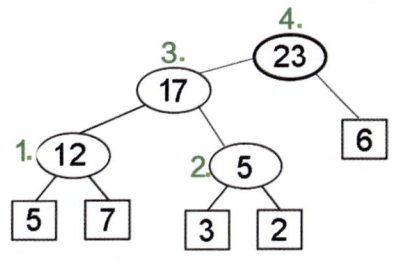

问题：假设海狸豆豆有 8 块金子，质量分别为：7g、1g、3g、2g、6g、2g、5g、4g，将这 8 块金子全部熔炼成一块金块的最低熔炼成本是多少？（　　）

A. 80 美分　　B. 85 美分　　C. 90 美分　　D. 95 美分

解析

每一块原始金子的质量在每一次熔炼中都要计算一次。因此，总成本最低的方案直接对应于最大限度地减少质量最大的金子（块）参与的熔炼次数。这就得出了最佳解决方案：在每一步中，将当前质量最小的两块金子（块）熔炼。

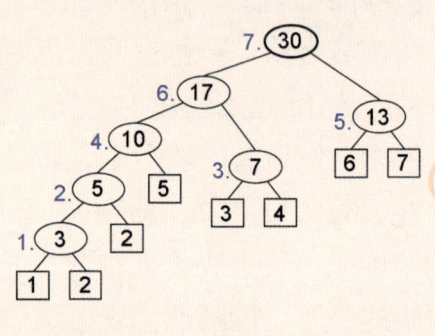

总成本是熔炼质量的总和（椭圆形内的数字）：3+5+7+10+13+17+30=85。

因此，正确答案为 B 选项。

计算思维相关知识

我们在生活中经常遇到优化问题。本题是组合优化的一个常见的例子。当整个成本取决于任务顺序时，我们需要找到完成任务的最小成本。有许多方法可以解决该优化问题，其中一个最简单的方法是使用贪心算法。贪心算法（又称贪婪算法）是指，在对问题进行求解时，总是做出在当前看来是最好的选择。也就是说，不从整体最优上加以考虑，它所做出的仅是某种意义上的局部最优解。本题便是在每次熔炼时，选取质量最小的两块金子（块）。

贡献者

[英译中] 刘敏娜，22540148@qq.com　　[修改|完善] 张亮，10722919@qq.com
[审核|校对] 明纪英，309134133@qq.com；王倩昀，594451987@qq.com；
　　　　　吕章雯，1102710292@qq.com；尚菲，sf81076@163.com

2014-CZ-03 特别列车

I: —	II: —	III: —	IV: —	V: —	VI: 难
分类	数据、数据结构与表征				
关键词	图，分布式计算				

两列火车分别从 1 号站和 2 号站出发，向对方驶去。下面的地图呈现了所有车站和它们之间的彩色铁轨。

每一时刻，只能有一列火车在行驶，另一列则要停在某个车站。当火车行驶时，它经过的铁轨颜色编号会被记录下来。

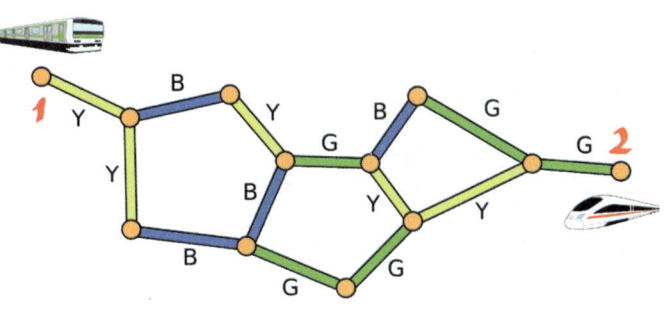

例如，记录 BG 可以表示"一列火车经过一条蓝色轨道，然后经过一条绿色轨道"或者"一列火车经过蓝色轨道，而另一列火车经过绿色轨道"。

 以下哪项包含了两列火车相遇的记录信息？（　　　　）

A. GYGBGYBB

B. YYBYGGBG

C. GBYBYGY

D. YBBYBYY

 解析

我们来分析一下所有选项。

A 选项：GYGBGYBB，正确。"G|Y|GBG|YBB"中的竖线表示了列车依次行驶的顺序。下图中加粗的路线便为两列火车相遇的行驶路线。从 2 号站开出的火车先开动，两列火车相遇在 Z 站。

B 选项：YYBYGGBG，不正确。它以字母 Y 开头，所以从 1 号站出发的火车必须先开动，沿着 YYB 轨道行进，列车到达 X 站（见下图）。下一个记录是 Y，但此时两列火车都无法驶入黄色轨道 Y。

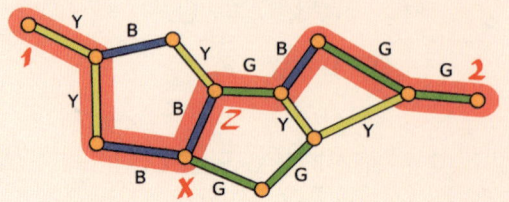

C 选项：GBYBYGY，不正确。它以字母 G 开头，所以从 2 号站出发的火车必须先开动。该选项的第二个字母是 B，但此时没有火车停留在 B 轨道的起点站。

D 选项：YBBYBYY，不正确。因为它不包含绿色轨道 G。如果火车想离开或进入 2 号站，就必须经过绿色轨道 G。

计算思维相关知识

如果两个独立的进程在一个处理器中运行，那么有必要确定哪个进程先运行，因为处理器此时只能处理一个进程。就像本题中的两列火车一样，每个时刻只有其中一列可以行驶。

简单来说，分布式计算就是把一个大计算任务拆分成多个小计算任务，由多台计算机分别计算，最后把这些计算结果综合起来，得到最终结果。如分析与计算蛋白质的内部结构和相关药物的项目，该项目结构庞大，需要惊人的计算量，一台计算机是不可能完成计算的，因此就会使用分布式计算。

贡献者

[英译中] 王玉英，827691776@qq.com
[审　核] 赵腾任，ZTR_2019@126.com
[校　对] 魏拥军，113397988@qq.com；高静静，gaojingjing0813@163.com；
　　　　 赵腾任，ZTR_2019@126.com

2017-IT-08 彩色四宫格数独游戏

I: —	II: —	III: —	IV: —	V: —	VI: 难
分类	数据、数据结构与表征				
关键词	四宫数独，符号交换，几何变换，等价类				

小王和小明用四种颜色（1=红色，2=绿色，3=蓝色，4=黄色）的小方块制作 4×4 数独游戏的最终模式，玩得很开心。

四种颜色（数字）将出现在构成模式的每一行、每一列和四个 2×2 框中的每一个框中。他们制定了以下 A、B、C、D、E 五个模式。

小明注意到，通过执行以下七种操作中的不超过四种操作（每种操作仅限一次），模式 C、D、E 都可以转换为模式 A 或 B 中的一个，且只能转换为模式 A 或 B 中的一个。

（1）将一种颜色的所有小方块与另一种颜色的所有小方块交换（例如，将所有 1= 红色与所有 2= 绿色交换）；

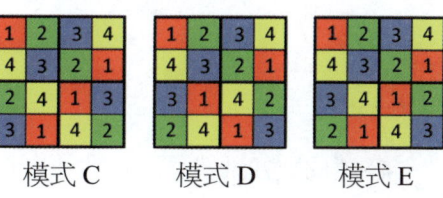

模式 A　　　　模式 B

模式 C　　　模式 D　　　模式 E

（2）将第 1 行与第 2 行交换；

（3）将第 3 行与第 4 行交换；

（4）将第 1 列与第 2 列交换；

（5）将第 3 列与第 4 列交换；

（6）沿水平轴翻转；

（7）顺时针旋转 90 度。

例如，将右图所示的模式 P 执行以下三个操作：①沿水平轴翻转；②顺时针旋转 90 度；③将红色与蓝色交换，就可以得到模式 B。

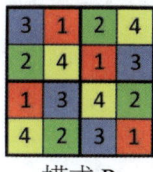

模式 P

> **?** 请问，模式 C、D、E 经过不同的操作，分别可以转换为模式 A 还
> 是模式 B？（　　）

1. 模式 C 可以转换为：模式 A 还是模式 B？
2. 模式 D 可以转换为：模式 A 还是模式 B？
3. 模式 E 可以转化为：模式 A 还是模式 B？

A. A、A、B　　B. B、B、B　　C. B、A、B　　D. A、B、B

解析

　　事实上，通过以下操作后，所有模式都会转换为模式 B。

　　1. 从模式 C 开始，依次进行：沿水平轴翻转，顺时针旋转 90 度，将绿色小方块与蓝色小方块交换，得到模式 B；

　　2. 交换模式 D 的第 3 行和第 4 行，得到模式 C，然后，依次执行上述 1 的操作，得到模式 B；

　　3. 交换模式 E 的第 1 列和第 2 列，得到模式 P，然后，依次执行操作①②③，得到模式 B。

　　综上，正确答案为 B 选项。

计算思维相关知识

　　4×4 的数独游戏是四宫数独，它的规则很简单，每行、每列、每宫都只出现数字 1、2、3、4 各一次，共有 288 个模式（其中只有 12 个具有红绿蓝黄的颜色序列，即第一行的数字 1-2-3-4），可以被划分为 A 和 B 两个等价类，涉及以下操作：

　　颜色（数字）的排列方式有 12 种：将第 1 行与第 2 行交换或将第 3 行与第 4 行交换；或将第 1、2 行与第 3、4 行交换；将第 1 列与第 2 列交换或将第 3 列与第 4 列交换；或将第 1、2 列与第 3、4 列交换；翻转（水平和垂直）和旋转（90 度，180 度，270 度，360 度）。

　　每个宫格中的数字 1、2、3、4 的排列方式有 24 种。

　　以 1 在左上角为例，有 6 种方式，如下图所示。

1	2
3	4

1	2
3	4

1	3
4	2

1	4
3	2

1	2
4	3

1	4
2	3

同理，2、3、4分别位于宫格左上角也各有6种排列方式。因此共有6×4=24种排列方式。

 **贡献者**

[**英译中**] 明纪英，309134133@qq.com

[**审　核**] 王梦瑶，wangmy306@163.com

[**校　对**] 张亮，10722919@qq.com；王靖，3259424668@qq.com；

张春英，ft2zchy@126.com；吕章雯，1102710292@qq.com；

尚菲，sf81076@163.com

2018-US-03 铺瓷砖

I: —	II: —	III: —	IV: —	V: —	VI: 难
分类	数据、数据结构与表征				
关键词	生命游戏，规则集				

　　海狸准备为旅店的地板铺瓷砖，地板是长方形的，长边包含 31 块瓷砖，短边包含 16 块瓷砖。海狸想自行创建一种有趣的铺瓷砖的方法：根据某块瓷砖上面的三块瓷砖（正上方、右上方和左上方）来确定这块瓷砖是白的还是黑的。对于边缘上的瓷砖，则假定它们旁边的瓷砖是白色的。

　　海狸根据下图的规则确定下一行瓷砖的颜色，我们称之为"规则集"。

　　海狸决定从地板长边（有 31 块瓷砖）的中间的一块黑色瓷砖开始，根据"规则集"，出现了以下图案。

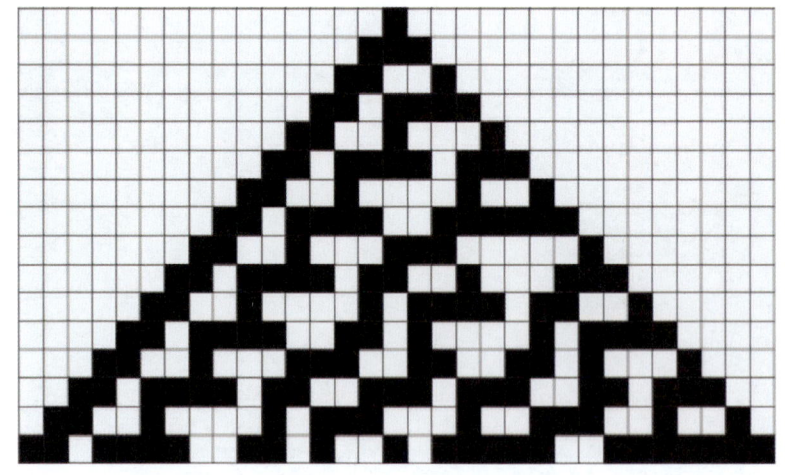

　　旅店老板不太喜欢这个图案，她希望地板的最后一行瓷砖是黑白相间的，如下图所示。

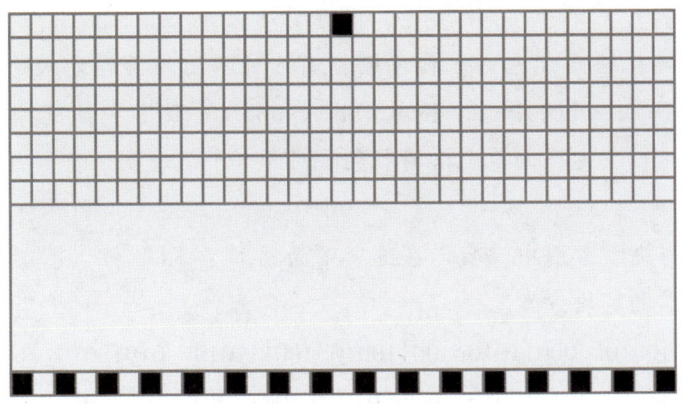

请问是否有方法能够满足旅店老板的需求？

 **解析**

下图给出了一种解决方案。这是一个基于"XOR"函数的解决方案。在这种情况下，单元格的值不依赖于它自己的状态，而取决于邻居（左上方邻居和右上方邻居）的状态。如果有且只有一个邻居是黑色的，那么单元格就是黑色的，否则是白色的。

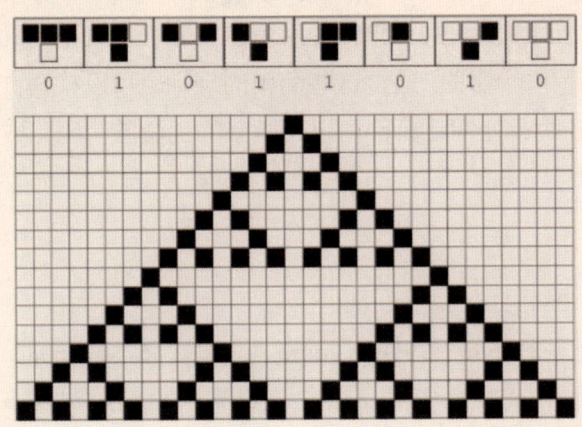

这个问题有多种解决方案。

最多有 256 个不同的"规则集"。可以看出，必须根据单元格上面的三个单元格（正上方、右上方和左上方）来决定该单元格的颜色。

这三个单元格是黑色的或白色的，有 8 种不同的排列方式（www，wwb，wbw，wbb，bww，bwb，bbw，bbb）。这 8 种情况中的每一种，都可以决定下面单元格的颜色。对于 8 个二进制组合，有 $2^8=256$ 种情况。

在解决方案图中，我们在选项下面添加了"1"和"0"。下面为所有有效的解决方案。

00010010　00011010　00110010　00111010　01010010
01011010　01110010　01111010　10010010　10011010
10110010　10110011　10111010　11010010　11011010
11110010　11111010

拥有这么多有效的解决方案意味着：我们可以通过观察，轻松地完成任务，而不需要花费太多的时间来寻找解决方案。

 ## 计算思维相关知识

该问题实际上与康威的生命游戏有关。康威的生命游戏是约翰·康威基于约翰·冯·诺伊曼的工作发明的。康威的生命游戏是一个细胞自动机，网格上的细胞使用一些非常简单的规则。通过这些简单的规则，可以构建许多非常复杂的机器。事实上已经证明：任何计算都可以用康威的生命游戏来完成。

贡献者

[英译中] 王娟，284311304@qq.com
[审　核] 朱燕南，3116465579@qq.com；黎子靖，578426608@qq.com
[校　对] 梁见斌，38836314@qq.com；张春英，ft2zchy@126.com

2017-SI-01 格雷编码

I: —	II: —	III: —	IV: —	V: —	VI: 难
分类	数据、数据结构与表征				
关键词	格雷码				

1. 拿一张方格纸，在右上角标记一个矩形区域，例如，标记一个三行五列的矩形。将墨水印迹随机滴在方格中。

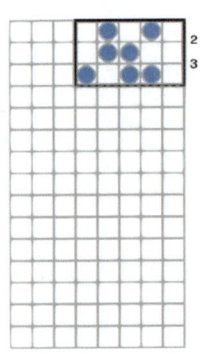

2. 沿着区域下方折叠。墨水仍然很湿，我们会看到该区域的镜像。

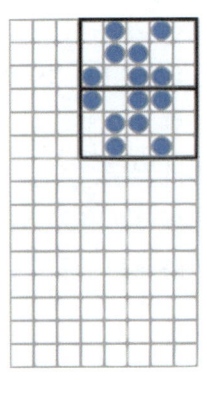

3. 在该镜像中的每一行左边的方格中分别添加墨水印迹。右边的数字显示连续行中墨水印迹在不同位置的方格数量，例如，第一二行中有两个方格中的墨水印迹位置不同。

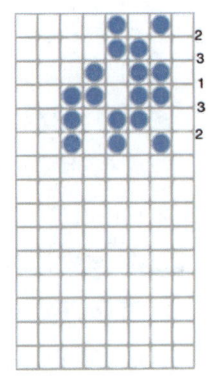

4. 再次沿着区域下方折叠，将获得一个新的镜像。

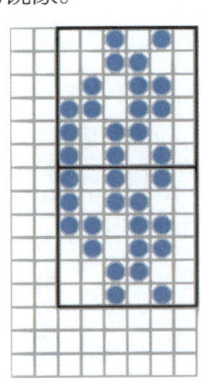

5. 在该镜像中的每一行左边的方格中分别添加墨水印迹。

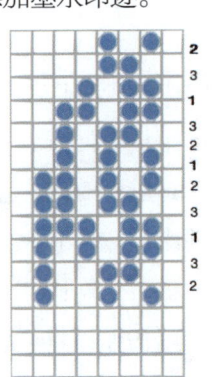

这时得到行模式。有些行是相似的，如第三行和第四行仅有一处不同。有些行是完全不同的，如第二行和第三行有三处不同。

现在，我们从一个简单的 2×1 的矩形的初始模式开始。

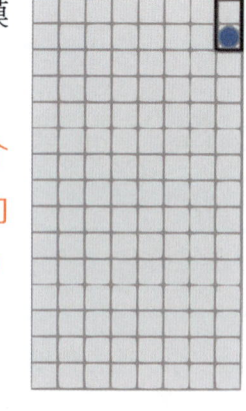

 重复折叠和添加墨水印迹七次，将得到一个漂亮的图案。完成后，找到不同点最多的相邻两行，这两行有多少处不同？（ ）

A. 1处

B. 2处

C. 7处

D. 8处

 解析

你可能没有想到，最终的图案有256行！

初始模式显然在单个空间中有所不同。不难看出，在折叠和添加墨水印迹之后，每对连续行仍然在单个位置上有不同。

- 顶部保持不变。如果行在单个位置不同，则它们仍然会不同。
- 底部是顶部的镜像，由于底部的所有行都具有这些墨水印迹，因此它们的墨水印迹数与上面的原始行相同，即相邻两行只有一处不同。
- 顶部的底行和底部的顶行是相同的，除了底部的顶行在开头处有额外的墨水印迹。因此，它们只有最左端的方格不同。

因此，执行所有步骤之后，所有相邻行将最多只有一处不同，答案为 A 选项。

计算思维相关知识

在一组数的编码中，若任意两个相邻的代码只有一位二进制数不同，则称这种编码为格雷码（GrayCode），另外，由于最大数与最小数之间也仅有一位数不同，即"首尾相连"，因此又称循环码或反射码。在数字系统中，常要求代码按一定的顺序变化。例如，按自然数递增计数，若采用 8421 码，则数 0111 变为 1000 时，四位二制数均发生变化，而在实际电路中，四位的变化不可能同时发生，则计数中可能出现短暂的其他代码，如 1100、1111 等。在特定情况下可能导致电路状态错误或输入错误。使用格雷码可以避免这种错误。

想象一下，将这些行的状态用二进制数编码。通过 7 次折叠和添加印迹，我们得到了 0 到 255 之间的 256 个不同的数字。从上到下遍历所有行，列出所有 8 位数字，每次仅更改了一点。这种方法应用广泛，如设计安全的硬件，解决中国环谜之类的玩具和汉诺塔游戏等。

 贡献者

[英译中] 朱燕南，3116465579@qq.com
[审　核] 王娟，284311304@qq.com；黎子靖，578426608@qq.com
[校　对] 梁见斌，38836314@qq.com；孙丹，11803011@zju.edu.cn；
　　　　　王梦瑶，1173417998@qq.com；王娟，284311304@qq.com

2010-PL-18 信息科学的历史

I: —	II: —	III: —	IV: —	V: 易	VI: 易
分类	通信与网络				
关键词	密码机器				

 20世纪哪位伟大的计算机科学家（信息学家）促成了恩尼格玛密码机的破译？（ ）

A. 马里安·雷耶夫斯基

B. 冯·诺依曼

C. 艾伦·图灵

D. 克劳德·香农

 **解析**

基于信息科学的历史，答案为C选项。

计算思维相关知识

在密码学史中，恩尼格玛密码机（德语：Enigma，又译哑谜机或"谜"式密码机）是一种用于加密与解密文件的机器。确切地说，恩尼格玛是对第二次世界大战时期纳粹德国使用的一系列相似的转子机械加密、解密机器的统称，它包括许多不同的型号。

马里安·雷耶夫斯基是波兰数学家和密码学家，20世纪30年代，他领导波兰密码学家率先对德国使用的Enigma密码进行了系统性的研究和破译。在破译过程中，雷耶夫斯基首次将严格的数学方法应用到密码破译领域，这在密码学的历史上是一项重要突破。

冯·诺依曼，美籍匈牙利数学家、计算机科学家、物理学家，是20世纪最重要的数学家之一。冯·诺依曼是布达佩斯大学数学博士，是现代计算机、博弈论、核武器和生化武器等领域的科学全才之一，被后人称为"现代计算机之父""博弈论之父"。

艾伦·图灵，英国数学家、逻辑学家，被称为"计算机科学之父""人工智能之父"。1931年，图灵进入剑桥大学国王学院，毕业后到美国普林斯顿大学攻读博士学位，第二次世界大战爆发后回到剑桥，后曾协助军方破解德国的Enigma密码，帮助盟军取得了"二战"的胜利。图灵提出的著名的图灵机模型也为现代计算机的逻辑工作方式奠定了基础。

克劳德·香农，美国数学家，信息论的创始人。香农在普林斯顿高级研究所（The Institute for Advanced Study at Princeton）工作期间，开始思考信息论与有效通信系统问题。经过8年的努力，1948年6月到10月，香农在杂志《贝尔系统技术》（Bell System Technical Journal）上连载发表了影响深远的论文《通讯的数学原理》。1949年，香农又在该杂志上发表了另一著名论文《噪声下的通信》。在这两篇论文中，香农解决了过去许多悬而未决的问题：阐明了通信的基本问题，给出了通信系统的模型，提出了信息量的数学表达式，并解决了信道容量、信源统计特性、信源编码、信道编码等一系列基本技术问题。这两篇论文成为信息论的基础性理论著作。

加密与解密，是计算机系统涉及的知识。通常，系统使用一种加密算法和一个密钥来实现加密。数据加密的基本过程就是对原来为"明文"的文件或数据按某种算法进行处理，使其成为不可读的代码，通常称为"密文"，只能在输入相应的密钥之后才能还原出原本的内容，通过这样的途径达到保护数据，使其不被非法窃取、阅读的目的。这个过程的逆过程称为解密，即将该编码信息转化为原来的数据的过程。密钥加密的技术分为两类：对称加密（私人密钥加密）和非对称加密（公开密钥加密）。

 **贡献者**

[**英译中**] 王倩昀，594451987@qq.com

[**修改|完善**] 张鹏飞，hs2zzpf@163.com；张亮，10722919@qq.com

[**审核|校对**] 明纪英，309134133@qq.com；宋碧蓉，158143129@qq.com

2016-IL-02 GPS 定位系统

I: —	II: —	III: —	IV: —	V: 难	VI: 中
分类	通信与网络					
关键词	定位系统，应用					

中午 12:00，一个很大的公园里的三个喇叭（图中红点）同时响了。在公园里的四名同学都可以听到喇叭声，但只有一名同学可以同时听到三个喇叭的声音。

 请问同时听到三个喇叭声音的同学穿的裤子是什么颜色的？（　　）

A. 绿色　　　B. 黄色
C. 蓝色　　　D. 红色

解析

只有穿绿色裤子的同学与所有喇叭的距离都差不多，故能同时听见三个喇叭的声音，它的原理类似于 GPS 定位系统。因此，正确答案是 A 选项。

计算思维相关知识

GPS 为 Global Positioning System（全球定位系统）的缩写。实际上，这是一种全球性无线电卫星导航系统，由 24 颗人造卫星及其地面接收站组成。GPS 利用人造卫星这类人造星体作为参考点来确定物体的位置，其精确程度达几米到几十米。

中国北斗卫星导航系统（BeiDou Navigation Satellite System，BDS）是中国自行研制的全球卫星导航系统，也是继 GPS、GLONASS 之后的第三个成熟的卫星导航系统。北斗卫星导航系统（BDS）和美国 GPS、俄罗斯 GLONASS、欧盟 GALILEO 是联合国卫星导航委员会已认定的供应商。

卫星定位系统主要由三部分组成：空间部分、控制部分、用户部分。

空间部分，包括工作卫星和备用卫星。这些卫星在空中连续发送带有时间和位置信息的无线电信号，供 GPS 接收机接收。

控制部分，包括主控站、注入站和监控站。监控站连续接收 GPS 卫星信号，不断积累数据；主控站根据监控站发来的数据进行系统运行管理与控制，编写导航电文；注入站卫星发送导航电文，对卫星进行控制管理。

用户部分，即 GPS 接收机。主要作用是从 GPS 卫星收到信号，并利用传来的信息计算用户的三维位置及时间。

用户的 GPS 接收端（如手机中内置的 GPS 芯片和天线）不向卫星发送任何信息，只是被动地接收卫星数据。

卫星在向接收端发送自己的位置信息时，会附上信息发出的时间，GPS 接收端接收到信息后，用当前时间减去发送时间，得到信息传播的时间。用信息传播的时间乘信息传播的速度（光速），就能得出终端与卫星的距离。

理论上来说，只要我们能得到用户终端与四个不共面卫星的距离，就能在三维空间中确定用户终端所在的位置。

目前，卫星定位系统已经应用于我们生活的方方面面。随着卫星定位技术的不断发展，它的应用领域也越来越宽广，如在定位导航、灾害监测、工程建设、海洋开发等各个方面都大放异彩。

 贡献者

[英译中] 齐晴，lifetimeqi@163.com
[审　核] 张鹏飞，hs2zzpf@163.com
[校　对] 林泽珊，1123447303@qq.com；魏拥军，113397988@qq.com；
　　　　　王玉英，827691776@qq.com；李泽，lize512@126.com

2018-RO-07 电报网

I: 一	II: 一	III: 一	IV: 难	V: 难	VI: 难
分类	通信与网络					
关键词	最小成本路径，子图，图遍历					

在数据网络中，同一网络的结点颜色相同。网络结点若有两种不同颜色，则表示该结点在不同网络的连接处。数据在不同网络间传输存在相应的漫游成本。

数据从一个网络的结点传输到另一个网络的结点，传输中所消耗的总成本为：

数据在第一个网络中传输的路径值 + 到达目的地经过的所有其他网络的路径值 ×2

每个网络分支都有自己的成本，如下图所示。

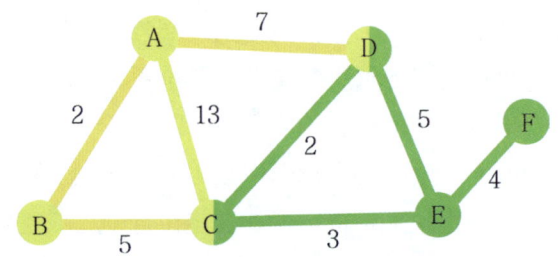

从结点 A 到 F 信息传输中最划算的路径成本是 21。

A→B	B→C	C→E	E→F
2	5	3	4

计算方法：2+5+（3+4）×2=21。

 请问下图所示的数据网络中，从结点 A 到 Q 传输信息的最低成本是多少？

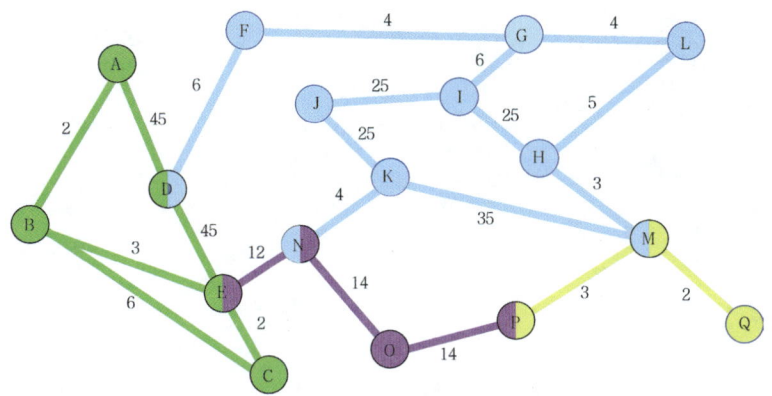

解析

  并非所有的最短路径都是最小成本路径。跨越绿色网络，进入紫色网络的最小成本是5，但是从结点E→N→K→M→Q，或从结点E→N→O→P→M→Q，成本比D→F→G→L→H→M→Q要高。计算过程如下。

  路径A→D→F→G→L→H→M→Q的成本为：45+（6+4+4+5+3+2）×2=93。

A→D	D→F	F→G	G→L	L→H	H→M	M→Q
45	6	4	4	5	3	2

  路径A→B→E→N→K→M→Q的成本为：（2+3）+（12+4+35+2）×2=111。

A→B	B→E	E→N	N→K	K→M	M→Q
2	3	12	4	35	2

  路径A→B→E→N→O→P→M→Q的成本为：（2+3）+（12+14+14+3+2）×2=95。

A→B	B→E	E→N	N→O	O→P	P→M	M→Q
2	3	12	14	14	3	2

因此，最低的成本是 93。

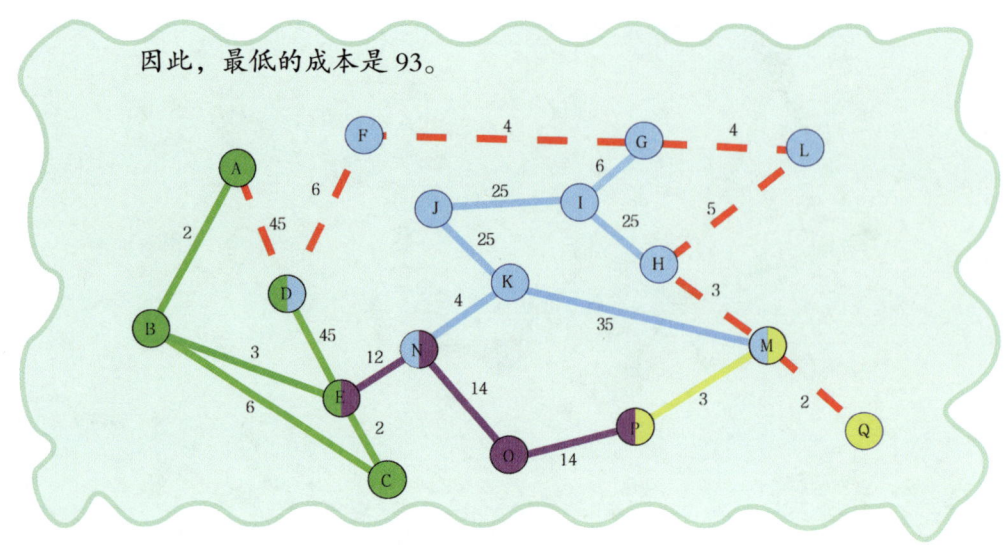

 计算思维相关知识

　　解决该题的方法是寻找从一个结点到另一个结点的最小成本路径，可以使用迪杰斯特拉（Dijkstra）算法。是从一个顶点到其余各顶点的最短路径算法，解决的是有权图中最短路径问题。

贡献者

[英译中] 高新，1582869379@qq.com

[审　核] 张春英，ft2zchy@126.com

[校　对] 陈虹宇，hyinn@live.com；张春英，ft2zchy@126.com

2013-BE-06 谁是送礼物的海狸

I: —	II: —	III: —	IV: —	V: 难	VI: 难
分类	通信与网络				
关键词	知识论，逻辑				

海狸遇到了一个问题。昨天有海狸给他送了一份礼物，但他不知道是谁送的。为了找到送礼物的海狸，他询问了四个朋友，朋友们的回答分别如下。

爱丽丝：这个礼物不是我给你的，但是鲍勃昨天一直和查尔斯在一起。

鲍勃：我独自在工作，即使我想给你礼物，也不可能是我。

查尔斯：是的，是我！您喜欢这份礼物吗？

戴夫：我不知道，但是爱丽丝和鲍勃总是说实话。

上面可能有海狸说了假话。

 **你能得出什么结论？（　　　）**

A. 是鲍勃或查尔斯送的礼物　B. 查尔斯没说实话

C. 戴夫送了礼物　　　　　　　D. 不能确定谁是送礼物的海狸

解析

　　如果鲍勃说的是真的，那么鲍勃昨天没有跟查尔斯在一起，则爱丽丝说的不是真的，那么爱丽丝说的第一句"这个礼物不是我给你的"也有可能是假的，也就是说，礼物有可能是爱丽丝给的，所以 A 选项排除。基于此可以判断，戴夫说的也是不可以相信的，所以，鲍勃说的也可能不是实话，因此，礼物也可能是鲍勃给的。在现有的证据下，我们不能推断出礼物是查尔斯送的，B 选项无法判断。所以每个海狸都有可能是送礼物的海狸，答案为 D 选项。

计算思维相关知识

逻辑学是数学的一部分，也是信息学的一部分。逻辑推理有三种方式：演绎、归纳和溯因。一般包含前提、规则和结论，其中前提能导致结论，例如：

- 前提：下雨了；
- 规则：下雨使草地变湿；
- 结论：草地是湿的。

演绎：用来决定结论。使用前提和规则来推导出结论。数学家通常使用这种推理。举例："若下雨，则草地会变湿。因为今天下雨了，所以今天草地是湿的。"

归纳：用来决定规则。借由大量的前提和结论所组成的例子来学习规则。科学家通常使用这种推理。举例："每次下雨，草地都是湿的。所以下雨会使草地变湿。"

溯因：用来决定前提。借由结论和规则来支援前提，以解释结论。诊断通常使用这种推理。举例："若下雨，草地会变湿。之所以草地是湿的，是因为曾下过雨。"

贡献者

[英译中] 魏雪峰，xuefengwei99@163.com

[审　核] 林泽珊，1123447303@qq.com；赵腾任，ZTR_2019@126.com

[校　对] 赵满明，swellfishming@163.com；曹悦，caoyue@2dai.com；
　　　　　赵腾任，ZTR_2019@126.com

2018-IR-01 注册与调试

I: —	II: —	III: —	IV: —	V: 难	VI: 中
分类	通信与网络，算法与编程				
关键词	注册，登录，调试，邮箱				

小明正在给他所在班级开发一个关于艺术作品分享的网站。他设计了网站的具体注册流程，用户首先要以学号（唯一标识）和有效的电子邮箱地址来注册一个账户，以便接收注册确认信息。

他的基本设计步骤如下图所示。

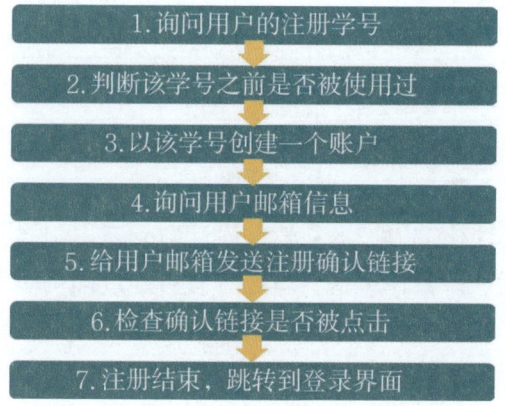

1. 询问用户的注册学号
2. 判断该学号之前是否被使用过
3. 以该学号创建一个账户
4. 询问用户邮箱信息
5. 给用户邮箱发送注册确认链接
6. 检查确认链接是否被点击
7. 注册结束，跳转到登录界面

通过测试，小明发现了一个设计缺陷，如果用户输入了错误的电子邮箱信息，将无法收到确认链接，且无法登录。另外，由于该用户学号已经使用过，将无法再次进行注册。

 以下哪个选项的设计流程能够避免小明的设计缺陷？（　　）

A. 1——2——3——4——6——5——7

B. 1——2——4——3——6——5——7

C. 1——3——4——5——6——2——7

D. 1——2——4——5——6——3——7

 解析

只需将步骤3移到步骤6后面，即可避免设计缺陷，即答案为D选项。

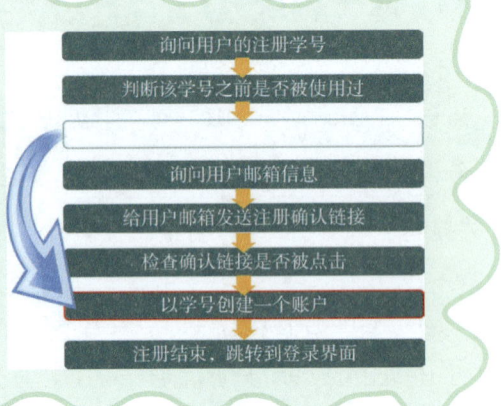

计算思维相关知识

本题涉及系统设计，指定义和开发信息系统以满足用户的特定需求。控制逻辑是系统设计的重要内容，它响应来自用户的命令，并且独立地执行自动化任务，从而控制程序的操作。对控制流的分析有助于调试所设计的系统，即发现并解决计算机程序中妨碍其正确运行的缺陷或问题。

本题还演示了模块化编程技术在软件设计中的应用，强调将程序功能分离为独立的、可互换的模块。具体来说，本题中分析的过程本质上是关于两个步骤顺序的确定。按照最初的设计，当选择了学生学号，就会进入账户锁定阶段，同时也锁定了特定的学生学号。当系统收到确认信息时，应当进入锁定释放阶段。但是，根据最初的设计，这种情况永远不会发生。而修改后的设计避免了这个问题，因为在确认电子邮件之前不会发生账户锁定。

但请注意，在并行环境中，此解决方案仍然无法工作，因为两个学生可能同时请求相同的学号，从而出现竞争。在这种情况下，为了解决该问题，可以将步骤1分为两个子过程：① 建立通信通道（电子邮件、电话、短信……）；② 设置用户名（即学生学号）。

贡献者

[英译中] 张鹏飞，hs2zzpf@163.com

[审　核] 张思旭，2350975151@qq.com

[校　对] 丘运华，786848750@qq.com；张春英，ft2zchy@126.com；
　　　　　王娟，284311304@qq.com

2017-DE-03 逃票的人

I: 一	II: 一	III: 一	IV: 一	V: 难	VI: 中
分类	通信与网络				
关键词	智能安全系统，规则，状态转换				

城市艺术博物馆有一个智能安全系统，可以检测是否有逃票的人，逃票的人向来不从入口进入博物馆。

当一个人进入或离开一个房间时，系统就会拍照，准确地检测出每个房间有多少人，并将其记录在一张表格中。这个系统总是能够正确地检测博物馆里每个房间的人数，存在几个人同时进出一个房间的情况，也存在进与出同时发生的情况。

左表为智能安全系统的记录情况，右图为博物馆中房间的布局。

时间	房间1	房间2	房间3	房间4
10:00	2	0	0	0
10:07	3	0	0	0
10:08	2	1	0	0
10:12	4	1	1	0
10:13	2	2	3	0
10:17	5	2	2	1
10:20	4	1	2	2

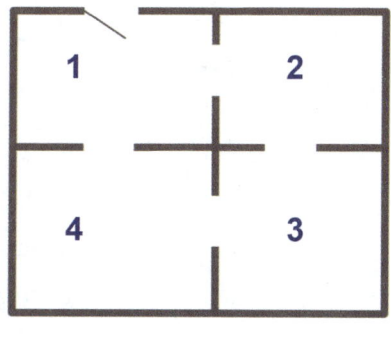

 请问下面哪个时刻检测到有逃票的人进入博物馆？（　　）

    A. 10:08　　　　B. 10:12　　　　C. 10:13　　　　D. 10:20

解析

10:00，房间1进来2人；

10:07，房间1又进来1人，共3人；

10:08，房间1中的1人进入房间2，房间1还剩2人；

10:12，房间2中的1人进入房间3，房间1中的1人进入房间2，房间1又进来3人，现在共有4人；

10:13，房间3共有3人，进入了2人，其中1人是从房间2进入的，而房间4没有人，因此房间3的另一人为逃票的人。

因此，正确答案为C选项。

计算思维相关知识

机场经常安装这样的智能安全系统。计算机程序评估摄像机的实时图像，检测人像并计数。这些程序使用人工智能（如人脸识别）或类似于此任务中的简单逻辑规则来检测安全漏洞。

贡献者

[英译中] 丁慧清，huiqingding@sina.com

[审　核] 盛文盼，787004560@qq.com；周靓，mindzhou@163.com；
赵满明，swellfishming@163.com

[校　对] 赵满明，swellfishming@163.com；林泽珊，1123447303@qq.com